中国社会科学院
经济学部
ACADEMIC DIVISION OF ECONOMICS
CHINESE ACADEMY OF SOCIAL SCIENCES

引领新常态

若干重点领域改革探索

李 扬 主编

社会科学文献出版社
SOCIAL SCIENCES ACADEMIC PRESS (CHINA)

题　解

2013 年 11 月 12 日，中共十八届三中全会审议通过了《中共中央关于全面深化改革若干重大问题的决定》，中国新一轮改革开放的序幕正式拉开。

此轮改革的历史使命，是"到 2020 年，在重要领域和关键环节改革上取得决定性成果，完成本决定提出的改革任务，形成系统完备、科学规范、运行有效的制度体系，使各方面制度更加成熟更加定型。"换言之，到了 2020 年，我们为之奋斗多年的中国特色社会主义市场经济制度，便可望形成一个相对稳定的体制架构。

承载如此重要的历史任务，本轮改革的进程，从顶层设计，到路线图、时间表的安排等等，便都有了前所未有的气象。为了顺利推进改革，本轮经济改革还于 2014 年正式启动了独立第三方评估制度；在这一制度下，所有重大改革举措，均须经过独立第三方的认真评估。应当说，这一前所未有的制度安排，标志着中国向着"国家治理体系和治理能力现代化"方向，迈出了极为重要的步伐。

中国社科院作为党中央国务院设立的重要智库，与兄弟单位一起承担了对改革方案进行独立第三方评估的任务。来自经济学部所属的经济研究所、工业经济研究所、数量经济与技术经济研究所、农村发展研究所、财经战略研究院、金融所、人口与劳动经济研究所、城市发展与环境保护研究所，以及社会政法学部法学研究所、社会学研究所的百余名研究人员参加了这一项目。由于改革推进速度很快且任务繁重，十八届三中全会分解落实的118项经济体制改革与生态文明建设的方案并未全部拟就，因此，我们的评估工作并非严格的"评估"，在有些领域，我们事实上还要做预研究并为改革方案提供思路的工作。本书汇聚的，便是为这样一些目的而完成的研究报告。

2014年以来，习近平总书记开始使用"新常态"来概括中国经济发展的新阶段。经历了APEC峰会，直至年底的中央经济工作会，新常态已经成为概括中国经济发展新阶段的标准提法。对于这一新概括，学术界理应迅速跟上，并做出自己的理论研究和政策宣传。

中央经济工作会提出了"认识新常态、适应新常态、引领新常态"的任务。这一概括颇有深意。当我们说新常态开拓了通往新繁荣的康庄大道，那也指的是它为我们创造了新的战略机遇，为我们的新飞跃提供了新的要素、条件和环境——机遇要变成现实，还有待我们积极推进各个领域的改革，切实完成转方式、调结构的历史任务。因此，如果说，"认识新常态，适应新常态"显示了我们面对战略转折的平常心，那么，"引领新常态"则集中体现了面对新挑战的深思熟虑和敢于胜利的勇气，更强调了全面深化改革对于在新常态下实现中华民族伟大复兴的关键意义。

　　正是在上述意义上，我们在十八届三中全会精神指引下围绕全面深化改革所完成的各项研究，便与新常态下的改革发展无缝对接起来。正因如此，我们将这部论文集命名为"引领新常态"。

中国社会科学院　李扬

2015 年 2 月 1 日

目　　录

农村土地制度改革研究

包括自然资源资产产权制度在内的生态文明体制
改革的总体思路

新时期全面深化国有经济改革问题研究

中国社会科学院工业经济研究所课题组[*]

摘　要：党的十八届三中全会后，中国进入全面深化改革的新时期。新时期全面深化国有经济改革的基本目标是，实现市场在资源配置中起决定性作用的条件下国有经济与成熟市场经济体制的全面融合。要实现这个改革目标，中国面临着与时俱进地根据国家使命调整国有经济功能和布局、推进混合所有制改革确立国有经济的主要实现形式、建立分类分层全覆盖的新国有经济管理体制、推动国有企业完善现代企业制度以奠定国有经济高效运行微观治理机

---

* 课题组负责人：黄群慧、黄速建；课题组成员：余菁、杜莹芬、刘戒骄、王钦、李钢、贺俊、刘建丽、肖红军、王欣、张航燕。本报告是在 9 个课题分报告基础上由黄群慧汇总执笔完成，这 9 个分报告分别为：《新时期国有企业与国有资产管理体制改革的形势与思路》（黄群慧执笔）、《国有资产管理体制改革总体设计》（黄速建、余菁执笔）、《积极发展混合所有制研究》（王钦、肖红军、贺俊、张航燕执笔）、《国有企业功能定位与分类治理》（李钢执笔）、《组建国有资本投资公司与国有资本经营公司研究》（余菁执笔）、《深化垄断行业改革研究》（刘戒骄执笔）、《国有资本经营预算体制改革研究》（杜莹芬执笔）、《完善国有企业现代公司法人治理研究》（刘建丽执笔）、《国有企业员工持股制度研究》（王欣执笔）。

制四项重大任务。①新时期需要准确界定不同国有企业的功能，将国有企业分成公共政策性、特定功能性和一般商业性三种类型。这是国有经济改革的前提。现有 112 家中央企业中，本文认为公共政策性企业有 4 家，特定功能性企业有 32 家，一般商业性企业有 76 家。针对三类国有企业的功能定位，各类国有企业战略性调整的方向和重点都不同。②推进混合所有制改革坚持"上下结合、试点先行、协同推进"的方法论原则，做到"蹄疾而步稳"；具体推进时要做到改革程序公正规范、改革方案依法依规、股权转让公开公允、内部分配公正透明；要协调推进产权改革、治理改革、政府功能完善及市场结构调整，保证非国有经济参与混合所有制改革的公平透明；国有企业推进混合所有制改革引入员工持股制度，应该坚持激励相容、增量分享和长期导向三个原则；推动垄断性行业向可竞争性市场结构转变，为国有企业推进混合所有制创造条件。③国有经济管理新体制是由"国有经济管理委员会—国有资本经营公司或者国有资本投资公司——般经营性企业"三个层次构成，管理公共政策性、特定功能性和一般商业性三个类型国有企业，可覆盖所有国有经济的"三层三类全覆盖"管理体制。④在"三层三类"国有经济管理体制下，推动国有企业完善现代企业制度的关键是建立差异化的分类治理机制，也就是针对不同功能定位的国有企业，分别建立不同的企业治理机制。

　　关键词： 国有经济　全面深化改革　功能分类　战略性调整　混合所有制改革　国有经济管理体制　分类治理

党的十八届三中全会通过了具有里程碑意义的《决定》，提出要紧紧围绕使市场在资源配置中起决定性作用和更好地发挥政府作用深化经济体制改革，对国有经济进一步深化改革提出了新要求，中国国有经济改革在经历 30 多年理论和实践探索后，进入了一个全面深化改革的新时期。

一 实现市场在资源配置中起决定性作用条件下的国有经济与成熟市场经济体制的融合

（一）国有经济改革的根本问题

在中国确立社会主义市场经济体制改革的目标后，作为公有制代表的国有经济如何与市场经济体制融合，一直是国有经济改革需要破解的根本性问题。如何通过改革，解决国有经济与市场经济体制存在的管理体制、运行机制、定位布局、实现形式等方面矛盾，使得国有经济能够适应市场机制，在市场竞争中不断提高效率、发展壮大，从而发挥在国民经济中的主导作用，构成了中国国有企业和国有资产管理体制改革的主线。

沿着这个改革主线，中国国有经济改革先后经历了三个阶段（黄群慧、余菁，2013）。第一个阶段是改革开放之初到党的十四届三中全会的"放权让利"阶段，该阶段大体上用了 15 年的时间，贯穿 20 世纪 80 年代和 90 年代初。当时，改革的重心落在国有企业层面。这一阶段，改革的主要任务是引导国营单位走出计划经济体制的旧观念与行为的束缚，使它们能够逐步适应商品化的经营环境，完成自身的企业化改造，解决了一个个国有企业进入市场的问题。第二个阶段是 20 世纪 90 年代初至 21 世纪初的"制度创新"阶段，大体上用了 10 年的时间。当时，改革的重心落在建立现代企业制度和推动国有经济结构调整上。这一阶段，改革的主要任务是引导国有企业确立与市场经济要求相适应的资本和产权的观念，建立现代企业制度，通过国有经济布局与结构战略性调整，初步解决了整个国有经济部门适应市场竞争优胜劣汰的问题，改变了国有经济量大面广、经营质量良莠不齐和国家财政负担过重的局面。第三个阶段是党的十六大以后、以 2003 年国资委成立为标志的"国资发展"阶段，国有企业改革进入以国有资产管理体制改革推动国有企业改革时期。这一阶段，改革的主要任务是由国资委负责监督管理国有企业实现国有资产保值增值目标，解决了以往国有经济管理部门林立、机构臃肿、监管效率低下的问题，使国有资产利用市场机制发展壮大成为可能。

30 多年的国有经济改革进程表明，伴随着中国市场经济体制的逐步建立，实现国有经济与市场经济体制的融合，在市场竞争中发挥国有经济主导作用，不断增强国有经济活力、控制力和影响力，一直是中国国有经济改革的根本问题。

（二）新时期国有经济改革的基本目标

经过 30 多年上述三个阶段的改革，国有经济改革与发展取得了巨大成就。一是经济布局优化。国有资本逐步从一般生产加工行业退出，国有资本更多地集中于关系国民经济命脉的重要行业和关键领域，在国民经济中发挥着主导作用。二是政企关系优化。初步建立起相对有效的国有资产管理体制，改变了过去"五龙治水"、普遍"内部人控制"的现象，企业经营性国有资产得到了相对规范的管理。财政预算不再安排用于补充国有且有资本金性质的支出和经营性亏损，政府的公共管理职能和出资人职能初步分离。三是经营机制优化，从数量上看大部分国有企业已经进行了公司制股份制改革，初步建立起现代企业制度，公司治理结构逐步规范。四是经营绩效优化，国有企业发展质量和运行效率得到了提升，竞争力有了很大增强，国有经济已经摆脱困境，对经济社会发展的贡献进一步显现。

应该说，国有经济从总体上已经与市场经济体制逐步适应和融合。但是，中国国内外环境正发生巨大变化，从国际环境看，在经济全球化的大趋势下，中国开放水平进一步提高，国有经济面临国家使命提升与国际环境严峻的双重压力；从国内经济环境看，进入"十二五"以后，中国已经步入工业化后期（陈佳贵、黄群慧等，2012），中国经济发展方式亟待转变，国有经济所熟悉的要素驱动型的发展环境正在改变。这些新形势对中国经济发展提出了新要求。尤其是，党的十八届三中全会以后，中国要建立市场在资源配置中起决定性作用和更好发挥政府作用的市场经济体制，这是一种更加成熟的社会主义市场经济体制，现有国有经济与这种成熟社会主义市场经济体制的要求还有很大差距，主要表现在由于国有经济改革"不到位"而产生的不适应。一是国有经济战略性调整不到位，使得国有经济功能定位和布局不适应。国有经济的公共政策性功能和市场营利性功能还没有区分，许多国有企业在经营中还面临着"公益性使命"和"营利性使命"的冲突，处于赚钱和不赚钱两难的尴尬境界——不赚钱无法完成国有资产保值增值、壮大国有经济的目标，赚了钱又被指责损害了市场公平和效率。垄断行业的国有企业改革还不到位，还缺乏一条明确、可信又可行的改革路径。垄断行业的国有企业追求行政垄断地位的行为，影响到构建公平有效的市场经济格局。二是国有企业的公司制、股份制改革没有到位，使得国有经济的产权实现形式还存在不适应之处。为数众多的国有大企业，其母公司及二级以上公司层面的股权多元化改革大多停滞不前。三是国有资产管理体制改革不到位，无法适应新形势的要求。一方面国有资本流动性仍然较差，还满足不了有进有退、合理流动和实现国有资本动态优化配置的要求，另一方面国有企业还常常面临相关政府部门不当干涉的困扰。四是现代企业制度建设还不到位，国有企业的微观治理机制还不适应成熟市场经济的要求。国有企业治理结构还不规范，企业具有行政级别，国有企业经理人的市场选聘、监督约束机制改革还有待形成和完善，存在国有企业经营管理者"党政干部"和"企业家"双重角色的冲突，这既使企业市场化经营权利无法得到充分保障，又影响市场公平性。

这些改革不到位问题，从本质上说还是国有经济没有与成熟市场经济体制有机融合，在管理体制、运行机制、定位布局、实现形式等方面存在矛盾。十八届三中全会决定要建立市场在资源配置中起决定性作用的健全的社会主义市场经济体制，这就对国有经济与市场经济体制融合提出了更高的要求，国有经济一方面要提高企业活力和适应市场公平竞争的能力，另一方面要提高服务国家战略目标、提供公共服务的能力。新时期全面深化国有经济改革，就是要解决国有经济与成熟市场经济体制的这些矛盾，基本目标是实现市场在资源配置中起决定性作用的条件下国有经济与成熟市场经济体制的全面融合。

（三）新时期国有经济改革的重大任务

基于中国国有经济改革理论和实践探索，参考国外成熟市场经济国家的经验，中国国有经济与成熟市场经济体制的融合，需要回答以下四个方面重大问题，一是在社会主义市场经济体制中，国有经济应该有怎样的功能定位和布局？是否需要进行动态调整？二是与计划经济体制下单一国有制相比，市场经济体制下国有经济的主要实现形式是什么？尤其是国有企业主要以怎样的所有权结构形式存在？三是中国庞大的国有经济，在市场经济体制条件下应该建立怎样的国有经济管理体制？四是作为国有经济的主要微观主体的企业，在市场经济条件下为了保证自己的竞争力，应该具有怎样的治理结构和运营机制？

党的十八届三中全会通过的《决定》，在总结中国国有经济改革的历史经验、分析中国面临的新形势新任务的情况下，回答了上述四个方面的问题。关于国有经济的功能定位和布局，在明确坚持公有制主体地位、发挥国有经济主导作用的前提下，提出准确界定不同国有企业的功能，国有资本运营要服务于国家战略目标，重点提供公共服务、发展重要前瞻性战略性产业、保护生态环境、支持科技进步、保障国家安全；关于国有经济的主要实现形式，提出要积极发展混合所有制经济；关于国有经济管理体制，提出完善国有资本管理体制，以管资本为主加强国有资产监管；关于国有经济微观制度基础，提出要推动国有企业完善现代企业制度，健全协调运作、有效制衡的公司法人治理结构。这实质上明确了新时期中国国有经济改革的重大任务。关于国有经济四项重大改革任务和具体措施的内容和关系如图1所示。

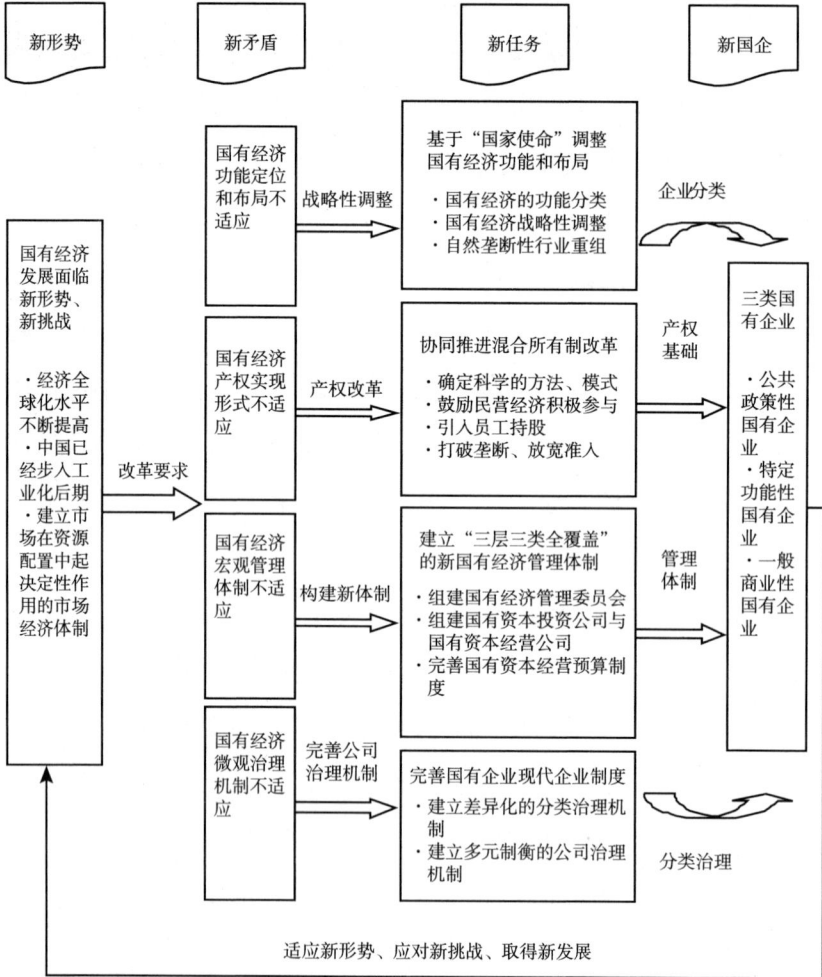

图1　新时期全面深化国有经济改革的重大任务

资料来源：作者整理。

以党的十八届三中全会精神为指导，本文认为，新时期国有经济面临新形势和新挑战，要实现国有经济与成熟市场经济体制全面融合面临着一些矛盾，这要求完成与时俱进地根据国家使命调整国有经济功能和布局、推进混合所有制改革确立国有经济的主要实现形式、建立分类分层的新国有经济管理体制、推动国有企业完善现代企业制度以奠定国有经济高效运行微观基础这四项重大任务，通过这四项改革重大任务和具体的改革措施的推进，最终形成以"新型国有企业"为主的国有经济①，这些"新国企"将适应新形势的发展要求，日益与市场在资源配置中发挥决定性作用条件下的成熟社会主义市场经济体制相融合。

二 与时俱进地根据"国家使命"调整国有经济功能定位和布局

（一）基于使命的国有经济功能分类

使命就是企业存在的理由，是企业的价值取向和事业定位，使命不明确或者使命冲突会导致企业行为逻辑混乱。对于国有企业而言，实现国家赋予的使命——"国家使命"是国有企业生存发展的理由。在社会主义市场经济体制下，国有经济的"国家使命"，不仅仅着眼于如何运营管理好现有的存量国有资产，而应放眼社会、放眼世界、放眼未来，从社会性、国际化和可持

---

① 有关"新国企"的更为全面的研究可参阅金碚、黄群慧（2005）。

续性的视角着眼，更好地配置国有资本，更好地发挥国有经济部门与非国有经济部门的互补功能，为整个国民经济向更健康、更有竞争力、更具可持续性的方向发展，为中华民族实现伟大复兴，为实现"中国梦"而贡献积极力量。

具体而言，中国是一个在发展中实现渐进式经济转轨的国家，这就决定了在相当长的历史时期，中国的国有经济既要承担一般市场体制国家在市场经济运行中国有经济的使命，又要有发展中国家在经济赶超中国有经济应承担的使命，还要有转轨经济国家在渐进式转轨过程中国有经济应承担的使命，我们将其划分为国有经济的"市场经济国家使命"、"发展中国家使命"和"转轨经济国家使命"，针对这三类"国家使命"，国有经济相应的功能分别是"弥补市场失灵功能"、"实现经济赶超功能"和"培育市场主体功能"。

市场经济国家普遍存在市场失灵问题。所谓"市场失灵"是指市场机制在某些领域不能使社会资源的配置达到帕累托最优状态的表现，这些领域包括自然垄断、公共产品、存在外部性和信息不完全等领域。由于市场经济无法实现最优的资源配置，就需要国家对市场经济进行干预，以达到优化资源配置的目的。也就是说，相对于市场而言，政府在纠正自然垄断、矫正外部效应、提供公共物品、实现区域协调发展、保证收入公平分配等方面具有更大的优势和作用，而国有经济则是政府承担这一职能的重要载体，国家或政府通过兴办国有企业、发展国有经济的手段实现政府干预市场、弥补市场失灵的目的（韩丽华、潘明星，2003）。这就是市场经济国家赋予国有经济的使命，也就是国有经济的"弥补市场失灵功能"。

实现经济赶超是发展中国家特有的目标，发展经济学表明，发展中国家在经济赶超阶段、在国际市场上往往遵循静态比较优势，发展中国家可以从国际贸易或国际分工中获益，但却不能从根本上解决核心技术的研发、产业结构提升、经济发展方式转变等重大问题，其后果就是陷入"比较优势陷阱"或"低端锁定陷阱"（朱春红，2005）。因此，在成为世界一流强国之前，发展中国家都必须保持相当数量的国有企业，去承担建立现代化经济强国、实现经济赶超的功能。在国家的支持下，国有企业在充分理解国际竞争秩序的条件下，在立足于自身现有的条件和资源状况的基础上，通过专业化学习、投资创新及经验积累等后天因素着力培育和强化其动态比较优势，从而在事关国计民生的基础产业、支柱产业、战略产业等方面与国外企业竞争抗衡，承担支持科技进步、保障国家经济安全等功能，这就是国有经济基于赶超国家使命而承担的"实现经济赶超功能"。

对转轨经济国家，尤其是渐进式改革的转轨经济国家，其转轨过程是由大一统的国有经济结构向混合所有经济结构的演进。在传统的计划经济体制下，这类国家没有真正的市场经济主体——企业，改革的过程是将国有企业转化为自主经营、自负盈亏、自我约束、自我发展的真正的市场主体，也就是培育市场主体的过程。同时，随着民营经济的兴起和外资企业的进入，市场经济主体逐步丰富，混合所有制的经济结构逐步形成。转轨经济国家需要国有经济承担逐步发展独立的市场经济主体的功能，作为独立市场主体的国有企业，要积极应对市场的激烈竞争，在竞争中通过追求盈利来实现国有资产保值增值，回报作为所有者代表的国家。这就是国有经济要承担的"转轨经济国家使命"和"培育市场主体功能"。

多年改革发展留下的巨大的国有经济总体上承担着上述三大"国家使命"，但这三大使命在具体国有企业中没有区分。由于"弥补市场缺陷"强调国有企业作为政府实现公共目标的工具或者资源，具有公共政策性，而"培育市场主体"则要求国有企业追求市场营利性，保证国有资产的保值增值，这造成国有企业面临着"使命冲突"，从而使国有企业无法与市场经济体制彻底融合。新时期要深化国有经济改革，需要准确界定不同国有企业的功能，国有企业已经步入了一个"分类改革与分类监管"的新时期。我们认为，基于上述三类"国家使命"和国有经济功能性质，考虑到历史沿革和可行性，将国有企业分成公共政策性、特定功能性和一般商业性三种类型（黄群慧、余菁，2013）。

公共政策性国有企业，是带有公共性或公益性的、特殊目的的国有企业。它们仅承担国家公益性或公共性政策目标而不承担商业功能。公共政策性国有企业，应该是国有独资企业。具体监管方法是"一企一制""一企一法"，确保企业活动始终以社会公共利益为目标。这类国有企业数量非常少。目前，个别公共政策性国有企业也在开展商业性业务活动，一旦明确企业功能定位，应将其商业性活动逐步分离出来。从长远看，公共政策性国有企业将是国有资本加强投资和监管的重点。

一般商业性国有企业，也就是人们常说的竞争性国有企业。它们属于高度市场化的国有企业，只承担商业功能和追求营利性经营目标。一般商业性国有企业采用公司制或股份制，其股权结构应该由市场竞争规律决定，遵循优胜劣汰原则。在规范运作的前提下，这类企业的股权多元化程度和股东的异质性程度，不应该受到非市场性因素的干扰和扭曲。为数众多的中小型国有企业都属于这一类型。

特定功能性国有企业具有混合特征。它们有一部分商业功能，也有一部分非商业性或政策性功能，其非商业性功能的实现又要求以企业自身发展和经营活动盈利为基础和前提。特定功能性国有企业的股权结构是国有绝对控股或相对控股的多元化结构。有特殊政策性功能要求的，可以制定具体政策来规范企业的股权结构；没有特殊政策规定的，应该由市场来发挥资源配置的决定性作用。从长远看，特定功能性国有企业将进一步分化，这类企业中的大多数将转变成一般商业性国有企业。

有关基于国家使命的对国有经济的功能定位和国有企业分类之间的对应关系可参见表1。

表1　国有经济"国家使命"、功能定位与国有企业分类的对应关系

国家使命	市场经济国家使命	发展中国家使命	转轨经济国家使命
功能定位	弥补"市场失灵"	实现经济赶超	培育市场主体
功能说明	作为国家政策的一种工具，弥补市场经济的不足，发挥纠正自然垄断、矫正外部效应、提供公共物品、实现区域协调发展、保证收入公平分配等方面作用，是建立市场经济条件下现代国家治理机制的一部分	在事关国计民生的基础产业、支柱产业、战略产业与国外企业竞争抗衡，承担支持科技进步、保障国家经济安全等功能，最终实现经济赶超。在成为世界一流经济强国之前，需要有相当数量的此类国有企业	国有经济承担在经济体制改革中逐步发展独立的市场经济主体的功能，作为独立市场主体的国有企业，要自主经营、自负盈亏、自我约束、自我发展，要积极应对市场的激烈竞争，在竞争中通过追求盈利来实现国有资产保值增值
企业分类	公共政策性企业	特定功能性企业	一般商业性企业
价值导向	公共功能	功能＋利润	市场利润

资料来源：作者自撰。

基于这样的分类思路，现在的 112 家中央企业中，公共政策性企业有 4 家：中储粮总公司、中储棉总公司、国家电网和南方电网；特定功能性企业 32 家，包括国防军工板块的十大军工企业和中国商飞公司，能源板块的三大石油公司、国家核电、中广核集团和六大电力公司，及其他功能板块的中盐公司、中国国新、三大电信公司、三大航空公司以及中远集团、中国海运；一般商业性企业 76 家包括一般工业制造企业、综合贸易服务企业、建筑工程企业、科研企业和资产规模在 500 亿元以下的其他中小企业。由于国有企业构成的复杂性，具体的分类方法可以是动态的，会随着环境和情况变化而调整。

（二）功能转换与国有经济战略性调整

国有经济的功能定位并不是一成不变的，如果说，以前国有经济保值增值被放到更加重要的位置，那么在新时期，国有资本将加大对公益性活动的投入，在提供公共服务方面做出更大贡献。这种功能转换意味着新时期中国需要进行国有经济战略性重组。基于上述三类国有企业的功能定位，各类国有企业战略性调整的方向和重点都不同。

对于被界定为一般商业性企业的国有企业，其战略性调整目标是完全剥离行政垄断业务，通过市场化手段增强企业活力和提高企业效率，同时建立国有资本灵活退出机制，部分国有资本逐步退出，投向更符合公共服务和国家战略目标的企业。为实现上述改革目标，一方面，要推进公共资源配置市场化，加快政府管制改革，破除各种形式的行政垄断；另一方面，这类国有企业应勇于突破所有制观念的束缚，大力引入其他所有制经济成分，充分发挥其企业制度中内生的国有资本放大功能。在改革实践中，应该按照市场公平竞争要求，鼓励非公有制企业参与一般商业性国有企业的改革，鼓励发展形成非公有资本控股的混合所有制企业；鼓励一般商业性国有企业在改革成为混合所有制企业的同时，实行员工持股，形成资本所有者和劳动者利益共同体。在改革过程中，从这类企业中陆续退出的部分国有资本，将通过国有资本运营公司这一运作平台，转而投向那些更加符合国家战略目标的重要行业和关键领域。

对于被界定为公共政策性企业的国有企业，其战略性调整目标是退出营利性市场业务领域、专注于公共政策目标的实现，在此前提下，国有资本要加大对这类企业的投入。首先，要逐步剥离营利性市场业务；其次，要继续加大国有资本的投入力度，提高这类企业的公共服务能力和承担社会责任的能力；最后，要不断提高公司管理科学化水平，提升国有资本的使用效率。虽然公共政策性企业不以盈利为目标，但为了提高管理效率，在具体项目和环节上可探索引入竞争机制，允许非国有资本参股公共政策性企业负责的一些公共服务项目。公共政策性国有企业自身，既不适合改组为国有资本投资公司或运营公司，也不适合推行员工持股制度来发展混合所有制。

对于被界定为特定功能性企业的国有企业，战略性调整的总体方向是，主要依托国有资本投资运营公司这一运作平台，不断地从那些竞争格局趋于成熟、战略重要性趋于下降的产业领域和环节中主动退出，努力在提供公共服务、保障国家安全和符合国家战略要求的各种新兴产业领域发挥更大的作用。其中，那些功能定位与提供公共服务、保障国家安全紧密相关的国有企业，在推行混合所有制经济、实行企业员工持股方面，要慎之又慎；那些与保护生态环境、支持科技进步、开展国际化经营、战略性新兴产业领域相关的国有企业，可鼓励探索和发展混合所有制经济和员工持股制度。如果某些特定功能性国有企业的功能特征有日渐弱化的趋势，就应该及时使其转变为一般商业性国有企业，再遵照一般商业性国有企业的规律，进行战略性调整和深化改革。

需要说明的是，随着国有经济管理体制改革的深入，现有的112家中央企业数量会进一步减少，尤其是按照党的十八届三中全会精神，要组建国有资本投资公司和运营公司，这些平台公司的组建过程本身就是国有经济战略性调整的过程，是未来几年国有经济战略性调整的主要任务。

（三）垄断性行业国有经济的战略性调整

电力、电信、民航、石油、天然气、邮政、铁路、市政公共事业等垄断性行业国有企业是国有经济中非常特殊、问题最突出的部分，其中大部分属于特定功能性企业。垄断性行业国有经济战略性调整，应该通过产权重构带动业务重组和企业组织结构调整，实现产业组织效率和企业绩效的同步提升。产权重构旨在形成符合行业技术经济特征和经济发展阶段要求的产权结构和治理架构。业务重组旨在优化相关业务配置和遏制垄断，形成主业突出、网络开放、竞争有效的经营格局。企业组织结构调整旨在形成兼有规模经济和竞争效率的市场结构，使企业成为社会主义市场经济体制更具活力的市场主体，成为中国国民经济和国有经济中更具战略性的组成部分。

产权重构是国有企业产权多元化的重要途径，也是垄断性行

业国有企业建立现代治理制度的基础。垄断性行业国有企业产权
重构主要有三种目标模式，即国有独资模式、国有绝对控股模式
和国有相对控股模式，重点推动垄断性行业国家企业从国有独资
公司向国有绝对控股公司、国有相对控股公司转变，发展混合所
有制经济，实现产权多元化。随着社会主义市场经济体制的成熟
定型和民营经济的成长，降低上述领域对国有经济的依赖，逐步
从国有绝对控股转向国有相对控股。

业务重组要区分自然垄断的网络环节和可竞争的非网络环节
性质，根据行业特点整体规划、分步实施。一般认为，电力产业
的输配电网，铁路行业的路轨网络，石油产业的输油管线，天然
气行业的输气管线，电信行业的电信、电话和宽带网络，属于自
然垄断的网络环节，而电力行业的发电、售电业务，铁路的运输
业务，石油和天然气的勘探、销售业务，电信行业的移动电话、
互联网、电视网络和增值业务等属于可竞争的非自然垄断环节
（冯飞等，2013）。积极研究将电信基础设施和长距离输油、输
气管网从企业中剥离出来，组建独立网络运营企业的方式。应从
整个国民经济的视角出发，谋划和评估网络设施开放使用，通过
网络设施平等开放推动可竞争性市场结构构建和公平竞争制度建
立，使垄断性行业国有经济成为社会主义市场经济体制更具活力
的组成部分，改革和发展成果更好地惠及国民经济其他产业和广
大人民群众。具体而言，石油行业主要是深化中石油和中石化内
部重组，通过兼并重组、注入资本金等方式将中海油、中化集团
整合成一家新的国家石油公司。电网行业主要是实现国家电网公
司和南方电网公司的合并，在国家电网公司、区域电网公司与省
电网公司之间建立规范的母子公司关系。输配分离后，国家电网

公司和区域电网公司经营输电网，配电网划归省电网公司。民航业重点培育几家区域性航空运输企业，解决航空支线垄断程度过高的问题，把航油、航材、航信三家企业改造成由各航空运输企业参股的股权多元化的股份有限公司。

企业组织结构调整重点在产权结构和业务结构重组的基础上，对一些行业内国有企业的数量及其关系进行选择和优化。由于垄断性行业国有企业均为大型企业或特大型企业，国有企业数量对行业垄断竞争状况和产业绩效具有重要影响。从有效竞争和便于管理的角度看，国有企业在特定行业内的企业数量既不是越少越好也不是越多越好，否则不是造成垄断就是造成国有企业过度竞争。企业组织结构调整应解决经营者数量少导致的竞争不足问题，适当增加经营者数量，形成兼有规模经济和竞争效率的市场结构。

三 协同推进混合所有制改革确立 国有经济的主要实现形式

（一）推进混合所有制改革的方法论原则

为了既避免改革过程中的国有资产流失等问题，又能够实现混合所有制改革的目标，推进混合所有制改革必须坚持"上下结合、试点先行、协同推进"的改革路径和方法论原则，混合所有制改革一定要在上下结合、先行试点的基础上制定改革细则，然后才能全面协同推进，做到"蹄疾而步稳"。

　　中国改革经验表明，成功的改革推进路径是先"自下而上"——允许基层积极探索，具体包括基层创新、发现问题、积累经验、总结分析等操作步骤，得到基层探索的整体改革意义，进而"自上而下"——进行顶层指导下的推进，具体包括明确方向、选择试点、制定规则、全面推进等程序，从而实现积极稳妥的全面改革。而且这个"自下而上"和"自上而下"的过程往往需要多次反复。这种"上下结合"的改革推进路径，既激发了基层改革创新的积极性、保护了经济的活力，又实现了改革的有序性，避免了改革一哄而上的混乱，是改革取得巨大成就的方法论保证（黄群慧，2014）。同样，今天我们推进混合所有制改革，也应该坚持这样的改革路径，或者说方法论原则。党的十八届三中全会明确了大力发展混合所有制的方向，这意味着经过多年"自下而上"的探索，我们已经明确了混合所有制改革方向，全国正处于"自上而下"地推进混合所有制改革阶段。

　　当前混合所有制改革工作的重点应该是积极推进试点，在试点的基础上分析问题、总结经验，进而制定具体规则和程序、探索混合所有制改革实施细则，以保证进一步全面推进混合所有制改革在制度和法律的框架下规范运作。根据实际情况，积极开展分类试点，寻找突破口，总结经验，形成操作规范。在试点中前行，在具体实践操作中不断发现新问题，寻找解决问题的办法，并进行知识的积累，最终形成操作规范。在"开展试点"的基础上，加强经验交流，全国各地相互促进，探索发展混合所有制经济的新规范。国务院国资委选择国家开发投资公司、中粮集团有限公司开展改组国有资本投资公司试点；中国医药集团总公司、中国建筑材料集团公司开展发展混合所有制经济试点；新兴际华集团有限公司、中国节能环保公司、中国医药集团总公司、中国建筑材料集团公司开展董事会行使高级管理人员选聘、业绩考核和薪酬管理职权试点；还将在国资委管理主要负责人的中央企业中选择 2～3 家开展派驻纪检组试点（高江虹，2014）。这种试点的方法具有重要意义。很多改革在企业层面是有机联系的，要注意改革制度的协同性，不要人为割裂。相对于国务院国资委试点先行的做法，一些地方政府将混合所有制企业比例、混合所有制企业中民营企业参股比例、国有资本证券化比例等作为混合所有制改革的量化考核指标，放在国有企业改革指导意见中，这是不妥的，在改革试点没有开展之前，制定这种改革方案，使改革方案成为彰显政绩目标和决心的"改革大跃进规划"。这种政府主导的急于求成的心态会加大国有资产流失的风险。

通过推进混合所有制改革试点，要探索和制定三方面细则。一是界定不同国有企业功能，将国有企业分为公共政策性、特定功能性和一般商业性，为不同类型国有企业建立不同法律法规，进而设计不同的混合所有制改革实施细则；二是完善公司治理结构，总结国有企业董事会试点经验，明确混合所有制下国有企业董事会的运行规则，建立有效的高层管理人员选拔和激励约束机制，从机制上保证国有董事和非国有董事的行为规范化和长期化，保证国有和非国有资产共同保值增值；三是着力营造公平竞争的市场环境，努力完善产权流动的市场机制和产权保护的法律体系，重新制定《非国有资本参与国有企业投资项目办法》《国有资本运营公司和国有资本投资公司试点办法》等新制度，完善和修订不适应混合所有制改革要求的法律法规、规范性文件。

发展混合所有制是一个系统性、整体性和协同性的改革。需要统筹好中央和地方的关系、试点和规范的关系、渐进和突破的关系。从中央和地方的关系看，在中央层面，主要解决垄断行业的国企混合所有制改革问题；在地方层面，则着重解决地方融投资平台、城市公共服务业等改革，一些影响大的问题也可由地方先行试验。从试点和规范的关系看，一方面要建立容错机制、允许试点创新，并以此为基础形成规范性的政策指导；另一方面也要通过规范，设定基本的试点创新"底线"。从渐进和突破的关系看，既要通过渐进开展积累相关经验，激发发展混合所有制经济的积极性和主动性，又要敢于面对难点，突破改制重组的瓶颈。在协同推进上，要处理好三个协同：一是行业协同，就是要把握发展混合所有制节奏，既要加快竞争性领域改革步伐，又要攻坚克难，突破垄断行业的改革，相互借鉴经验；二是制度协同，要协同推进公司治理、产权和资产交易、资本管理、人事和分配制度等各方面的制度建设；三是进度协同，要把握好试点先行、细则制定和全面推进的时间协调。

（二）发展混合所有制的模式选择

依据不同的标准，发展混合所有制的模式划分存在显著差异。从宏观推进层面来看，按照主导力量的不同，发展混合所有制可以分为政府主导型模式和市场主导型模式；按照推进路径的不同，发展混合所有制可以分为自上而下型模式、自下而上型模式和上下结合型模式；按照改革对象的不同，发展混合所有制可以分为存量改造型模式和增量发展型模式。从微观操作层面来看，按照混合途径的不同，发展混合所有制可以分为合资混合模式、合作混合模式和配股混合模式；按照资本属性的不同，发展混合所有制可以分为公有资本与私有资本混合模式、公有资本与外资混合模式、公私资本与外资共同混合模式；按照控股主体的不同，发展混合所有制可以分为公有资本控股型混合模式、私有资本控股型混合模式和外资控股型混合模式，或者分为公有资本控股型混合模式和公有资本参股型混合模式；按照混合程度的不同，发展混合所有制可以分为整体混合模式和部分混合模式。

由于发展混合所有制既要有宏观层面的顶层设计，又要有微观层面的操作方案，因此模式的划分应实现宏观与微观的结合。基于改革顶层设计的清晰性需要，在宏观推进层面可以以改革对象为划分依据，将发展混合所有制区分为存量改造型模式和增量发展型模式。存量改造型模式主要是鼓励非公有制经济参与国有企业和集体企业改革，实现国有企业和集体企业存量产权的多元化。存量改造型模式是当前发展混合所有制的重点，其微观实现方式主要包括公司制股份改革、开放性市场化双向联合重组、股权激励和员工持股。增量发展型模式主要是新的投资中推动公有资本与非公有资本的共同参与，实现国有企业和集体企业增量产权的多元化。增量发展型模式也是发展混合所有制的重要形式，其微观实现方式主要包括新设混合所有制企业或新投资项目中推动公有资本与非公有资本的共同参与。无论是存量改造型模式还是增量发展型模式，均可采取公有资本绝对控股、公有资本相对控股和公有资本参股三种形式。

发展混合所有制的不同模式各有优劣，并没有普适性的模式，实践中需要综合考虑产业性质、市场发育程度、企业组织特征、企业发展基础等多个方面的内外部因素。从产业性质来看，相对成熟的产业中因公有资本的布局已经相对明确，因此发展混合所有制可以更多地选择存量改造型模式；而新兴产业中所有属性的资本布局都仍然是不确定的，因此发展混合所有制可以更多地选择增量发展型模式。但无论是存量改造型模式还是增量发展型模式，对于涉及国民经济命脉的重要行业和关键领域，可以采取国有绝对控股的混合所有制形式；涉及支柱产业、高新技术产业等行业，可以采取国有相对控股的混合所有制形式；对于国有资本不需要控制，可以由社会资本控股的领域，可以采取国有参股的混合所有制形式。从市场发育程度来看，当产权交易市场、资本市场较为发达时，发展混合所有制可以更多地采取存量改造型模式，反之则可以更多地采取增量发展型模式。从企业组织特征来看，当公有制企业规模较大时，发展混合所有制可以同时采用存量改造型模式和增量发展型模式，反之则可以更多地采取存量改造型模式。从企业发展基础来看，如果公有制企业盈利能力较强，可以同时采用存量改造型模式和增量发展型模式，而且，当公有制企业具有决定性的要素优势时，可以选择国有绝对或相对控股的混合所有制形式，否则则采取国有参股的混合所有制形式；如果公有制企业盈利能力较弱，可以更多地采用存量改造型模式，并主要采取国有参股的混合所有制形式。

（三）推进国有企业混合所有制改革具体要求

由于每家国有企业功能定位、历史沿革、行业特性、规模大小、生存状态千差万别，在具体推进混合所有制改革中，"一企一策"是必然的选择。但这并不意味着国家没有统一的约束。国家统一的约束应该至少体现在改革程序公正规范、改革方案依法依规、股权转让公开公允、内部分配公正透明四个方面。一是改革程序要公正规范。整个改革先后程序必须有严格的规定，不要担心繁文缛节，公正规范是企业改革的第一要义，在规范和效率的选择上，规范始终应该摆在首位。二是改革方案要依法依规。企业改革方案要严格遵照各项法律、规范和流程制定，最终必须经过相应政府主管部门的批准，一些重大的企业改革方案建议由同级人大讨论批准。三是股权转让公开公允。在混合所有制改革过程中，涉及国有股权转让，信息必须公开透明，转让价格要保证公允。信息公开透明，发挥社会的监督作用，往往是避免国有资产流失的最好办法。四是内部分配公正透明。混合所有制改革中，会涉及员工持股和管理者持股。这个过程中，要保证分配公正透明，这不仅可以避免国资流失、利益输送等问题出现，还可以更好地发挥员工持股的激励作用。为了保证公正透明，一定要做到充分的民主，要注意充分发挥职代会的作用。通过多轮投票选举产生职代会代表，职工代表充分发挥沟通桥梁作用，在改革总体方案的形成、职工持股认购额度分配等关键环节，每一项改革决策的酝酿与形成都要交职代会表决通过。

发展混合所有制之所以受到很大的争议和阻力，很大程度上是由于发展混合所有制过程中可能出现国有资产流失等"混合失当"问题，这使得防止国有资产流失成为发展混合所有制的关键问题。发展混合所有制过程中的国有资产流失最可能发生的地方是优良企业、优良资产、优良业务线，并可能通过潜在利益、资产评估、同业竞争和关联交易等渠道发生。基于此，为防止发展混合所有制过程中出现国有资产流失，应重点采取两个举措：一是统一政策标准，分企审批。即制定统一政策标准，使国有企业混合所有制改革的一些重要事项有政策标准作为依据，同时每个国有企业混合所有制改革的具体方案，必须上报国资监管部门审批。二是统一产权管理，建立统一、开放、规范、高效的产权交易市场，严格执行产权交易进入市场制度，加强产权交易的监管以及混合所有制企业的国有资产监管，做到混合前公平评估、混合中阳光操作、混合后规范运营。

（四）鼓励非公有制企业参与国有企业改革

鼓励非公企业参与国有企业改革，就是要从有利于企业竞争力和总体经济效率的基本要求出发，清除当前制约非公企业参与国企改革的障碍，创造继续深化改革的条件，形成继续深化改革的强大动力。

经过过去 30 多年的国有企业改革探索，中国的相当一部分国有全资企业已经演变为同时含有国有股和非国有股的混合所有制企业，涌现出一批以联想集团、TCL、万科股份等为代表的优秀混合所有制企业，形成了进一步推进混合所有制改革的示范效应。但是总体上看，目前进一步推进非公企业参与国企改革还存在许多障碍，其中有政策性障碍，也有市场性障碍，具体表现为：一是对于民营资本进入意愿比较高的领域，包括能源、交通、医疗、教育、通信等，政府尚未给出放松进入的时间表，更未给出非禁即入的"负面清单"，民营资本通过参与混合所有制企业改革进入这些领域难度大、成本高；二是民营企业面临"玻璃门""弹簧门""旋转门"等各种隐性壁垒，国有企业在项目审批、土地、税收和户口指标等方面具有"政策红利"；三是具有垄断势力、财务绩效良好的国有企业缺乏引入民营资本的内在动力，政府和企业内部管理层缺乏推进混合所有制改革的积极性；四是一些地方政府出于发展地方经济的考虑，在引入非公企业资本时，常常对混合所有制企业的经营范围和区位布局制订了"特别条款"，影响了混合所有制企业的商业化程度和独立性（张文魁，2013），造成实际上的非公企业资本的股权与控制权的不对称，也造成事后股东间公司权力斗争的隐患；五是在人员身份转换和安置方面，非公企业参与国有企业改革存在后顾之忧。

针对以上发展混合所有制的现实障碍，鼓励非公有制企业参与国有企业改革、发展非公有制控股的混合所有制企业来进一步深化国有企业改革需要满足多方面的条件，从而形成既满足现实需求又符合理论规律的改革思路：一是产权改革与治理改革协同推进。产权改革是前提，但在产权多元化的基础上优化公司治理结构才是发挥混合所有制企业制度优势的关键（谢贞发、陈玲，2012）。在坚持统一的《公司法》和国有企业改革总体安排的制度框架下，在促进各利益相关方根据各自的利益诉求进行平等对话和谈判、形成公司治理差别化和动态化的前提下，当前中国的混合所有制企业的公司治理安排中尤其需重视引入战略性投资者。研究和经验表明，当改制形成的混合所有制企业引入的非公企业投资者不属于具有长期性投资愿景和具备相关行业技术管理经验的战略性投资者时，股东之间的冲突和摩擦、进而公司权力斗争将导致高额的治理成本。因此，混合所有制改革不能流于形式，必须着眼于提升企业效率、降低治理成本，把引入真正能够提升公司长期价值和竞争力的战略性投资者作为推进混合所有制改革的要点。二是产权改革与市场结构调整协同推进，弱化垄断性租金驱动的混合所有制企业改革。市场化的企业主体和有效竞争的市场结构是提升产业效率的两个重要条件（Hay, Donald & Liu, Shaojia, 1997），缺一不可。无论对于行政性管制导致的自然垄断还是市场竞争过程中国有企业形成的经济性垄断，在垄断企业自身投资主体和股权多元化的同时，要配合放松行业进入管制，通过鼓励形成新的市场竞争主体、形成有效竞争来全面促进经济效率的提升，避免在混合所有制改革后形成新的民营资本垄断或"合伙垄断"。与此同时，通过形成竞争预期，避免非公企业参与国有企业改革的激励扭曲，有利于真正的战略性投资者进入。三是协同推进混合所有制和政府功能完善，弱化行政性租金驱动的混合所有制企业改革。消除政府在资金、税收、融资、土地、项目审批等方面对国有企业和混合所有制企业（特别是国有资本控股的混合所有制企业）的各类显性和隐性补贴和优惠，避免行政权力对股权结构、董事会结构和高层管理人员选聘的干预。四是保证非公企业参与国有企业改革过程的透明性和竞争性，通过社会性治理保证交易的公正公平，避免国有资产流失。由国资委牵头制定非公企业参与国有企业改革的信息披露制度，对于资产评估、股权定价、股权结构、管理层持股等重要交易信息按照标准化的文本格式及时对外公布，形成媒体、学术界和社会各界对非公企业参与国有企业改革的监督、约束机制。

（五）推进混合所有制改革中引入员工持股制度

国有企业在推进混合所有制的过程中引入员工持股制度，一方面有利于国有企业混合所有制改革，完善公司治理，另一方面有利于建立员工长期激励机制，使员工与企业形成利益共同体。但是，员工持股制度能否有效发挥增加经济激励与改善社会治理的双重效应，关键取决于员工持股的具体方案设计。方案设计不当，不仅无法发挥激励作用，还有可能造成国有资产流失、寻租和利益输送等问题。国有企业推进混合所有制改革引入员工持股制度，应该坚持激励相容、增量分享和长期导向三原则（黄群慧等，2014）。

1. 激励相容原则

这要求员工持股方案在保证员工在追求自身利益的过程中，实现公司整体价值的最大化。只有在股票价格、持有比例、持有期限、退出机制等方面设计得当，才有可能产生这种"激励相容"的效果，使员工的个人利益与企业长远发展的利益捆绑在一起。否则，会造成激励过度或激励扭曲的问题，从长远看造成国有资产流失。例如，在持股比例上，管理层持股过高，普通员工持股过低，造成了收入差距过分拉大，企业内部产生矛盾，影响企业长期发展；再如，持股期限和退出机制设计不当，员工在公司上市前持有大量股份，待公司上市后立刻大量抛售股票以获取股票溢价收入，从而无法激励长期化行为；又如，"人人都持股"的平均主义，或普通员工持股比例过低，会造成新"大锅饭"和"搭便车"的激励不足现象。

2. 增量分享原则

实行员工持股制度，不能将现有的国有资产存量作为员工持股的来源，要着眼于"分享增量利益"。也就是说，设计员工持股制度，不应动用原有的国有资产存量，只可将企业增量效益，尤其那些明确是由于员工努力而新创造出来的企业超额收益用作员工分享。这样，可以有效避免国有资产流失，而且，这将更加有利于激励员工努力工作，提升企业的未来发展空间，进一步做大做强国有资产总量，实现国有资产和员工利益的"双赢"。

3. 长期导向原则

大力发展混合所有制的背景下实行员工持股制度，应该仔细考虑如何将长期导向原则植入职工持股制度之中。在制度设计中，不仅要对持股员工的工作年限提出要求，还要规定员工持股时间，尽可能延长员工持股时间。证监会最新颁布的《试点指导意见》提出了"要使员工获得本公司股票并长期持有"，但是，该文件在持股期限上所做的具体规定——"每期员工持股计划的持股期限不得低于 12 个月"，并没有贯彻落实长期持有的政策思想，未来政策应进一步朝着延长持股期限的方向变化。只有坚持长期导向的激励原则，才有可能充分发挥这一制度的激励效用，保证国有资产的保值增值。

（六）打破垄断，推进混合所有制改革

垄断性行业国有企业改革应该立足于发展环境和功能定位，以放宽准入、多元投资、有效竞争、合理分配、独立监管为主攻方向，提高市场开放与竞争程度，推动垄断性行业向可竞争性市场结构转变，为国有企业推进混合所有制创造条件，实现竞争效率和规模经济的同步提升。

1. 解决垄断性行业国有企业经营活动和招投标系统封闭运行，向社会开放不够的问题

推动电信、电力、油气、公用事业等领域招投标向社会开放，鼓励民营企业申请勘察设计、施工、监理、咨询、信息网络

系统集成、网络建设、项目招标代理机构等企业资质。凡具有相应资质的民营企业，平等参与建设项目招标，不得设立其他附加条件。鼓励民间资本参与上述行业基础设施的投资、建设和运营维护。引导大型国有企业积极顺应专业化分工经营的趋势，将基础设施投资、建设和运营维护外包给第三方民营企业，加强基础设施的共建共享。

2. 加强和改善垄断业务监管，防止相关企业凭借网络设施排挤竞争者

根据行业特点对于在技术经济上要求保持物理和经营管理上的整体性的垄断性业务，可以授权一家或少数几家国有企业垄断经营，非国有资本可以股权投资形式进入，但要防止相关企业凭借网络设施排挤竞争者，滥用市场优势地位。随着社会主义市场经济体制的成熟定型和民营经济成长，逐步降低上述领域对国有经济的依赖，实现从一股独大向股权分散的社会化企业的转变。对于资源类产品和服务的进出口，应放宽市场准入，允许更多的经营者经营，以便对国内垄断企业形成一定的竞争压力。

3. 构建可竞争性市场结构，更好地发挥竞争机制的作用

油气产业上游领域重点解决石油天然气探矿权和采矿权过度集中和一家独大的问题，引进一批具有资质和能力的企业从事页岩气、页岩油、煤层气、致密气等非常规油气资源开发。下游领域，重点加强符合条件企业的炼油业务，改变原油和成品油进口管制，增加从事原油和成品油进口业务的主体，取消非国营贸易进口的原油必须交给两大石油公司加工的"隐性政策"，放宽进口原油在国内自由贸易，允许非国有企业根据市场需求组织进口。电信应完善关于码号资源、市场竞争行为管理的相关规定，维护好消费者权益，在企业退出机制、个人隐私保护、服务质量保证等方面做出更为细致的规定。解决中国移动"一家独大"掌握绝对市场控制力，中国电信和中国联通难以对中国移动构成实质性竞争的问题。电力重点解决发电侧缺乏竞争和购电、售电过度垄断问题，赋予电厂卖电、用户买电的选择权和议价权。放宽发电企业向用户直接售电的限制，允许全部分布式发电自用或直接向终端用户售电，允许全部规模以上工业企业和其他行业大中型电力用户直接、自主选择供电单位，大幅度增加直购电用户的数量，改变电网企业独家购买电力的格局。解决调度与交易、发电厂与用户接入电网审批等权力不透明、电费结算不公平和电网接入审批困难等问题。

四　构建分层分类全覆盖的新国有经济管理体制

（一）构建"三层三类全覆盖"的国有经济管理新体制

十八届三中全会提出："完善国有资产管理体制，以管资本为主加强国有资产监管，改革国有资本授权经营体制，组建若干国有资本运营公司，支持有条件的国有企业改组为国有资本投资公司。"这意味要逐步建立以"管资本"为主的管理体制，使国有企业从一系列的政府监管活动中独立出来，成为更加适应市场经济的经济主体。目前，关于如何构建以"管资本"为主的国有资产管理体制，有两种观点。一种观点认为，现行国有资产管理体制在过去 10 年的运行中，暴露出加剧政企不分、政资不分，过度干预以及国有资产规模扩张快但运行效益水平不高这些新矛盾和新问题，深化改革，必须转换国资委的角色和职能，以"管资本"为主的管理形式来替代国资委现行"管资产与管人、管事相结合"的管理体制，推动国有资产资本化和证券化，学习汇金模式和淡马锡模式，建立以财务约束为主线的国有产权委托代理关系（陈清泰，2014）。一种观点强调要肯定和坚持2003年以来国有资产管理体制改革的成果，主张以"管资本"为主的管理体制，是对现行"管资产与管人、管事相结合"管理体制的完善和补充，面对我国庞大的国有实体经济，不能将以淡马锡模式和汇金模式为代表的金融资本管理模式完全照搬到实业资本管理模式上，构建"管资本"为主的管理体制的关键是如何将庞大的国有资产转为国有资本（邵宁，2014）。

我们认为，以"管资本"为主的管理新体制应该是一个三层三类全覆盖的国有经济管理体制，其大体框架如图2所示。

第一层次是政府的国有经济管理部门（这里没有将最高层次人民代表大会考虑进去，未来国有资本经营预算应该向人民代表大会定期汇报的），可以命名为"国有经济管理委员会"（简称"国经委"），区别于现有的"国有资产监督管理委员会"（简称"国资委"），国经委将负责全国国有经济（包括隶属于不同部门的国有企业、国有资产和国有资本）监管政策的制定和监督政策的执行，筹划整体国有经济改革与发展，解决整个国有经济部门和不同类型的国有企业的功能定位问题，筹划中间层次的国有资本运营公司、国有资本投资公司的组建，对其章程、使命进行管理，负责国有经济的统计、稽核等。与现有的国资委相比，国经委管理职能要减少和虚化很多，现有国资委履行的

```
                    ┌─────────────────┐
                    │  国有经济管理委员会  │
                    └─────────────────┘
         ┌──────────────────┼──────────────────┐
         ▼                  ▼                  ▼
  ┌────────────┐    ┌────────────┐    ┌──────────────┐
  │ 国有资本运营  │    │ 国有资本    │    │ 国有资本投资公  │
  │ 公司/基金1  │    │ 投资公司    │    │ 司（管理委员会） │
  └────────────┘    └────────────┘    └──────────────┘
    ┌─────┴─────┐    ┌─────┴─────┐    ┌─────┴─────┐
    ▼           ▼    ▼           ▼    ▼           ▼
┌──────┐  ┌──────┐ ┌──────┐ ┌──────┐ ┌──────┐ ┌──────┐
│ 一般  │  │ 一般  │ │ 特定  │ │ 特定  │ │ 公共  │ │ 公共  │
│ 商业  │  │ 商业  │ │ 功能  │ │ 功能  │ │ 政策  │ │ 政策  │
│ 性企  │  │ 性企  │ │ 性企  │ │ 性企  │ │ 性企  │ │ 性企  │
│ 业1  │  │ 业   │ │ 业   │ │ 业1  │ │ 业1  │ │ 业   │
└──────┘  └──────┘ └──────┘ └──────┘ └──────┘ └──────┘
```

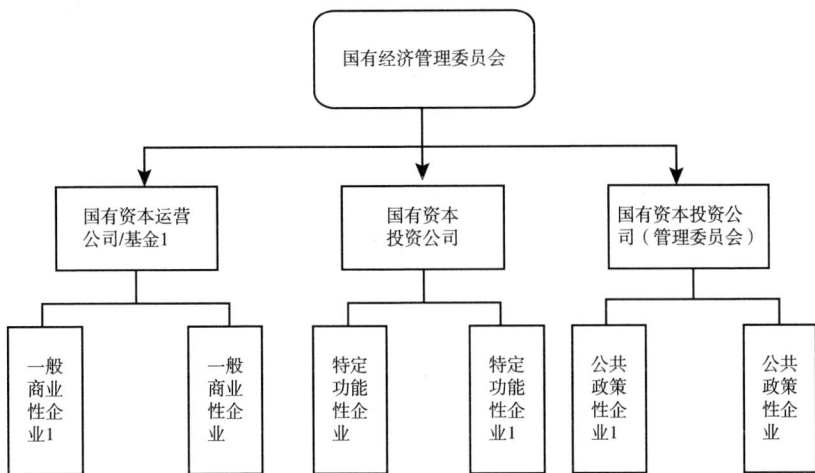

图 2　三层三类全覆盖国有经济管理新体制示意图

"出资人"职能已经被剥离出来，只承担纯粹的国有经济行政监督职能，"出资人"职能完全归国有资本运营公司和国有资本投资公司。根据目前我国的行政管理组织架构和职能分工特点，在对国有资本管理主体——国有资本投资运营公司的行政监督管理上，国经委要配合同级组织部门履行对国有资本投资运营公司主要领导人的考核、选拔任用等管理职能。但是，在新体制下，组织部门要减少管理幅度，扩大市场化选聘比例，只对极少数关键领导人（如董事长、党委书记等）进行管理；国经委还要配合财政部履行对国有资本投资运营公司的国有资本经营预算编制、执行和收益分配进行监督管理，并向同级政府和人民代表大会报告，接受监督，并获得批准；国经委在筹划国有经济改革与发展过程中，还要注意与国家发改委的整体经济发展与改革政策制定相协调。在新体制下，"全覆盖"各行各类国有资产和国有企业的统一监管成为可能。由于国经委的角色定位聚焦于监管职能而不是运营职能，因此，能够将工业、金融、文化、铁路等各个领域的国有经济全部纳入国经委的监管范围中，只是要根据行业特征在其下组建不同的国有资本运营公司和国有资本投资公司而已。建立"全覆盖"的统一监管体制，确立国经委的政策权威地位，由国经委出台统一的国有经济监管政策，有助于消除现行监管体制中的"盲区"，有利于打破"条块分割"的局面，促进全国国有资本的统一优化配置。现有"条块分割"式的国有资产管理体制，容易导致部门利益和行业壁垒，导致国有资产政策缺乏整体性和系统性，不利于国有资产保值增值（赵昌文等，2013）。国经委要着重通过对不同国有部门的准确功能定位，对国有资本投资公司或者国有资本运营公司进行充分授权，避免随意参与和干预相对低层次的国有资本投资运营公司及下辖国有企业和国有资产的日常运营活动。当然，由于"全覆盖"改革力度很大，建议在各地国资委试点的基础上，进一步扩大地方试点范围，再上升到中央层面。

在中间层次上，组建和发展若干数量的国有资本运营公司和国有资本投资公司。国有资本投资运营公司的组建均应由财政部门注资设立或重组设立，是独立于政府部门的运营国有资本的机构，实行所有权与经营权分离，受托按照市场化要求运作国有资本，原有的国资委的出资者职能已经落到国有资本投资运营公司身上。所谓"管资本为主"主要体现在由国有资本投资运营公司对处于第三层次的具体国有企业履行出资者职能。国有资本投资运营公司是新时期完善国有资产管理体制、构建以管资本为主的新国资监管体制的主要抓手，是真正实现政企分开、政资分开和分类监管的枢纽、界面和平台，是落实国有资本投资运营服务于国家战略目标这一责任的市场主体。对于国有资本运营公司而言，原则上只对下面第三层企业参股，并不控股，也不谋求合并会计报表，主要通过资本市场进行股权产权买卖，一方面改善国有资本的分布结构和质量，另一方面实现国有资本保值增值。由于这类公司并不追求控股，其参股企业的主要目标就是在流动中实现国有资本价值最大化，因此其所参股的企业都属于一般商业性企业，一般不具有公共政策性或者特定功能性的使命和定位。实际上，这类企业类似于基金的运作方式，也就是所谓的"汇金模式"或者"淡马锡模式"。就现有的中央企业而言，除了中国国新控股有限责任公司本身就属于国有资本运营公司外，那些投资实业方向多元、主业不突出的集团公司，如国家投资开发公司，也可以逐步向国有资本运营公司发展。其余就要新组建一些类似公司，将一般商业性企业的国有股权划拨到这些新组建的国有资本运营公司中，由国有资本运营公司行使国有资本出资者的职权。对于国有资本投资公司而言，需要投资实业、控股下面的第三层企业。国有投资公司控股的第三层企业，一般具有公共政策性（如城市公共服务企业、粮棉储备企业等）和特定功能性（如保障国家安全、前瞻性战略性产业的企业等）使命和定位，原则上应在现有的大型或特大型国有企业集团的基础上改组或者组建，尽可能不新设。国有资本经营投资公司的组建过程，正是集团公司股权多元化的过程。长期以来，我国集团公司层面的股权多元化进程停滞不前，而组建国有资本投资公司或者运营公司，会极大地加快我国集团公司层面的股权改革进程。初步设想，作为世界最大规模的经济体之一，面对庞大的国有经济，在中央政府层面，至少需要十数家中间层次的这类平台公司。正是这两类平台公司共同存在，实际上就折中了前文所述关于国有资产管理体制改革的两派观点。作为政府与市场之间的连通器，这些平台公司，将在确保贯彻落实国家政策方针的前提下，尽最大可能运用和调动各种市场手段，为下辖的国有企业提供与其企业使命、功能定位相称和相适宜的运营体制机制。

在第三层级上，指一般意义的经营性国有企业。从分类上看，本文已经讨论上述三类基于不同使命的国有企业的功能定位，由于类型不同，相应的管理方式也将有很大的差别。在新的管理方式下，只有极少数量的、定位于履行公共政策功能的国有企业，会继续运行在政府部门直接管理的体制中；而为数众多的国有企业，将运行在以"管资本"为主的日趋市场化的管理体制中。总之，本文设想的国有经济管理体制是由"国有经济管理委员会——国有资本经营公司或者国有资本投资公司——一般经营性企业"三个层次构成，管理"公共政策性、特定功能性和一般商业性"三个类型国有企业的"三层三类"体制。①

构建"三层三类全覆盖"的国有经济管理体制，是一项综合性的体制机制改革，不仅涉及国有经济、国有资产和国有企业的功能定位问题，还涉及干部管理体制、劳动人事制度以及调整政府与企业之间、中央政府与地方政府之间的关系等更为深层次的社会经济运行的体制机制问题，意味着这是一项意义重大但又十分艰巨的改革任务，为此，至少应该注意以下几个方面问题。

第一，深化政府管理体制改革，积极稳妥地推进国资委向国

---

① 早在1991年，蒋一苇先生就提出要建立国有资产管理部门、投资公司、被投资企业的三层国有资产管理体制，并深入论述国有资产的价值化管理问题，也就是当前提出的从"管资产"到"管资本"转变问题，具体参阅蒋一苇、唐丰义（1991）。

经委转变。国资委转变为国经委，不仅仅是名称的改变，更为关键的是按照国家治理体系和治理能力现代化的要求，转变治理理念和转换职能，这需要有"正面清单"的思想，对国有企业进行减政放权，只履行清单授权的核心管理职能。国资委要对国有资本投资运营公司进行充分的授权，使后者成为国有资本管理的重要主体，更好地发挥出国有资本的运营管理职能，而国经委与有关政府部门的职权将更集中和突出于重大政策制定和关键性的监督管理职能，这涉及七项核心管理职责：（1）公司章程审批；（2）国有股东代表管理；（3）国有资本经营预决算；（4）经营业绩与绩效考核评价；（5）国有资本经营收益上交；（6）审计；（7）信息披露管理。对一般商业性国有企业，一般只需管理这七项职能即可；对特定功能性国有企业，可以在此七项核心管理职责基础上，结合具体企业所承担的特定功能，进一步添加或减少适用于该企业的特定功能的基础管理职能。例如，有的企业，在投资方向上承担了国有经济布局与结构调整特殊使命，此时，就需要添加针对其投资方向或投资力度的相关监管职能；而有的企业，在应急管理、维护稳定和技术创新等方面承担了特殊任务，此时，也需要针对这些非经营活动，增加相应的监管职能。对于公共政策性国有企业，应该按照"一企一法""一事一议"的管理方针，来不断调整和优化相应的管理职能。

第二，把握"管资本"的核心内涵，让国有企业运行回归到企业本质。从理想状态讲，管资本，有两个根本性要求，一是资产的收益性，收益水平要大大提高。管理资本的核心是硬化资本预算约束，这是第一位的。二是资产的流动性，一旦资产的收益水平出现不高或不稳定的情况，此时，就需要进行必要的资源配置的调整，确保必要的资产流动性，就是要避免国有资本固守于既定的国有企业组织形态或实物资产形态中，难以改变其低效运营的状态。在管理职能的实现上，"管资本"的管理体制，必将派生出来三个管理特征：一是管理对象聚焦于国有资本，而不是实物形态的国有资产或具体的国有企业。二是管理手段，不是依靠上级对下级的行政化管理手段来实现，而是依靠国有资本所有者对出资企业的市场化管理手段实现。三是管理目标是要取得与市场水平相当的资本投资运营回报。总之，"管资本"的管理体制，要求国有资本能够遵循市场竞争中优胜劣汰的经济规律，有进有退，在市场上自由流动，确保国有资本的配置效率和效益——国有资本投资运营公司正是实现上述管理体制和管理目标的主要组织载体。当然，改革进程应该是渐进的，在改革的早期试点阶段，只有较少数的国有资本投资运营公司条件相对成熟，它们管理的企业数量相对有限。为数更多的国家出资企业仍由国资委基本按照现行的管理体制实施监管。伴随改革试点的稳步推进，越来越多的国家出资企业将交由国有资本投资运营公司来管理，国资委的职能也将逐步转变为国经委的职能。

第三，正确处理中央和地方的关系，允许各地政府积极探索自己的新体制。关于国有经济管理的中央和地方的关系，在理论界早就有大量的讨论，有的学者提出中央和地方"分级所有"的建议，认为这样有利于推进股份制改革，形成多元股东相互制衡的规范公司治理机制（陈佳贵，2000）。现在并没有实施"分级所有"体制，管理上实际是中央和地方的分级代表行使所有权。本文提出的"三层三类全覆盖"的国有经济管理体制更多地集中于中央层面，如果考虑到地方分级代表行使国有经济所有权，那么更为全面准确的表述应该是"分级分层分类全覆盖"的国有经济管理体制。地方政府层面的国有资产管理体制，和中央政府层面的国有资产管理体制，有很大的不同。中央政府与国有资产运营主体的关系相对超脱，而地方政府与国有资产运营主体的关系更加紧密。这意味着，越在地方层面，改革国有资产管理体制，实现政企分开、政资分开和对国有企业进行充分授权的难度越大。一方面，中央要在一些重大和关键问题上出台统一的要求，如在总体构架、党组织和政府部门职能等方面；另外一方面，在一些具体问题上要允许各地基于自己的实际情况进行探索，如具体如何划分企业类型，所有制改革方案等。

（二）组建国有资本投资公司与国有资本运营公司

严格区分国有资本运营公司与国有资本投资公司的功能和组织治理特征。（1）主导投资领域不同。国有资本运营公司主要针对竞争性行业，以财务回报为目标。国有资本投资公司主要针对公益类、垄断类，以战略性持有为主，在涉及竞争性业务时，原则上应当是与战略性业务具有显著协同效应的竞争性业务。因此，同一国有资本运营公司的业务组合应当较国有资本投资公司更加多元化，国有资本投资公司的业务应当围绕战略性业务具有高度的相关多元性。（2）投资方式不同。国有资本运营公司将更多运用参股和相对控股的投资方式，而国有资本投资公司的投资方式更多采取全资、绝对控股和相对控股的投资方式。（3）考核目标不同。国有资本运营公司将更多以市场价值指标和财务性指标作为KPI；而国有资本投资公司将以战略性指标与市场价值指标和财务性指标相结合，且理论上应当以战略性指标为主。（4）资本运作方式不同。国有资本运营公司以财务回报为目标，更加强调资本的流动性，而国有资本投资公司的资本整合和运营，更加强调要有利于资本所有权所体现的资产的战略性提升。（5）运营方式不同。短期内，为减少改革的难度，国有资本运营公司和投资公司都宜依托既有的企业集团母公司组建，但长期看，国有资本运营公司还可以采取基金的组织形式，以更好地体现国有资本的流动性和收益性。需要强调的是，虽然战略性新兴产业属于特定功能性领域范畴，但我们认为，部分战略性新兴产业的投资也应当以基金的形式组建，在完成对新兴技术的研发支持和商业化初期的投资支持后，在大规模产业化阶段逐步通过资本市场退出并兑现投资收益。（6）产权结构不同。短期内，国有资本投资公司宜采取国有独资的形式，而国有资本运营公司应当鼓励采取混合所有制形式，通过国有资本投资带动社会投资，引入具有先进投资理念和管理经验的投资者，优化国有资本运营公司或基金自身的治理结构。预计用三年左右的时间，在中央政府层面和地方政府层面，分别组建一定数量的国有资本投资公司和国有资本运营公司。国有资本投资公司和国有资本运营公司应有一定的资产规模优势。资产规模不突出的企业，可以联合其他国有企业改组设立国有资本投资运营公司。

建立"三层三类全覆盖"国有经济新管理体制，当前的关键任务是要逐步试点组建国有资本运营公司和国有资本投资公司。国有资本投资公司和国有资本运营公司居于中间层次，承担了特定的功能。它们是新时期完善国有资产管理体制、构建以管资本为主的新国资监管体制的主要抓手，是真正实现政企分开、政资分开和分类监管的枢纽、界面和平台，是落实国有资本投资运营服务于国家战略目标这一责任的市场主体。虽然在严格的理论意义上，可以对国有资本运营公司和国有资本投资公司进行上述区分，但在现实经济中，资本流动性很大，金融资本和实业资本是可以循环的，可能并没有非常明确的界线，而与人们通常所说的国有控股公司的含义相接近。这实际上也就是说，需要在组建国有资本投资公司和运营公司的过程中，有更为包容、更为务实的态度，不要主观规划组建资本投资公司和资本运营公司的数量比例，要根据现有的集团公司的具体业务、资金状况、功能定位等情况，"一企一策"地推进资本投资公司或者运营公司的组建，实际上这是一个复杂的国有经济战略性调整过程，需要耐心地、有序地推进。

推进集团公司改制为国有资本运营公司或国有资本经营公司，需要选择试点稳步推进。要成为国有资本投资运营公司的试点企业，它应该具备一定的前提条件。首先，试点企业应该具备一定的资产规模优势。规模太小的企业或企业集团，其试点意义不突出，很难对其他企业产生示范和带动效应。其次，试点企业应该有相对较强的国有资产的资本化能力和保障国有资本投资公司或国有资本盈利水平的能力。最后，试点企业需要有配套的体制机制来确立自身的、相对规范的市场主体地位。只有这样的企业，才能运用企业化和市场化的手段，通过有效开展国有资本的投资运营活动，在实现企业自身发展的同时，实现国家与区域社会经济发展的战略性目标。在实践中，实行试点的企业或企业集团，可以各具其业务特点。首先，业务领域专业化特征突出的企业，可以选择成为国有资本投资公司的试点企业。例如，国资委选择了国家开发投资公司和中粮集团有限公司开展改组国有资本投资公司试点。这两家公司既有一定的资产规模优势，又有相对较强的资本投资运营能力，还有相对突出的专业化领域，因而是较理想的试点对象。其次，业务领域多元化特征突出的企业和一些已经形成较为显著的产融结合的业务结构的企业，可以选择成为国有资本运营公司的试点企业。在实践中，有的企业将发展金融控股公司作为自身的发展定位，这类公司相对宜于进行成为国有资本运营公司试点企业。最后，既有专业化的业务领域，又有多元化的业务架构的企业，可以选择成为国有资本运营公司的试点企业。成为国有资本投资公司或国有资本运营公司试点，要将国有资本更多地在国家战略目标所需要的提供公共服务、发展重要前瞻性战略性产业、保护生态环境、支持科技进步、保障国家安全和国际化经营六个方面开展投资运营活动。

组建国有资本投资公司或国有资本运营公司，需要做好体制机制上的制度保障工作。具体而言，一方面，需要改革国有资本授权经营体制，理顺国资监管部门与国有资本投资公司或国有资本运营公司之间的关系；另一方面，需要改革国有资本投资公司或国有资本运营公司内部的集团化管控体制，理顺国有资本投资公司或国有资本运营公司与出资企业之间的关系。同时，国资监管部门还应该为国有资本投资公司或国有资本运营公司提供健康高效运作的政策环境。例如，国有资本投资运营公司在开展国有资本运营、促进存量资产的资本化和有序流动时，会需要有关部门提供各种政策手段的配合与支持。此外，国有资本投资运营公司在解决困难企业问题时，应正视企业的历史遗留问题，帮助解决企业资产处置和人员安置、医疗和养老保险接续、依法破产等问题，这些都是政策性非常强的改革难题，单纯靠国有资本投资公司或者国有资本运营公司的主观努力是不够的。国资监管部门应该努力为这些活动创造规范且有利的政策环境。

（三）完善国有资本经营预算制度

国有资本经营预算从 2007 年开始试点，经过 3 年试运行，基本建立了国有资本经营预算政策法规、组织保障和预算指标、报表体系，制定了基本的业务流程，实现了国有资本经营预算编制和收益收缴两方面的突破，结束了国有企业连续 13 年"不向政府分红"的历史（周绍朋、郭凯论，2010）。但是在一些重大问题上仍然有较多分歧，如国有资本经营预算目标，编制主体，利润收缴（范围、比例）、分配、使用和监督，国有资本经营预算与其他预算的关系等方面。按照党的十八届三中全会《决定》精神，未来完善国有资本预算制度的方向有以下几个方面。一是构建完整的国有资本预算体系，建立覆盖全部国有企业、分级分类管理的国有资本经营预算和收益分享制度。逐步扩大试点，将金融、铁路、交通、教育、文化、科技、农业等部门所属中央企业纳入中央国有资本经营预算试行范围。推动地方国有资本经营预算试点工作，做好汇总编制全国国有资本经营预算准备工作。二是合理确定国有资本收益上缴的对象，同时要根据中国国情和国有企业的类型分别确定国有资本收益上缴的比例。三是合理界定国有资本经营预算支出功能与方向，要向社会保障、医疗卫生、教育就业等民生领域倾斜；四是逐步加大中央国有资本经营预算调入公共财政预算的规模，逐步提高国有资本收益上缴公共财政比例，至 2020 年提高到30%，国有资本收益更多用于保障和改善民生。同时，提高中央国有资本经营预算资金调入公共财政预算的比例，至 2020 年提高到 50% 。五是加强国有产权转让的监管，加快推进国有资本变现收益预算管理。强化国有产权交易的全过程控制和监督，增强产权交易的公开性和透明度，加强受让企业资信调查，维护国有资产的安全。尽快将国有资本变现收益纳入国有资本经营预算中（陈林，2014）。

完善国有资本经营预算制度，需要加快国有资本经营预算制度化和法制化建设，保证国有资本经营预算支出具有约束力，保证国有资本经营预算编制和执行的顺利进行。一是强调全国人大作为国家权力机关在国有资本经营预算中的地位和作用。建议全国人大适时启动对现行《企业国有资产法》的修订，在法理上明确全国人大和国务院在国有资产所有权上的委托代理关系，保障全国人大依法对国资治理履行监督职能。建议各级人民代表大会常务委员会下设的国有资本经营专门委员会，作为国有资本经营预算的审议与监督机构。二是明确国有资本收益支出范围，提高中央企业国有资本收益上缴公共财政比例，提高中央国有资本经营预算资金调入公共财政预算的比例，建议在《国有资本经营预算条例》中对利润上缴和留存比例做出规定。对国有企业的资本经营预算支出，应按照"统筹兼顾，留有余地"的原则，重点推动国有经济布局的战略性调整和国有经济产业结构的进一步优化，促进国有资本向关系国家安全和国民经济命脉的重要行业和关键领域集中，促进国有企业提高自主创新能力和开展节能减排工作。建议安排专门预算资金解决长期经营不善和亏损国有企业的退出和破产工作（陈艳利，2012）。三是根据国有资本分类监管的总体设计，逐步探索科学合理的国有企业资本收益分配制度，应从公司未来发展战略的实际需要考虑，对利润上缴和留存比例做出弹性规定，保障国有企业持续健康发展。四是由于各类国有企业存在较大差异，应当在大原则一致的前提下，制定适合各类、各地区实际的国有资本收益收缴制度。本着既要确保国有资本收益的足额及时收缴，又要考虑国有企业的实际运营情况和承受能力的原则，国有资本收益的收缴标准既可以是净利润，也可以是可供投资者分配的利润。同时，要充分重视国有公司未来发展战略的实际需要，对利润上缴和留存比例做出弹性规划，以保障国有企业持续健康的发展。五是采用跨年期调整预算年度。建议采用从每年的 8 月 1 日起至次年的 7 月 31 日止的跨年期编制预算。按照《公司法》的规定，企业在年中结束后的两个月内报出年中报表，可以为预算编制提供更多的参考数据，是国有资本经营预算得以高质高效编制的有力保障，同时还可以解决年度中间预算执行空档的问题。此外，在年度预算的基础上，还应当编制三年期的多年预算，以全面反映国有资本经营的发展趋势。六是建立与国有资本经营预算目标相一致的国有资本经营预算编制的确认计量基础：建立以修正的收付实现制为基础的国有资本经营预算编制指标体系；使用增量预算的编制方法反映国有资本在经营过程中的保值及增值状况。七是加快配套的制度建设，加快《公司法》《预算法》的修订，出台《国有资本经营预算条例》，改革和完善《政府预算收支科目》。

五 推动国有企业完善现代企业制度以奠定 国有经济高效运行的微观治理机制

（一）建立差异化的分类治理机制

在"三层三类"国有经济管理体制下，国有企业的治理也必须采用差异化的分类治理体制。所谓差异化分类治理体制，指的是不同功能定位的国有企业，分别适用于不同的企业治理体制。具体表现为六个方面的差异化制度安排：一是法律适用；二是考核办法；三是企业领导人员选任制度；四是高管薪酬制度；五是国有资本收益上缴制度；六是监督与信息公开制度（黄群慧、余菁，2014）。

1. 关于法律适用

需要完善现有的法律体系，一是将现有的《公司法》中国有独资公司特别规定部分独立出来，形成专门的《国有独资公司法》，这个法律主要适用于一般政策性国有企业和一些特定功能性国有企业的集团公司。如果必要，还可以针对每家政策性国有企业进行单独立法；二是针对现有的处于自然垄断性行业的国有企业，单独制定专门的行业法规，对相应行业的特定功能性国有企业进行保护和约束；三是对于一般商业性国有企业，不需要有任何特殊的法律，与非国有企业完全一样，完全适用修改后的《公司法》。

2. 关于分类考核

一般商业性国有企业的考核，应趋同于一般企业的考核，重在考核国有资本的投资收益水平；公共政策性国有企业，应显著区别于一般企业的考核，主要考核政策性目标的履行情况；特定功能性国有企业的考核，应区隔商业性业务活动和政策性业务活动，再分别从营利性和政策使命角度予以考核。

3. 关于企业领导人员选任制度

在现行的国有企业领导人管理制度下，所有国有企业领导人同时承担"企业家"角色和"党政干部"角色。这种既"当官"又"挣钱"，或者可以"当官"也可以"挣钱"的双重角色，不仅在社会上造成极大不公平，而且也不利于规范的现代企业制度和公司治理结构的建立，进而影响国有企业向混合所有制方向改革。在分类监管的框架下，国有企业领导人的管理体制也需要从"集中统一"转为"分类分层"管理。一般商业性国有企业领导人员的角色应是职业经理人，除董事长、党委书记等个别主要领导人员外，其他应该全部实行市场化选聘，由董事会任命；公共政策性国有企业领导人员的角色应是党政干部，在选用方面，采用上级组织部门选拔任命的方式，给予相应行政级别，选用、晋升和交流都可按照行政方法和渠道；特定功能性国有企业领导人员中，集团公司的少数领导人员和子公司的个别主要领导人员可以是党政干部角色，采用组织部门选拔任命方式，其他大部分企业领导人员要实施市场化选聘制度，由董事会选拔任命。在实践中，应尽可能明确企业领导人员的具体角色，再执行相应的选任制度。推进国有企业领导人员管理体制从"集中统一"向"分层分类"转变，一方面，坚持了党管干部原则，缩小了党组织部门直接管理国有企业领导人员的范围，提高了党管干部的科学化水平；另一方面，有利于推进大型国有企业治理结构的完善、促进董事会作用的有效发挥，有利国有企业职业经理市场培育，进而有利于国有企业实现向混合所有制方向的改革。

4. 关于高管薪酬制度

一般商业性国有企业，参照市场标准制订高管的薪酬待遇标准，而且可以实施股权激励制度；公共政策性国有企业的高管薪酬，应大体上向同级别的党政官员看齐，可以稍高于同级别官员，但不能采用市场化的激励机制，不能享受过高的年薪和股权激励，这类企业的激励主要以行政级别晋升为主；特定功能性国有企业的高管薪酬的制订依据，应该与该企业高管角色性质保持一致——该企业高管的市场化选聘比例越高，高管薪酬与企业业绩的相关度越高；反之，高管薪酬中的市场化激励色彩越弱。

5. 关于国有资本收益上缴制度

一般商业性国有企业，应该按照市场规范运作的方式、参照市场标准来确定国有资本收益上缴标准；公共政策性国有企业，可不要求有资本收益，例如，中国储备粮总公司、中国储备棉总公司这类公司可以免交国有资本收益；特定功能性国有企业，可以基于其专营和垄断程度来确定其国有资本金收益上缴比例，垄断程度越高，国有资本收益上缴比例越高，反之，则国有资本收益上缴比例越低。

6. 关于监督和信息公开制度

一般商业性国有企业，应以市场竞争的硬约束为最重要的监督制度，在市场约束机制真正生效后，其他各种行政化的监督制度可以逐步从量大面广的一般商业性国有企业中退出，这将大幅度减少政府对国有企业的不当干预，同时，也大大降低国有企业高昂的监督成本；公共政策性国有企业，应该是强化行政监督的主要对象，应该与政府信息公开同步；特定功能性国有企业，宜采用市场化监督和行政化监督相结合、自愿性信息公开与强制性信息公开相结合的制度，同时，应按照市场在资源配置中起决定性作用的要求，加快向以市场化监督为主的方向改革。

（二）建立多元制衡的公司治理机制

无论是处于第二层次的国有资本投资公司或者国有资本经营公司，还是处于第三层次的一般性经营企业，建立多元制衡的公司治理机制，都是建立现代企业制度的关键。只是对于前者而言，多数企业是国有控股，多元制衡方是不同国有法人。

在积极推进国有企业混合所有制改革的背景下，国有企业已经具备了建立多元制衡的产权基础。混合所有制是当前国有企业存在的主要形态。在混合所有制企业中，不同性质的资本发挥了不同的作用。外资和社会资本具有灵活且独立的天性，是混合所有制中最具活力的因素；国有资本以其稳健和负有"国家使命"为特征，在企业运营中扮演了"定海神针"的角色；管理层和员工的股权激励，是将企业管理者的个人价值交由市场进行评判和裁定，具有激发经营管理团队和员工的经营活力和积极性的功能。

在董事会制度构建上，要让董事会真正成为资本意志表达和决策的平台，保障同股同权。国有股东、财务投资者、管理层和员工持股、外资股等不同成分的资本，以董事会为平台，严格遵行法律法规，按股权比例表决。要完善独立董事和外部董事制度，加大独立董事和外部董事数量，让独立董事和外部董事得到真正的独立和尊重。切实加强董事会薪酬委员会、审计委员会与提名委员会等专业委员会的作用，建立市场化的选人、用人机制和薪酬制度，强化全面风险管理，建立风险预警体系，加强对经理层的监督和指导。

对于国有企业公司治理而言，信息公开制度发挥着关键的制衡作用。无论是否是上市公司，国有企业都应该建立事前报告制度、事后报告制度和总体报告制度。依据国有企业是否涉及敏感行业，修订不同类型企业的信息披露内容、方式、对象和频次。对于多数涉及市场竞争的国有企业，尤其是非上市公司，要改善信息披露的质量和及时性。事前报告的内容应主要集中于经营目标和战略规划；事后报告的主要内容应包括财务报告、公司治理的报告以及社会责任报告等；总体报告主要由企业、审计或监管部门向人代会、社会公众通报有关情况。

对于未上市的混合所有制企业，要参照上市公司，建立与完善能够保障中小股东合法权益、话语权的公司治理制度。比如，关联交易中关联股东的决策回避、控股股东与上市公司实行"五独立"（人员、资产、财务分开，机构、业务）、控股股东不得占用和支配上市公司资产或干预上市公司对该资产的经营管理、不得干预公司的财务与会计活动、控股股东及其职能部门与上市公司及其职能部门之间没有上下级关系、控股股东要避免同业竞争、独立董事制度、专门委员会制度、绩效评价与激励约束制度、信息披露制度，等等，还有国务院《关于进一步加强资本市场中小投资者合法权益保护工作的意见》，都可以根据实际情况在非上市的混合所有制企业中参照运用。这种治理制度要保障的不仅是在国有控股的混合所有制企业中的非国有中小股东的合法权益与话语权，也要保障在非国有资本控股的混合所有制企业中国有小小股东的合法权益与话语权（黄速建，2014）。

参考文献

[1] 陈佳贵：《产权明晰与建立现代企业制度》，《中共中央党校学报》2000 年第 12 期。

[2] 陈佳贵、黄群慧、吕铁、李晓华等：《中国工业化进程报告（1995～2010）》，社会科学文献出版社，2012。

[3] 陈林：《什么是国有资本经营预算制度》，《求是》2014 年第 7 期。

[4] 陈清泰：《国资改革路线图》，《财经》2014 年第 7 期。

[5] 陈艳利：《进一步深化国有资本经营预算制度的思考》，《国有资产管理》2012 年第 6 期。

[6] 冯飞等：《深化垄断行业改革研究》，载"改革的重点领域与推进机制研究"课题组《改革攻坚（上）——改革的重点领域与推进机制研究》，中国发展出版社，2013。

[7] 高江虹：《国资委密集会商改革整体方案："四项改革"试点启动》，《21 世纪经济报道》2014 年 7 月 9 日。

[8] 韩丽华、潘明星：《政府经济学》，中国人民大学出版社，2003。

[9] Hay, Donald & Liu, Shaojia. The Efficiency of Firms：What Difference Does Competition Make. *The Economic Journal*, 1997 (5)：597 - 617.

[10] 黄群慧：《混合所有制改革要"上下结合"》，《人民日报》2014 年 4 月 8 日。

[11] 黄群慧、余菁：《新时期新思路：国有企业分类改革与治理》，《中国工业经济》2013 年第 11 期。

[12] 黄群慧、余菁、王欣、邵婧婷：《新时期中国企业员工持股制度研究》，《中国工业经济》2014 年第 7 期。

［13］黄群慧、余菁：《界定不同国企的功能　推进分类治理与改革》，《经济参考报》2014 年 7 月 15 日。

［14］黄速建：《中国国有企业混合所有制改革研究》，《经济管理》2014 年第 7 期。

［15］蒋一苇、唐丰义：《论国有资产的价值化管理》，《经济研究》1991 年第 2 期。

［16］金碚、黄群慧：《"新型国有企业"现象初步研究》，《中国工业经济》2005 年第 5 期。

［17］朱春红：《发挥我国产业静态比较优势与培育动态比较优势构想》，《现代财经》2005 年第 11 期。

［18］邵宁：《不能轻易否定管人管事管资产相结合原则》，新浪财经，http://finance.sina.com.cn/hy/20140826/173720125650.shtml。

［19］谢贞发、陈玲：《所有权、竞争、公司治理与国有企业改制绩效——一个荟萃回归分析》，《珞珈管理评论》2012 年第 12 期。

［20］张文魁：《解放国企：民营化的逻辑与改革路径》，中信出版社，2013。

［21］赵昌文等：《国有资本管理制度改革研究》，载"推进经济体制重点领域改革研究"课题组《改革攻坚（下）——推进经济体制重点领域改革研究》，中国发展出版社，2013。

［22］周绍朋、郭凯论：《国有资本经营预算制度的建立与完善》，《光明日报》2010 年 5 月 18 日。

财税体制改革的总体思路

中国社会科学院财经战略研究院课题组

摘　要： 财税改革基于十八届三中全会给财政以新的定位进行。财政是国家治理的基础和重要支柱。国家治理体系和治理能力的现代化离不开财政制度的支撑。财税体制在国家治理中的作用应得到更充分的发挥。成功的财税体制改革必须适应新的经济社会环境。财税体制改革不仅是经济体制改革的组成部分，还是政治体制改革的重要内容。财税体制改革牵一发而动全身，必须充分考虑经济、政治、社会、文化、生态五位一体统筹协调的需要。

建立现代财政制度是适应国家治理体系和治理能力现代化的要求。现代财政制度体现民主财政和法治化财政理念，是一套由专门部门主导，多部门制衡，与国家现代化建设目标一致的财政制度。其具体内容是一整套既符合现代社会特点，又能适应未来动态治理要求的专门财政治理技术。

预算制度改革的目标是按照全面规范、公开透明的理念，建立现代预算制度，推动国家治理体系和治理能力的现代化。国家治理体系和治理能力的现代化，离不开现代财政制度的中心环节——预算制度的改革。从传统视角来看，预算是基本收支计划。按照全面深化改革的要求，预算制度需要为适应国家治理现代化提供公共部门经济活动的基本信息，需要为公共资金效率的提高服务，需要最大限度地改善社会福利服务，需要为社会各界监督公共资金的使用提供必要的支持。预算制度改革要在加强全口径预算管理、改善预算透明度、创新预算编制技术和加强人大监督上下功夫。

按照促进经济发展方式转变的要求，按照社会公平正义目标的要求，按照市场统一的要求，进一步改革税制，促进政府收入体系的再造，优化税制结构，形成合理的政府收入体系。政府收入体系的构建要适应政府由主要从企业取得收入向从个人和家庭取得收入转变的现实趋势。具体做法包括：税制结构应从以间接税为主逐步转向以直接税为主；在增值税制再造的基础上，稳步推进"营改增"；消费税减税促消费，增税促社会发展；一些专款专用的税制应合并或取消；个人所得税改革应致力于提升国家竞争力；房地产税改革必须采取谨慎的措施；加快行政性收费与政府性基金制度改革；加强政府收入立法。

关于中央和地方财政关系改革，应按照财权与事权相匹配的原则，重构财政体制。按照调动中央和地方两个积极性的要求，在坚持分税制财政管理体制改革的方向的基础上，构建较为稳定的中央和地方财政关系。具体包括：明确划分各级政府的事权和财政支出责任，加紧改革技术攻关；进一步完善分税制，建立分税与分租、分利相结合的财政收入划分体制；进一步完善公共服务均等化政策目标体系；重构财政转移支付制度；进一步完善地方债管理制度，增强地方政府财政的硬预算约束。

关键词：财税改革　现代财政制度　预算制度改革　税制结构

一　引　言

十八届三中全会给财政以新的定位，即财政是国家治理的基础和重要支柱。国家治理体系和治理能力的现代化离不开财政制度的支撑。财税体制在国家治理中的作用应得到更充分的发挥。

成功的财税体制改革必须适应新的经济社会环境。财税体制改革不仅是经济体制改革的组成部分，还是政治体制改革的重要内容。财税体制改革牵一发而动全身，对经济、政治、社会、文化、生态多方面均有直接影响，必须充分考虑经济、政治、社会、文化、生态五位一体统筹协调的需要。

从经济上看，财税体制改革要适应中国经济增长态势变化的需要。在新常态下，经济高速增长逐步让位于中高速增长，可持续增长成为更受广泛关注的政策目标。国家、企业、居民之间的财政联系应更加制度化，总体税负稳定，税负分配应更加合理。市场在资源配置中的决定性作用的发挥，离不开财政活动范围的合理界定。财政宏观调控体系不断完善，财政政策与货币政策的搭配必须更加合理。

从政治和社会发展来看，中国正处于从中等收入国家向高收入国家跨越的关键期。这是各种矛盾容易集中爆发的时期。这是收入分配差距容易拉大的时期。社会对公共服务的需求在升级。财税改革不仅要适应公共服务需求升级的需要，而且要努力减少改革所带来的社会不稳定因素。财税改革涉及面广。财税改革风险仅从经济视角评估已远远不够，还必须综合政治和社会发展的视角来加以评估。财税体制改革方案的社会接受度，是改革顺利推行的重要指标之一。

财税体制改革应能适应人民群众不断增长的文化需求，促进基本公共文化服务体系的建立，为文化服务需求提供合理充足的基本保障，为多层次文化服务体系的形成提供必要的制度支撑。

财税体制改革要适应生态文明建设的需要。发展的社会需要科学的财税体制。财税体制应在环境保护上发挥应有作用，促进生态文明建设，形成可持续发展的环境。

中长期各种因素的"叠加效应"正在改变财政运行环境。深化财税体制改革，是完善社会主义市场经济体制、加快转变政府职能的现实需要，是转变经济发展方式、促进经济社会持续稳定健康发展的必然要求，是建立健全现代国家治理体系、实现国家长治久安的重要保障。

二　现代财政制度

建立现代财政制度是适应国家治理体系和治理能力现代化的要求。现代财政制度体现民主财政和法治化财政理念，是一套由专门部门主导，多部门制衡，与国家现代化建设目标一致的财政制度。其具体内容是一整套既符合现代社会特点，又能适应未来动态治理要求的专门财政治理技术。

（一）现代财政制度是与国家现代化建设相适应的制度

在全球视野下，大国的现代化过程总是伴随着工业化和城市化。现代财政制度应保证工业化和城市化所需的公共服务的提供。

国家现代化进程伴随着政府职能的转变。市场经济国家在现代化建设初期，政府职能相对简单。随着经济社会的发展，国家职能越发复杂，国家作用的范围扩大。国家调节经济的范围实现了从微观到宏微观并重的变化，宏观调控成为现代国家的重要职责。与此同时，社会保障成为现代国家的重要职责。国家职能的转变对现代财政制度的建立有直接影响。中国财政制度的现代化还应与特定的发展阶段相适应。当前，中国城乡差距仍然很大，新型城镇化尚在进行之中，需要有与城乡基本公共服务均等化相适应的财政制度。中国逆向成长的市场经济，从计划经济到市场经济的实践，决定了现代财政制度应公平对待公有制经济与非公有制经济。财政制度如何适应混合所有制经济发展要求，还需积极探索。

（二）现代财政制度的建立必须有相应的专门的财政管理机构

政府财政部门承揽国家财富管理总责，举凡政府收入和支出，政府资产和负债，政府资金存量与流量管理，不一而足。专门的财政管理机构是现代财政制度不可或缺的内容。具体事务的专业管理与专门的财政管理并行不悖。专业分工无法替代专门的财政管理。政府部门间职责分工不合理，特别是部门功能交叉重叠，不仅专业部门的优势不易发挥，造成资源浪费，且不利于政府效率的提高。从中央层面来看，各部门或多或少带有专门财政管理机构的功能，中央层面在财政部之外，行政性收费和政府性基金林立，实质上形成大大小小为数众多的"财政部"。不仅如此，专司财政管理职责的部门也有多个。除财政部之外，国家税务总局和海关总署专门负责筹集财政收入；国土资源部从国家财富视角所进行的国有资源和国有土地的管理，属于财政部的职责；国资委在国有企业中所承担的国家出资人职责与财政部的职责也有交叉重叠；外汇储备是国家资产，但不由财政部管理。要将政府收支事务和国家财富管理事务集中在财政部门，并将财政部门建设成专门的现代化财政管理机构。

（三）现代财政制度下的财政是民主财政

现代财政是民主财政，是人民当家做主的财政。现代国家不同于传统的君主国家，执政党和政府都是接受人民之托，为人民提供服务的。集财富管理者、生产组织者、再分配者、公共服务提供者等多种身份于一身，决定了现代国家事务的复杂性，决定了国家事务在某种程度上具有"黑箱"的属性。不打开"黑箱"，就无所谓监督。国家受人民之托理财，专门的财政管理机构集国家财富管理和政府收支之大权，必须得到有效的监督。在现代财政制度建设中，要充分发挥人民代表大会的作用，让人民代表的意见得到最充分的表达。要充分发挥人民在财政资金筹集和使用中的监督作用。要积极推动财政透明度的提高，除少数国家机密外，政府预算决算信息应尽可能有效公开，为人民监督财政事务提供必要的基础。民主财政还应表现在有效的社会舆论对财政事务的监督上。

大国的民主财政建设是多层次的。中央财政与地方财政实行分级管理。分级管理有利于财政制度激励与约束作用的发挥。从全球视野来看，立法机构对政府收支的约束包括两个层面：一是制度层面；二是日常运行层面。制度层面表现在政府收入和支出及国家财富管理制度的形成，受到立法机构的约束，充分反映人民意见。政府年度预算和多年度收支计划（规划）的编制和执行，属于日常事务，也要受到立法机构的监督。

（四）现代财政制度下的财政是法治化财政

现代国家是市场经济国家。法治是市场经济的重要保障。法治化国家建设是国家治理体系和治理能力现代化的重要内容之一。公有财产不可侵犯，私人财产同样不可侵犯。国家取得收入的过程，是财产让渡的过程。这一过程应符合法治精神，并依法进行。征税必须建立在税收立法的前提下，不仅要有税收实体法，还要有税收征管的专门立法。从形式上看，中国已有税收征管法这一税收程序法，还有企业所得税法、个人所得税法、车船税法3部税收实体法。但这距离税收法治化的要求太远。税收征管法仍有进一步完善的空间，70%以上税收收入的取得依据的是条例甚至是暂行条例。在改革开放初期，人大授权税收立法的做法有一定合理性。随着全面改革的启动，社会各界对税收制度确定性与稳定性的诉求越来越高，这种局面亟待打破。完善税收立法，市场繁荣所需要的制度确定性才能得到保证。不仅征税要立法，而且所有构成市场和社会负担的政府收费和政府性基金，均应严格立法，避免随意开口，导致政府负担的不确定性，干预市场在资源配置中决定性作用的发挥。

在现实中，只要是属于有效政府应该履行的职能，都应有财政保障。法治化财政建设不能顾此失彼。在一定时期内，某种职责的法定支出比例规定有助于政府职责的落实。但是，现实不断变化，企图一劳永逸地通过法定支出来解决财政资金保障问题的做法，是以灵活应对空间的丧失为前提的。当前中国有一半左右的财政资金受制于这种比例约束，极其不利于法治化财政制度的建设。

（五）现代财政制度以专门的治理技术为依托

预算提供公共部门活动的基本信息，既是包括政府在内的公共部门收支的基本计划，又是联系政策与支出项目的纽带。科学的财政收入预测，是对可支配财力的预测，是预算支出计划安排的重要依据。形成科学的财政收入预测方法体系，是现代财政制度建设的内容之一。财政支出安排应与政策目标一致，反映政策的轻重缓急。预算功能的发挥需基于政府会计制度。适应经济社会发展变化和政府改革的需要，权责发生制须逐步在政府会计制度中得到体现。发达国家的现收现付制或修正的现收现付制，正影响各国的政府会计制度选择。合规性预算与绩效预算应并重，要特别注意发展绩效预算技术，以科学评价公共部门绩效。

政府购买性支出从简单的直接从市场购买商品和服务，正在转变为统一规范的政府采购制度。政府采购的内容逐步提高了服务的比重，深刻地反映了公私合作的趋势。政府采购的主要目的是降低成本，因集中采购程序较为复杂且不能充分跟进市场变化，原先被排除在外的分散采购也得到重视。

从财政管理来看，要形成现代化的国库管理制度，让国库集中收付制度的效率得到最大的发挥。随着计算机技术的普及和互联网的发展，财政管理所需的决策信息获取途径在发生变化，获取成本在下降，财政管理半径在缩小，因应互联网时代的需要，正成为现代财政制度建设的重要内容。

现代财政制度中的专门治理，还表现在多方磋商和制衡的基础之上。现代国家治理不同于传统国家的统治。在传统国家中，统治者与被统治者之间的地位不平等；现代国家治理体现平等主体之间的互动关系。传统国家粗放式的统治已让位于精细化的现代国家治理。

现代国家提供公共服务，人民为享受公共服务而纳税，国家有责任提供高效的公共服务。财政治理需要人民的充分参与，治理技术应满足人民参与的要求。从全球视角来看，公共部门与私人部门的界限不再清晰，甚至相互交错。一些国家的财政治理体现了实用主义观念。国家作为组织的复杂性，决定了治理途径的多样性，决定了各相关组织和个人主动性发挥的重要性，决定了磋商和多方参与在财政治理中的重要性。专门的财政治理技术还包括政府内外的制衡机制。财政部门、审计部门、专业部门、人大等形成具有中国特色的国家财政治理制衡关系。除了人大的外部监督之外，国家财政活动也需要在政府内部形成制衡机制。特别是在政府内部，国家审计部门对财政部门和所有使用财政资金的主体的监督显得至关重要。

（六）现代财政制度是适应动态财政治理需要的制度

面对现实和未来的复杂性和不确定性，现代财政制度应能调动各方积极性，在各主体平等磋商上的基础上，实现财政的动态治理。

技术进步和制度变迁正深刻地改变着世界。财政治理正面对人口结构改变、信息化、全球化等的严峻挑战。现代财政制度既要给市场和社会一个稳定的预期，又不能静止不变。财政制度必须协调稳定必要性和变化必要性的需求。确定性需求呼唤财政制度的稳定，经济、政治、社会、文化、生态文明建设任务的不断变化要求财政制度因时因势而变。人口老龄化的加速，势必增加未来的财政负担。动态财政治理需未雨绸缪，及早关注财政支出结构的变化态势，把握重点领域的演变趋势。财政治理还必须重新审视一些陈旧的假设和价值观，以应对不断涌现的新问题。财政的动态治理旨在将一系列支离破碎的直觉转为"治理"的整体概念，增强实际操作的系统性和可行性。

三 预算制度改革

预算制度改革的目标是按照全面规范、公开透明的理念，建立现代预算制度，推动国家治理体系和治理能力的现代化。国家治理体系和治理能力的现代化，离不开现代财政制度的中心环节——预算制度的改革。从传统视角来看，预算是基本收支计划。按照全面深化改革的要求，预算制度需要为适应国家治理现代化提供公共部门经济活动的基本信息，需要为公共资金效率的提高服务，需要最大限度地改善社会福利服务，需要为社会各界监督公共资金的使用提供必要的支持。

（一）加强全口径预算管理

财政资金管理是国家治理的重要环节。公共部门只要用了财政资金，用了全国人民的钱，就必须向人民报告。人民政府、人大、政协、检察院、法院、执政党和参政议政的民主党派及其他一切靠财政资金运转的机构和团体，都必须做到。这是社会进步的标志，是现代国家治理进入新阶段的必然要求。

加强全口径预算管理，需要健全政府预算体系。实现一般公共预算、政府性基金预算、国有资本经营预算、社会保险基金预算的有机衔接。四本子预算——一般公共预算、政府性基金预算、国有资本经营预算和社会保险基金预算——反映的只是现实，与全面规范还有差距。政府性基金的"公共性"，决定了未来政府性基金预算与一般公共预算必须合并。应积极创造条件，采用同一标准管理，将政府性基金预算并入公共预算。国有资本经营预算收入只反映分红部分的国有资本收益。国有资本经营预算的完善不仅要建立在国有资本分红比例的提高上，还应大幅度提高红利转入一般公共预算的比例。目前国有资本经营预算资金基本上是在国有资本体系内部循环，只有约5%的国有资本收益转入一般公共预算。这与国有资本性质严重不符，不能充分体现"国有"权益。所有国有资本经营收入是否包括全部国有资本收益，仍有编制技术问题需解决。社会保险基金预算与社会保障预算还有不小差距。衔接社会保险基金与一般公共预算，宜尽早谋划，毕竟中国已经是个老龄化社会，且老龄化速度还在加速。人口政策调整远水解不了近渴，财政资金的储备必须提上日程。

只有确立一般公共预算在子预算体系中的核心地位，即其他各种子预算之间的联系都必须通过公共预算，才能够保证预算体系的完整统一，保证预算的不被肢解，从而促进公共资金的集中使用与有效监督。

（二）改善预算透明度

公共资金效率的提高需要进一步改善预算透明度。数额巨大的财政转移支付的资金信息需要公开。一般性转移支付较为规范，但还需要进一步公开一般性转移支付所依据的公式的形成机制，并接受社会监督。专项转移支付的透明度需进一步提高。编制基于权责发生制的政府财务报告，让政府的经济活动信息更加透明。

预算公开要与国家的保密制度建设联动。国家保密范围应尽快合理界定。除涉密外，适用公款部门和单位的全部收支活动均应公开，且是有效公开。公开的不只是冷冰冰的数据，还要有文字说明、支出依据、纵横比较等。预算公开应对公开内容、公开程度做出可操作性规定，还要让社会各界的信息易得。社会监督需信息公开，同时，社会参与公共决策，为国家治理贡献智慧，也需信息公开。

（三）预算编制技术的创新

进一步推动政府收支分类改革，让政府收入和支出信息更加透明。这是预算改革的基础工作。

实行中期预算管理，打破年度预算平衡的约束。各级预算的编制仍应遵循统筹兼顾、勤俭节约、量力而行、讲求绩效和收支平衡的原则。但是，在国家治理现代化目标要求下，预算编制有必要打破既往年度预算平衡的理财原则。年度平衡固然重要，但在现实社会发展对跨年度平衡机制的呼唤面前，就显得不是那么重要了。年度平衡适应农业社会的需要，工业社会和后工业社会的经济周期与年度不再那么吻合，因此，只要实现周期性平衡，预算平衡就算得到实现。

从发达国家的运作来看，周期性平衡能否实现受到多种因素的干扰。经济周期也不再是工业社会初期的 8～10 年那么稳定，在一定周期内，能否实现平衡，就不好说了。况且，"周期"到底指多久，还是个争论不休的问题。但是，纵然有这样或那样的问题，跨年度平衡机制的建立仍很重要。在现实中，年度预算执行带来年末突击花钱问题，年度预算不能适应项目预算跨年度执行的需要，年度预算有内在调整的必要。这些年来，与年度预算平行的中期预算管理风靡全球。2/3 以上的国家和地区实施了中期预算管理。只有跨年度预算平衡机制才能与之相匹配。中国已确定编制中期财政规划，必须有跨年度预算平衡机制的配合。中期预算管理可以在很大程度上避免资金使用的短视行为，促进财政资金效率的提高。

构建并完善包括政府资产负债表、现金表等在内的政府财务报告体系，以全面反映政府财务状况。

中国政府不同于西方国家，其拥有大量国有资源、国有土地与国有资产，不能简单地套用西方国家的有关指标来评判中国的赤字规模与负债状况。缺乏充分的政府资产负债信息，必然导致对政府债务负担问题的争议。

政府的资产负债情况关系到财政的可持续性。中国政府资产负债表的编制有许多技术难题。大量的国有资源和国有土地缺少真正的市场交易价格，估价很难。而且国有资源存在的形式决定了统计国有资源数量难度很大。在改革中，中国可以先从简单着手，先行统计行政事业单位国有资产信息、经营性企业国有资产信息、政府投资的基础设施资产信息等。

政府负债不仅包括政府发行的公债，还包括大量或有负债、隐性负债。这些负债与直接负债不同，但都可能转化为未来政府的负担，而传统的政府预算难以将此涵盖在内。

同时，还应借助于现金流量表对政府现金流进行评估，更直观地把握国库资金的运作效益状况。

（四）加强人大监督

新预算法强调了人大的监督作用。这反映了财税改革和全面深化改革的要求。要在不断完善人民代表大会制度的基础上，提高人大的监督能力，促进人大对预算的有效监督。

四　税制改革

按照促进经济发展方式转变的要求，按照社会公平正义目标的要求，按照市场统一的要求，进一步改革税制，促进政府收入体系的再造，优化税制结构，形成合理的政府收入体系。政府收入体系的构建要适应政府由主要从企业取得收入向从个人和家庭取得收入转变的现实趋势。

（一）税制结构应由以间接税为主逐步转向以直接税为主

经济全球化决定了传统的发展中国家的税制结构以间接税为主的认识需要转变。在中国的税收收入中，仅增值税、消费税、营业税和关税4种间接税占税收总收入的比重就超过70%。所有这些税收，都会通过税负转嫁的形式，对物价产生影响。增值税是中国第一大税种，提供了超过40%的税收收入。亚太地区的增值税税率一般为5%或10%。中国增值税的基本税率为17%，在亚太地区属于较高水平。此外，中国在普遍征收增值税的基础上对部分商品课征消费税。这种选择性的消费税征收范围较广，税率较高，进一步提高了不少商品的实际售价中所含的税收比例。在经济全球化背景下，人员境内外流动频繁，境外购物机会大量增加，海外购物、网络购物、海外代购十分流行，结果是，居民消费增加了，但发生在境外，变成了其他国家或地区的外需，扩大内需的政策目标反而更难实现。因此，中国需要降低间接税比重，以进一步优化税制结构。

以直接税为主的税制结构有多种实现方式。基于当前的税负状况，提高直接税名义税负之路不宜选择。实际上，如果仅仅是改变税制结构，那么降低间接税比重，直接税比重自然就会相应上升。如果直接税征管条件改善，在不提高直接税名义税负的前提下，直接税也有上升的空间。

（二）在增值税制再造的基础上，稳步推进"营改增"

"营改增"试点自2012年实施以来，从整体上降低了"营改增"企业的税负，也降低了工业企业的税负。"营改增"的减税效应已得到发挥。但是，从根本上说，"营改增"是税制完善的需要。为此，要转变"营改增"不增加局部企业税负的认识，把"营改增"与整个税制改革的目标联系起来。"营改增"要真正有利于产业结构优化和经济结构优化，促进服务业的发展，关键在于再造增值税税制。

与营业税相比，消费型增值税更中性，不会带来重复征税。现行增值税税制的基本框架是1994年改革后确立的，之后经历了生产型增值税向消费型增值税的转型。但增值税转型不够彻底，能够用于抵扣的固定资产进项税额范围有限。现行增值税税制还不是真正意义上的消费型增值税，除了机器设备外的大部分固定资产所对应的进项税额还不能扣除，严重妨碍了增值税中性作用的发挥。基本税率选择17%，与当时国家扭转财力困局有密切关系。现在国家的财力状况已发生变化，再坚持17%的税率的意义已经没那么大。现行增值税税制主要是为适应制造业发展需要而设计的，不能适应服务业的行业特性。为此，"营改增"更需增值税税制再造。"营改增"试点行业新设11%和6%两档税率，也导致增值税税率过高，留下诸多税收征管漏洞，影响中性作用的发挥。

再造增值税税制，在此基础上进一步扩大"营改增"的范围，能适应更多行业的实际情况，取得更好效果。特别是，金融业增值税税制的选择既要与现行营业税税制衔接，又要与国际金融业增值税征管惯例对接，难度很大。

"营改增"后各行业税负应大体均衡，应用5~10年的时间，大幅度降低增值税的基本税率，将17%下调到10%左右，低税率从13%下调到5%左右。

（三） 消费税减税促消费，增税促社会发展

现行消费税的征收范围过广，税率过高，不利于扩大国内消费，也不能适应人民生活水平提高的需要。消费税税制的设计过多地考虑调节"奢侈品"消费。这与对"奢侈品"的认识存在误区不无关系。中国的奢侈品消费正处于从炫耀性消费向生活方式过渡的阶段。在这个阶段，消费奢侈品的不仅是高收入者，还包括中低收入者，特别是入门级奢侈品消费者中不乏中低收入者。从表面上看，对富人的消费课以重税，似乎能促进公平。但在开放条件下，富人消费更容易转移到境外，调节收入分配的作用不易发挥。由于中低收入者同样也在消费不同档次的奢侈品，消费税反而可能起到逆向调节作用。消费税的税目、税率也应做较大调整，主旋律是降低税负。降低消费税税负，可以将更多的消费留在境内，促进内需的扩大。

对于部分对环境保护不利的消费，可通过增税来促进社会发展。

（四） 一些专款专用的税制应合并或取消

替代养路费的消费税、车辆购置税、车船税、城市维护建设税等税种应该合并。这些税种都与道路建设有关，在道路建设落后、汽车数量较少的时期有并存的必要。随着路网的逐步健全、车辆数量的增加，道路的规模经济效应明显，再维持这种格局已无必要。车辆购置税、车船税、城市维护建设税应融入消费税，并大幅度降低税负。

（五）个人所得税改革应致力于提升国家竞争力

个人所得税潜力大，将在未来的税制结构优化中扮演重要角色。个人所得税调节收入分配的作用需得到重视。2013 年，个人所得税占税收总收入的比重不到 6%。未来个人所得税税制的总趋势是迈向综合所得税税制。

逐步提高直接税比重不是只有提高直接税税负一条路。中国的个人所得税税率已不低，上调空间不大。相反，从国际税收竞争的现实出发，中国的个人所得税税负应大幅度下降。工资薪金费用减除标准的设定要充分考虑中低收入者的基本生活费用，并随物价上涨而相应上调。个人所得税税制的设计应有利于扩大中等收入阶层。现有的最高边际税率所适用的收入水平偏低，不利于中等收入阶层的发展。工资薪金所得的最高边际税率应大幅度下降到 25%，并相应下调其他档次的税率。劳务报酬实质上的 20%、30% 和 40% 的税率也应相应下调，最高税率也应设为与工资薪金所得相当的 25%。个人所得税税负下降，并不见得税收收入就会下降。

个人所得税收入增长空间有二：一是随着人民收入水平的提高，个人所得税的税基自然会随之扩大；二是随着税收征管条件的改善，个人所得税的税基也会扩大。现金交易范围的缩小，反洗钱力度的加大，不同部门间信息交换的顺畅，都可望为个人所得税的增长提供必要的支撑。

其他国家和地区能够用比中国税负轻得多的个人所得税税制筹集比例更高的个人所得税收入，中国也完全可以做到。税负下降，对于作为发展中国家的中国的意义更是非同凡响，一些流失

到海外的税源可能回归，目前一些富人移居海外的局面可能得到
扭转。

（六）房地产税改革必须采取谨慎的措施

房地产税在地方税收收入中的地位会不断提高。按照加快房
地产税立法并适时推进税制改革的要求，现阶段应着重在房地产
税立法上下功夫，应努力在房地产税开征这一问题上形成社会共
识。

这是因为房地产税涉及面广，直接面对个人和家庭课税所
带来的挑战前所未有。没有收入流的房地产税的征收难度远大
于有收入流的个人所得税。房地产税的开征必须谨慎。房地产
税可以为地方公共服务融资，但目前所能提供的可支配财力有
限。房地产税开征的难度不在于技术方面。技术条件只是房产
税开征的必要条件，相对容易实现。在间接税税负仍然较重、
房价中土地出让金所占比例较高、房地产各种税费还在收取的
条件下，直接向个人征收的房地产税需谨慎进行。社会能否接
受应该是转型期的中国最需要考虑的问题。房地产税开征的社
会条件最需要考虑。

房地产税不宜定位为一种调节收入分配的税种。全世界都没
有这么定位，中国没有必要独创。房地产税改革的推进可以考虑
先从商业地产房产税可征收方法的改进入手，即根据评估值征
税，以获取征管技术经验。如要在近期推出个人住房房产税，可
以考虑先对小产权房征收，使之具有合法地位。这么做容易得到
小产权房业主的拥护。同时，这还有利于扩大房地产供给，缓解
房价上涨压力。总之，房地产税不必为推出而推出，更应慎重考

虑其目标定位和可能遭遇的问题。

房地产税改革要着眼于国际实践。房地产税就是对所有房地产以评估价为基础普遍课征的一种税。稳步推进改革，还可以采取每个家庭减免一定税额的做法。

（七）加快行政性收费与政府性基金制度改革

行政性收费和政府性基金收入保证了政府职能的实现。特别是，具有专门用途的政府性基金支撑了相关事业的发展。在现实中，行政性收费与政府性基金和税收相比，征收门槛较低，但对于人民来说，它们与税收一样，都要求人民资源的让渡。因此，应该严格限制政府的收入权限，加强收费和基金管理立法约束。关于一些类似税收的附加，如教育费附加和地方教育附加，应设定时限，并入税收制度或予以取消。应综合权衡政府取得收入的形式，充分发挥税收、行政性收费、政府性基金等不同形式收入的特点，以实现政府收入结构的合理化。

（八）加强政府收入立法

加快税收立法，现有的税收条例、暂行条例应尽快上升为法律；加快收费和基金立法，并增加约束力。法治社会必然对政府施加一系列约束条件。政府要从人民那里获得资源，就需要承担对应的义务。在现实中，某些政府部门取得具有专门用途的收入后，就将收入视为"私房钱"的状况需要得到改变。城建税等不合理的税制应尽快取消。相应的制度再造亟待进行。

五 中央和地方财政关系改革

按照财权与事权相匹配的原则，进一步调整中央和地方的财政关系，重构财政体制。按照调动中央和地方两个积极性的要求，在坚持分税制财政管理体制改革的方向的基础上，构建较为稳定的中央和地方财政关系。

（一）明确划分各级政府的事权和财政支出责任，加紧改革技术攻关

财权与事权相匹配，解决的是财政激励问题。为了更好地发挥中央和地方政府两个积极性，应按照财权与事权匹配原则，划分事权与支出责任。

过于笼统的事权规定，不利于事权财政支出责任的进一步细化，从而容易出现中央和地方、不同级别政府之间相互推卸责任的状况，影响分税制财政体制的效率。全面重构财政体制中的技术难题应通过抓紧攻关、借鉴他国经验、总结我国改革的经验教训、立足国情来加以解决。在经济社会转型期，在短期内要清晰划分中央和地方的支出责任难度较大。在职能尚无可能划清的条件下，只能取中短期之策。职能暂时难以划清，但可保持各级政府职能的相对稳定性和确定性。按照财权与事权相匹配的原则，确定中央和地方的财政关系。政府职能一旦调整，支出责任一旦变化，就必须进行对应的财权调整。

（二）进一步完善分税制，建立分税与分租、分利相结合的财政收入划分体制

取消增值税、企业所得税、个人所得税收入存量归属的规定，实行真正的共享。增值税、营业税和其他税种的划分应在全方位财税体制改革框架中统筹规划，以免再现零敲碎打被动改革的局面。

第一，提高增值税收入地方分成比例。当前增值税的分享比例需要调整。应取消税收返还，取消税收收入增长中央和地方不对称分成比例的做法，取消"营改增"试点行业税收收入归地方的规定，规范中央和地方的共享制度，同时提高地方的分成比例。地方的分成比例提高应能充分体现制度规范后地方减收需补偿的因素，还要考虑地方可支配财力不足需增加财力的因素。

第二，将消费税改造成中央和地方共享税。在现行制度中，消费税是中央税。但实际上，消费税收入与税收返还有关，一开始就不是纯粹的中央税。再加上成品油税费改革之后，由养路费转变而来的消费税的绝大部分需要返还地方，消费税的共享税属性已经较为明显。共享税可以有两种设计思路：一是按消费税税目设计分税方案；二是按总收入确定分税方案。前者可以更好地适应不同地方税目的不同实际情况，后者则易与财权财力总体分配格局的调整对应起来。此外，当前消费税主要在生产和批发环节征收，如能进一步将部分消费品的征税环节前移至零售环节，并将消费税收入作为地方税收入，则可作为一个选择项。消费税在零售环节征收，并将税收收入留在地方，可以鼓励地方政府刺激地方消费。如采用这种方案，那么相应的，增值税收入的地方

分成比例就可以适当下调。

第三，房地产税与国有土地收益制度的改革。未来，房地产税在地方税收收入中的地位还会进一步上升。对个人和家庭征收房地产税，更需要考虑税负承担环节的转移，即将住房在开发购买环节的税负转移到持有环节。因为目前持有环节几乎没有税负就认为要增加持有环节税负的观点欠妥，这只会加重本来就负担很重的购房自住者的负担，与改善住房民生的公共政策目标相悖。房地产税不能取代土地出让金，但是，土地国有制决定了国有土地收益应该在改善公共服务中发挥作用。一般来说，与土地私有制国家相比，中国的房地产税税率应该更低。

第四，应赋予地方一定税权，包括税收立法权和税率调整的权限。中国是单一制国家，但时下对于单一制的理解有一些误区。实际上，单一制国家与联邦制国家的集权与分权趋势在不断地改变。从总体上看，世界上出现了单一制国家分权化、联邦制国家集权化现象。这样，固守单一制国家就不能给地方税权的观点是不妥的。以部分实行单一制但领土面积较小的国家的地方税收占比较低为理由，不赞成构建与完善地方税系也是不妥的。作为大国，中国的最优政府间财政关系需在现实中不断地磨合优化。特别是，对个人和家庭全面开征房地产税之后，如不赋予地方税权，则可能导致政府某些为改善公共服务而使房价上涨的举措不受居民欢迎，因为居民很可能认为公共服务的改善抵不过房地产税负的增加。

建立中央和地方、地方各级财政之间的分租与分利体制，进一步完善财政收入划分体制。中国拥有大量国有土地、国有资源和国有企业（经济），和许多市场经济国家相比，具有特殊性。

大量的租金收入、产权收入、分红收入的管理需要进一步规范化，且应纳入财政收入划分体制，规范管理，减少因收入主要归地方所带来的对中央财政宏观调控的负面影响，减少因收入监管不足所带来的收入分配不均问题。

特别是，国有资源产权收入和资源税收入如长期大部分留在地方，对于国家的长治久安非常不利。应通过科学测算地方政府的标准支出，进一步完善财政转移支付制度，尽快扭转这种局面。

（三）进一步完善公共服务均等化政策目标体系

中国在义务教育、医疗卫生、养老保障等多个方面已有公共服务均等化目标。但现有目标的设定较为分散，各具体目标之间、具体目标与总体政策目标之间的衔接问题尚未解决，不利于财政资金合力的集中发挥。因此，需进一步完善公共服务均等化政策目标体系，在总体目标的基础上，分别制定各项基础公共服务的均等化目标。同时，应确立地区间公共服务均等化水平的评价标准，确定公共服务均等化的时间表，以加快公共服务均等化进程。

由于各地公共服务提供成本的差异，公共服务均等化并不意味着相同的公共服务支出水平。人口流动性的增强，还会影响流出地与迁入地公共服务均等化目标的实现。公共服务均等化目标的实现还应与户籍制度改革联系起来。

（四）重构财政转移支付制度

取消税收返还，将其并入一般性转移支付；对一般性转移支付的具体形式与各项均衡性转移支付进行整合，将各具体形式的转移支付作为一个因素在新的一般性转移支付公式中得到体现，以发挥一般性转移支付制度的合力。进一步增强专项转移支付制度的透明度，特别是决策的透明度，做好中央财政专项转移支付制度与地方政府预算编制的衔接工作，使地方政府预算能够全面反映中央财政的专项转移支付。在保持分税制财政体制基本稳定的前提下，围绕推进基本公共服务均等化和主体功能区建设，优化转移支付结构，形成统一、规范、透明的财政转移支付制度。

（五）进一步完善地方债管理制度，增强地方政府财政的硬预算约束

新预算法已正式启动地方债制度，这适应了分级财政制度的内在要求。分税制财政体制的含义之一就是地方财政应该是相对独立运行的。这样，地方财政收大于支或收小于支，都是可能出现的结果。而当地方收不抵支时，正式制度又不赋予地方举债权，地方政府只能采取变通的办法，形成各种各样的政府性债务。

从目前来看，地方债总体上不会带来财政危机，但这并不意味着地方债就不会带来财政风险。相反，如果地方债问题没有得到恰当的处理，那么本来完全可以应对的风险就可能酿成一场无法应对的金融风险。

地方债问题的形成相当复杂。它是在地方缺乏发债权的前提下发生的。长期以来，由于地方政府在一般情况下不能直接举债，地方政府举债除了国家转贷、财政部代发、部分国际组织贷款等形式之外，大量是以企业（项目公司、学校、医院等各类融资平台）为债务人的商业银行贷款、政策性银行贷款、企业

债券、其他金融机构贷款等形式。这里的企业与地方政府有着千丝万缕的关系，其中许多是由地方政府为了某个（类）项目实施的需要直接出资成立的。

以公司形式存在的企业是独立法人，是地方政府性债务的直接债务人。公司若能以自己的收入自行清偿债务，那么此类债务就不会构成地方政府的负担。只有当这些公司不能清偿债务时，地方政府性债务才有可能转变为地方政府的债务负担。可见，改善公司治理结构、提高公司经营效率、保障公司的正常运行是地方债风险防范的重要一步。

时下，一些公司的现金流遭遇政策风险。在制度不太规范的条件下，一些公司特别是高速公路公司或其母公司想方设法延长收费时间，以获取最大的投资回报。常见的措施如将还贷收费公路变成经营性公路。但在清理公路收费工作中，这样的公司就面临收入断流的风险。多收费，对经济的长期健康发展是不利的；不收费，可能直接危及这些公司的生存，带来地方债风险。此中不得不进行权衡取舍。是由地方政府承担相应的还款任务，还是由企业自己负责到底，经常要具体问题具体分析。特别是一些公司已经上市，政府与企业的关系实际上已经较为规范，是否还需要创造出新的政企关系值得怀疑。此类公司的债务是有可能成为债权人的负担的。

有的承载地方政府性债务的公司先天不足。这类公司在成立伊始就面临现金流严重不足的问题。西部地区不少地方冷冷清清的车流，意味着高速公路自身所能产生的现金流无法满足偿还贷款的需要。如果允许持续收费，利息偿还尚可维持；如果连收费都被取消了，那么这就完全可能成为地方政府的负担。在一般情况下，根据商业规则，银行或其他金融机构是不会贷款给这样的公司的。因此，这类贷款背后常常有地方政府的支持。此类债务对地方政府的影响是直接的。

面对形形色色的地方政府性债务，地方政府往往很难准确把握自身的债务负担。即使现在有了总体数据，或有债务在多大程度上会转换为地方政府的直接债务，也是一个未知数。对于银行来说，地方政府是否承担最后的还款职责，也直接关系到银行资产的安全与否。

要根据地方政府性债务的形成原因，分类整理地方债存量，找到科学有效的化解方式。同时，地方债必须正式启动，用开前门的方式堵后门，适应分税制条件下地方政府财权实现的需要。由国情所决定，地方政府发债宜选择总额受到限制的日本模式，不宜选择美国模式。地方政府发债总额应得到上级政府直至中央政府的批准，以统一公债市场，防范财政风险。

需要说明的是，地方政府融资涉及的问题特别复杂。从总体上看，地方政府支出还是应该靠税收，而不能依靠债务融资。公共产权融资也只能适可而止，否则很容易影响地方政府的可持续性。

主要参考文献

［1］杨志勇：《现代财政制度：基本原则与主要特征》，《地方财政研究》2014 年第 6 期。

［2］杨志勇、杨之刚：《中国财政制度改革 30 年》，格致出版社、上海人民出版社，2008。

理顺中央和地方事权关系研究

高培勇　　汪德华*

一　理解中央地方事权关系的分析框架

中央和地方事权关系，主要是指中央政府和地方各级政府之间如何分工合作共同承担政府职能，以完善国家治理体系，提升国家治理能力。在市场经济国家，合理划分中央地方事权关系的前提，应是明确政府与市场之间的关系，或者说明确政府职能的范围。在此基础上，应将中央地方事权关系，放在政府间财政关系的整体框架中加以考察。

（一）政府事权范围及分类

政府与市场经济并非可以两分的两个极端，政府是内嵌于市场经济的重要基础设施。政府在所有社会组织机构中是独一无二

---

* 高培勇、汪德华，中国社会科学院财经战略研究院。

的，其基本特点是有强制人们采取行动的权力。从优化资源配置、维护市场统一、促进社会公平、实现国家长治久安的财税改革总目标出发，现实中政府应履行的职能，或者说事权可以归纳为如下三大领域。①

一是政府的基本职能，包括保护财产权利，以"规范的司法管理"维护契约执行，以政府监管实现各类经济和社会目标，如生产作业环境、产品质量安全监管、劳动保护、妇女和儿童保护、环境污染的监督、垄断、金融机构的高风险行为等。从财政支出的功能分类看，政府的基本职能主要涉及一般公共服务、国防、外交、公共安全、国土资源气象等事务以及如节能环保、安全监管、金融监管等领域中以实现经济和社会目标为出发点的监管职能。

二是以促进社会公平为目标的社会福利职能。在现代社会，各国政府普遍要发挥再分配的作用，以促进社会和谐。从发达国家的现实看，社会福利职能已成政府最重要的职能，对应的财政支出是比重最高的。从财政支出的功能分类来看，政府的社会福利职能主要涉及教育、医疗卫生、社会保障和就业、减贫等领域。

三是经济发展和基础设施建设职能，包括基础设施建设、实施产业支持政策促进经济发展，以总量宏观调控抑制经济波动。经济发展和基础设施建设职能，按中国的财政支出功能分类涉及

---

① 本节所总结的几项政府职能在一定程度上已成为学术界的共识，但不同的学者对于不同政府职能的重要性或必要性的评价可能有所不同。将这些职能按三大领域归类，来自于课题组的观点。有关政府应担负的职能可参考费希拜克的《美国经济史新论：政府与经济》，中信出版社，2013；楼继伟：《中国政府间财政关系再思考》，中国财政经济出版社，2013；等。

较多，如城乡社区事务、农林水事务、交通运输、资源勘探电力信息等事务、商业服务业等事务。

（二）政府间财政关系框架中的中央地方事权关系

市场经济体制已被证明为最佳的资源配置方式，但市场经济并不能自动实现经济繁荣和社会和谐。市场经济也有好坏之分，所谓好的市场经济，前提条件就是面对复杂的市场环境，各级政府作为一个整体要履行好以上所列三大类政府职能，做好多样性和一致性，灵活性与有效性的统一。解决这类矛盾，做到多样性和一致性的统一，灵活性和有效性的统一，需要建立各级政府在遵循经济规律基础上的分工合作制度。[①] 由于财政是国家治理体系的基础和重要支柱，是政府履行职能的经济基础和现实体现，因此这种分工合作制度的主体就是政府间财政关系的制度安排。

政府间财政关系涉及方方面面，但归结起来，可以图1概括其框架，主要是三要素：事权（即政府职能）划分、财权划分、财力划分，各种类型的体制都是这三要素不同的组合。政府存在的目的是促进经济繁荣、促进社会公平、实现国家长治久安，这需要通过履行好以上所列各项政府职能来实现。相对于事权，财权和财力都是手段，是为履行政府职能服务的。

政府间财政关系制度的合理设计，应当承认中央与地方乃至不同群体之间的利益分歧，运用现代经济学中委托代理理论的分析框架加以分析。中央政府与全体居民之间构成委托代理关系，地方政府除与本地居民构成委托代理关系之外，还与中央政府发

---

① 楼继伟：《中国政府间财政关系再思考》，中国财政经济出版社，2013。

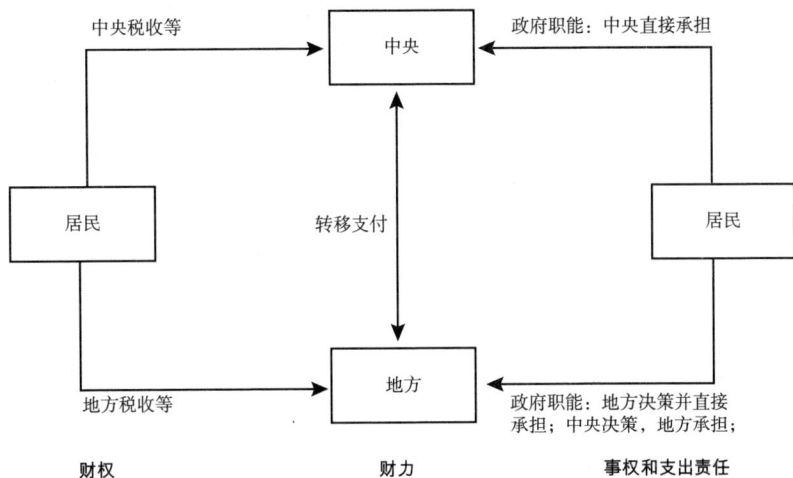

图1 政府间财政关系的一般框架

生关系。此时，中央政府一方面代表其他地区居民，或者说全局的利益，另一方面当地方政府与本地居民（或其中的某些群体）的局部利益发生冲突时，且这种局部利益从整体的角度是不能侵犯的，则应予以制约。政府职能的具体承担者是政府官员，无论是中央、还是地方政府官员同样会有自己的私利，这进一步增加了问题的复杂性。

单从避免中央地方利益冲突的角度看，将政府职能全部划归中央政府最为合理。但因为信息具有复杂性、不对称性，地方政府接近当地居民，更了解其愿望和需求，将政府职能全部划归中央政府会导致效率低下。因此，合理划分政府间的事权，应考虑事权本身的外部性程度、信息复杂性程度以及地方政府的激励相容三个维度。① 其中，外部性程度是指事权所涉及利益相关人是

---

① 楼继伟：《中国政府间财政关系再思考》，中国财政经济出版社，2013。

否跨区域，如跨区域程度较高，则应由上级政府来承担。信息复杂性程度是指事权管理是否复杂，如较为复杂，则应交给更能掌握真实、准确信息的地方政府来承担。激励相容是指事权划分的制度安排，应使得地方政府即使以自身利益最大化为目标，也能实现整体利益最大化。

按照委托代理理论的分析框架，外部性、信息处理的复杂性都是技术层面的外生约束条件，激励相容是实现整体福利最大化目标的制度设计要求。具体的事权所涉及的活动，其外部性会有差异，信息处理的复杂性也有差异，此时按激励相容的要求，就应具体问题具体分析，在不同级次政府间采取不同的配置方式。事权还可进一步分为决策权和执行权，考虑到外部性与信息复杂性之间的组合多种多样，某些事权可让中央保留决策权，而将执行权赋予地方。不同事权之间还可能有联系或冲突，因此事权划分应结合社会福利最大化的具体目标，整体考虑。

在明确了事权划分的基础上，还需要考虑中央与地方财权、财力的划分问题。政府行使好其职能必须有相应的财力，地方政府的整体财力由有财权的自主财力，加上转移支付收入（上级、下级或横向）共同构成。财权是指一级政府为满足支出需要而自主筹集财政收入的权力，包括税权和费权。一些财权和事权是捆绑在一起的，如社保税（或缴费）属于专项税，就与社会保险事业捆绑在一起。

从满足地方政府多样性、灵活性地承担事权的需要这一角度，应坚持"财权与事权相匹配"的原则。但是，财权安排本身会对资源配置形成干扰，在区域发展不平衡的背景下还将影响基本公共服务均等化和社会公平。政府间事权划分的基本依据是外部性、信息处理的复杂性与激励相容。财权划分的目标是多方面的，既要满足地方政府履行事权的财力需要，还要考虑对资源配置的扭曲最小，更要考虑让中央集中必要的财力以促进基本公共服务均等化。不同的原则和标准决定了"财权与事权相匹配"不可能成为政府间财政关系的常态。从优化资源配置、维护市场统一以及促进社会公平的要求出发，应坚持"财力与事权相匹配"的原则。在明确政府间事权划分的基础上，界定各级政府的支出责任，划分财政收入，中央政府集中必要的财力，再通过转移支付等手段调节上下级的财力余缺，补足地方政府履行事权存在的财力缺口，实现"财力与事权相匹配"，这是现代国家的常态，也是确保政府间财政体制有效运转的理性选择。需要注意的是，在对资源配置影响较小，且满足中央集中必要财力以促进区域公平的前提下，应尽可能赋予地方政府财权；在事权配置、设计转移支付制度增加地方政府财力时，也应充分考虑增加地方政府的财政自主权，以充分发挥地方政府在履行地方事权时更掌握信息的优势，提升其治理能力。

二 法律规定、现状与主要问题

从发达国家经验来看，中央地方间的事权划分大都以《宪法》或专门法律为依据，且相对稳定。[①] 我国在《宪法》《国务院组织法》《地方组织法》等法律中，也对中央政府地方政府事

---

① 李萍主编《财政体制简明图解》，中国财政经济出版社，2010。

权划分做出若干规定。存在的问题主要是相关规定较为原则性，并未涉及如何具体划分事权的操作性意见。加上改革开放之后，政府职能范围或者说事权变动程度较大，客观上也为清晰划分中央地方事权带来困难。在现实中，一些事权划分往往采取以中央为主导的"一事一议"方式，属于过渡性质。一些事权划分也不尽合理，无助于完善国家治理体系和提升国家治理能力。正因为如此，十八届三中全会《决定》中才提出了"建立事权和支出责任相适应的制度"的要求。本节将在梳理现行法律法规，以及现实中事权划分方式的基础上，分析中央地方事权划分领域存在的问题。

（一）相关法律规定

我国《宪法》和《国务院组织法》、《地方组织法》对中央与地方权责关系做了原则规定。一是明确了中央政府与各级政府间的关系。《宪法》规定，国务院统一领导全国地方各级国家行政机关的工作，全国地方各级人民政府都是国务院统一领导下的国家行政机关，都服从国务院。《地方组织法》规定，地方政府各工作部门受人民政府统一领导，并且依照法律或者行政法规的规定受上级人民政府主管部门的业务指导或者领导。二是《宪法》明确了中央与地方国家机构职权划分应遵循在中央的统一领导下，充分发挥地方的主动性、积极性的原则，并授权由国务院规定中央和省、自治区、直辖市的国家行政机关的职权的具体划分。三是对中央与地方政府的职权做了概括。其中，《宪法》第89条和《国务院组织法》第3条明确了国务院行使18个方面的职权。《地方组织法》第59条和第60条在《宪法》第107条基础上，进一步明确了县级以上地方人民政府行使 10 个方面职权、乡镇政府行使 7 个方面职权。《宪法》、《国务院组织法》和《地方组织法》的这些规定确立了中央与地方权责划分的基本框架和原则，是进一步明确和划分中央与地方权责的基本依据和法律基础。

党中央、国务院对明确和划分中央与地方权责高度重视。2003 年党的十六届三中全会审议通过的《中共中央关于完善社会主义市场经济体制若干问题的决定》提出，"按照中央统一领导、充分发挥地方主动性、积极性的原则，明确中央和地方对经济调节、市场监管、社会管理、公共服务方面的管理权责"。2008 年党的十七届二中全会提出，"各级政府要按照加快职能转变的要求，结合实际，突出管理和服务重点。中央政府要加强经济社会事务的宏观管理，进一步减少和下放具体管理事项，把更多的精力转到制定战略规划、政策法规和标准规范上，维护国家法制统一、政令统一和市场统一。地方政府要确保中央方针政策和国家法律法规的有效实施，加强对本地区经济社会事务的统筹协调，强化执行和执法监管职责，做好面向基层和群众的服务和管理，维护市场秩序和社会安定，促进经济和社会事业的发展。按照财力与事权相匹配的原则，科学配置各级政府的财力，增强地方政府特别是基层政府提供公共服务的能力"。2013 年党的十八届三中全会审议通过的《中共中央关于全面深化改革若干重大问题的决定》，进一步提出建立事权和支出责任相适应的制度。"适度加强中央事权和支出责任，国防、外交、国家安全、关系全国统一市场规则和管理等作为中央事权；部分社会保障、跨区域重大项目建设维护等作为中央和地方共同事权，逐步理顺事权关系；区域性公共服务作为地方事权。中央和地方按照事权划分相应承担和分担支出责任。中央可通过安排转移支付将部分事权支出责任委托地方承担。对于跨区域且对其他地区影响较大的公共服务，中央通过转移支付承担一部分地方事权支出责任"。这些重要精神，为进一步明确和划分中央与地方权责关系指明了方向。

专栏 1：《宪法》中有关中央地方事权划分的规定

2004 版《宪法》第八十九条规定，国务院行使下列职权：

（一）根据宪法和法律，规定行政措施，制定行政法规，发布决定和命令；

（二）向全国人民代表大会或者全国人民代表大会常务委员会提出议案；

（三）规定各部和各委员会的任务和职责，统一领导各部和各委员会的工作，并且领导不属于各部和各委员会的全国性的行政工作；

（四）统一领导全国地方各级国家行政机关的工作，规定中央和省、自治区、直辖市的国家行政机关的职权的具体划分；

（五）编制和执行国民经济和社会发展计划和国家预算；

（六）领导和管理经济工作和城乡建设；

（七）领导和管理教育、科学、文化、卫生、体育和计划生育工作；

（八）领导和管理民政、公安、司法行政和监察等工作；

（九）管理对外事务，同外国缔结条约和协定；

（十）领导和管理国防建设事业；

（十一）领导和管理民族事务，保障少数民族的平等权利和民族自治地方的自治权利；

（十二）保护华侨的正当的权利和利益，保护归侨和侨眷的合法的权利和利益；

（十三）改变或者撤销各部、各委员会发布的不适当的命令、指示和规章；

（十四）改变或者撤销地方各级国家行政机关的不适当的决定和命令；

（十五）批准省、自治区、直辖市的区域划分，批准自治州、县、自治县、市的建置和区域划分；

（十六）依照法律规定决定省、自治区、直辖市的范围内部分地区进入紧急状态；

（十七）审定行政机构的编制，依照法律规定任免、培训、考核和奖惩行政人员；

（十八）全国人民代表大会和全国人民代表大会常务委员会授予的其他职权。

第一百零七条　县级以上地方各级人民政府依照法律规定的权限，管理本行政区域内的经济、教育、科学、文化、卫生、体育事业、城乡建设事业和财政、民政、公安、民族事务、司法行政、监察、计划生育等行政工作，发布决定和命令，任免、培训、考核和奖惩行政工作人员。

乡、民族乡、镇的人民政府执行本级人民代表大会的决议和上级国家行政机关的决定和命令，管理本行政区域内的行政工作。

省、直辖市的人民政府决定乡、民族乡、镇的建置和区域划分。

专栏 2：其他法律有关中央地方事权划分的规定

1982 版《国务院组织法》第三条规定，"国务院行使宪法第八十九条规定的职权。"

2004 版《地方各级人民代表大会和地方各级人民政府组织法》第五十九条　县级以上的地方各级人民政府行使下列职权：

（一）执行本级人民代表大会及其常务委员会的决议，以及上级国家行政机关的决定和命令，规定行政措施，发布决定和命令；

（二）领导所属各工作部门和下级人民政府的工作；

（三）改变或者撤销所属各工作部门的不适当的命令、指示和下级人民政府的不适当的决定、命令；

（四）依照法律的规定任免、培训、考核和奖惩国家行政机关工作人员；

（五）执行国民经济和社会发展计划、预算，管理本行政区域内的经济、教育、科学、文化、卫生、体育事业、环境和资源保护、城乡建设事业和财政、民政、公安、民族事务、司法行政、监察、计划生育等行政工作；

（六）保护社会主义的全民所有的财产和劳动群众集体所有的财产，保护公民私人所有的合法财产，维护社会秩序，保障公民的人身权利、民主权利和其他权利；

（七）保护各种经济组织的合法权益；

（八）保障少数民族的权利和尊重少数民族的风俗习惯，帮助本行政区域内各少数民族聚居的地方依照宪法和法律实行区域自治，帮助各少数民族发展政治、经济和文化的建设事业；

（九）保障宪法和法律赋予妇女的男女平等、同工同酬和婚姻自由等各项权利；

（十）办理上级国家行政机关交办的其他事项。

第六十条 省、自治区、直辖市的人民政府可以根据法律、行政法规和本省、自治区、直辖市的地方性法规，制定规章，报国务院和本级人民代表大会常务委员会备案。省、自治区的人民政府所在地的市和经国务院批准的较大的市的人民政府，可以根据法律、行政法规和本省、自治区的地方性法规，制定规章，报国务院和省、自治区的人民代表大会常务委员会、人民政府以及本级人民代表大会常务委员会备案。

依照前款规定制定规章，须经各该级政府常务会议或者全体会议讨论决定。

《宪法》、《国务院组织法》以及《地方各级人民代表大会和地方各级人民政府组织法》，对于中央人民政府以及地方各级人民政府所应履行的事权及职责的规定，参见专栏1、专栏2。总体看来，现行《宪法》以及相关法律赋予了国务院领导和管理各项事务的职权，赋予国务院改变中央地方事权划分的权力。但在中央和地方间如何具体划分事权方面，并未按功能给出明确意见。地方政府的事权，在除外交和国防外的各项事务方面，主要是按照行政隶属关系以及管理范围享有管理权限，并承担相应的责任。这与十八届三中全会《决定》中提出的"适度加强中央事权和支出责任，国防、外交、国家安全、关系全国统一市场规则和管理等作为中央事权；部分社会保障、跨区域重大项目建设维护等作为中央和地方共同事权，逐步理顺事权关系；区域性公共服务作为地方事权"存在一定的差距，因此成为下一步改革的对象。

（二）现状及存在的问题

总体上看，当前我国已经初步具备现代市场经济国家的政府职能框架。21 世纪以来，尤为突出的是各项社会事业的发展成绩喜人，教育投入大幅增加，医疗和养老保障均基本实现全覆盖。随着社会各界对于食品安全、环境污染、劳工保护、生产安全等社会目标的日益重视，政府在这些方面的监管职能也日益加强。不过，总体而言，在新中国成立以来赶超战略的指引下，我国各级政府对于发挥能动作用，促进经济快速发展更为重视。其中，地方政府以 GDP 为中心的发展模式，如大搞土地财政、动用各种手段招商引资、牺牲环境和基本权利保护的行为，备受争议。①

从国家治理体系的角度看，产生这些现象和问题的根源在于：除外交和国防外，几乎所有事权均是决策权和否决权在上，具体执行权在下。在政府基本职能的事权分配上，像易导致地方保护主义的司法，外部性较强的环境、食品安全等监管事宜等，都由地方主导执行权。在社会福利职能上，如职工养老保险、新农合、新农保等，绝大部分都是中央出台政策推动，但由市县为单位统筹，中央予以补助的方式。在基础设施建设和产业支持方面，中央有大量资金支持地方企业，对于很多地方性的基础设施建设也给予补助或施加干预。

中央由于不负责具体执行，一些事权的决策或提出的要求过高，或者对地方执行权限干预过多，难以符合各地的实际。地方

---

① 周黎安：《转型中的地方政府：官员激励与治理》，格致出版社、上海人民出版社，2008。

政府面临中央的要求和自身的诉求双重约束，可能会选择性执行。一些从全局角度非常重要的事项，地方或予以忽视，或作出相反方向的选择。两者相互作用甚至形成恶性循环：中央由于担心地方乱作为，审批更多，要求更细致，权力越集中；地方面临的上级干预越来越多，越来越选择性执行。常见的批评是，地方政府过于重视经济发展或 GDP 是问题的根源，但事实上，地方政府发挥能动作用促进本地经济发展的目标无可非议，问题的根源在于政府职能配置上的激励不相容，导致地方政府为实现经济发展的目标而选择性执行对自身有利的事项，忽视或侵犯了从全局角度看重要的政府职能，从而从整体上产生政府职能间的冲突。例如，地方政府为招商引资促进经济发展，损害农民的土地财产权，忽视劳工权益保护，忽视环境污染危害，财政支出结构中过多地用于招商引资而对社会事业的发展重视不够；为保护本地企业，忽视以食品为代表的产品质量监管，司法体系中地方保护主义色彩浓重，等等。

这些体制上的问题，在现实中影响到地方政府的治理能力，影响到财政管理制度的正常运转。具体说有如下表现。

1. 职责同构：决策在上，执行在下

当前我国不同层级的政府在纵向间职能、职责和机构设置上的高度一致，造成中国行政管理体制非常独特的"职责同构"现象。[①] 典型特征是"上下一般粗"，应由政府承担的职能基本上仍是上下对口，上面出政策，对口执行，最终都压到基层政府，所谓"上面千根线，基层一根针"。由此导致几乎所有事务

———————————

① 朱光磊、张志红：《职责同构批判》，《北京大学学报》2005 年第 1 期。

都是共同事务，造成了你中有我，我中有你，职权不清，责任不明的局面。中央几乎不负责具体事项的执行权，但在所有事项上都以审批、备案、检查、评比、达标、专项转移支付等方式高度干预地方，造成地方自主权缺失。

这一行政体制上的问题也在财政上有所反应：几乎所有的财政支出科目都是共用科目，地方承担了许多中央应当承担的支出，中央也承担了一部分属于地方的事务。如国防、武警和国家安全应完全属于中央事权，但2013年地方承担了200多亿元国防支出，近400亿元的武警支出；应由中央全额负担、统筹的养老保险，实际上采取了中央和地方共同承担的方式，即中央补助90％，地方承担10％，决策权主要在中央，统筹层级主要在市县级，执行权主要在地方，这与当前我国庞大的人口流动规模很不适应。又如应由地方全额负担的医疗保险、社会救济和社会福利，均得到中央较大力度的专款补助；住房和城乡建设部指导城市园林、市容和环卫工作，农业部颁发饲料生产许可证，国家煤矿安全监督局颁发安全生产许可证、矿长安全资格证等。

2. 法治不足：中央主导，一事一议

主要表现在划分中央与地方权责的程序和规则不明确，上下级政府间的权责分工缺乏科学论证和制度保障。虽然宪法明确授权由国务院负责规定中央与各省、自治区、直辖市的职权划分事宜，但事实上一些行业法律法规规章和规范性文件也对中央与地方权责划分作出规定，权责划分的程序、规则和标准很不统一。一些行政事务下放和上收随意性很大，部门下发一个"红头文件"就可以改变上下级的权责分工。中央业务主管部门在起草法律法规、颁布部门规章时往往更多从部门工作角度出发，有关权责划分不尽合理，各种规定之间有时相互矛盾。一些权责调整缺乏长远规划和整体设计，往往形成一放就乱、一乱就收的恶性循环。

尤其 2000 年之后政府职能大规模扩张时期，中央政府各部门在事权划分上处于强势地位，往往采取一事一议的方式，执行中调整较为频繁。甚至可以自行出台财政支出政策，且要求地方自行承担或予以配套，也给地方政府有效安排财政支出造成了干扰。有些事权虽然有明确分工，但执行中调整随意性大，各级政府违规相互越权情况较为突出，既有上级政府越权行事的情况，也有下级政府越权审批的情况。前者如上级政府往往以给项目、加资金为条件，搞评比达标，要求地方设置对口机构，将属于地方的事权随意上收。后者如改变基本农田的权力明确在中央政府，但一些地方政府越权审批占用农田；重大项目的审批权在上级政府，一些下级政府采取化整为零的方式违规审批等。

3. 财政体制：转移支付比重高、管理乱

事权划分领域存在的诸多问题，导致支出责任承担和财政体制上存在诸多不合理现象。这也使得近些年来社会各界对中国财政体制的现状议论较多。大部分的意见是：中央事少钱多，地方事多钱少。从纵向比较来看是如此。经过 1994 年财税体制改革，中央地方财政关系发生了很大的变化：一是中央收入比重得以大幅度提高，但近些年来已有所下降，原定的 60% 目标实际上未达到；二是政府职能在社会发展、民生、环境、基础设施建设、市场监管等方面支出大幅度增长，但职能划分未做大的调整，中央支出比重从原来的 30% 下降到 20% 以下；三是一般转移支付和专项转移支付增长迅速。

　　但是，我国 1994 年之前的中央地方财政关系，是与行政性分权一致，而非与市场经济体制一致的。因此，评价当前我国的中央地方财政关系，应当放在与实行市场经济体制的常规大国进行比较的基础上。如表 1 所示，法国、英国、韩国是单一制国家，美国、德国、加拿大、墨西哥是联邦制国家，但除加拿大之外，其他国家 2012 年中央政府的财政收入比重均超过 50%，墨西哥、法国、英国和韩国均超过了 80%。而我国 2012 年中央政府公共财政收入占全国的比重仅为 47.91%，与美国、加拿大较为接近。而在中央政府财政支出比重方面，这些国家均远高于我国。除加拿大之外，其他国家中央支出比重均超过 50%。加拿大作为联邦制国家，其中央支出比重也是我国（14.9%）的两倍

表 1　2012 年若干大国中央地方财政收支、转移支付和债务数据

单位：%

国　家	中央收入占总收入比重	中央支出占总支出比重	中央转移支付占总支出比重	中央债务余额占 GDP 比重	地方债务余额占 GDP 比重
美　国	54.63	52.84	7.37	81.04	22.94
德　国	64.55	60.92	3.52	56.99	32.25
加拿大	45.03	31.98	8.59	46.19	59.22
墨西哥	83.98	56.22	21.77	—	—
法　国	84.16	79.82	5.43	103.77	10.12
英　国	90.76	74.35	14.60	99.33	5.94
韩　国	82.42	58.72	19.08	36.43	1.23
中　国	47.91	14.90	36.01	15.30	20.64

　　资料来源：中国数据系采用《财政统计摘要 2014》以及国家审计署 2013 年第 32 号公告《全国政府性债务审计结果》中原始数据计算所得。其中地方政府债务是将政府承担担保责任、可能承担救助责任债务折算后，与政府承担偿还责任债务加总所得。其他国家数据来自 OECD 国家财政分权数据库，http://www.oecd.org/ctp/federalism/oecdfiscaldecentralisationdatabase.htm。

多。总体上看，虽然我国是单一制国家，但无论是中央地方财政收入的划分，还是支出的划分，我国都更接近于联邦制国家，甚至比联邦制国家更为分权。以中央地方政府债务余额比重来观察，我国地方债务余额占 GDP 比重为 20.64%，高于中央的 15.3%。这一特点也较为接近于联邦制国家。因此以大国比较的视角分析，我国属于中央钱不多，事太少的格局。

造成这一局面的根本原因，就在于在事权划分方面，中央在国防、外交之外基本上不承担具体执行权，具体执行权大都压向地方，而中央主要保留决策权和干预权。中央"事太少"相对于收入划分的程度相当严重，必然导致大量资金要向地方转移支付。中央为使事权的决策权和干预权得以实现，也需要以转移支付为手段。由此导致财政体制领域存在转移支付比重过高，范围过广，结构不合理等问题。

首先是转移支付规模总量过大。如表 1 所示，我国中央政府转移支付占全国财政总支出的比重远高于其他国家，达到 36.01%，最接近于我国的墨西哥仅为 21.77%，次之的韩国仅为 19.08%。就一个国家而言，在资金转移过程中难免会发生各种各样的成本，理想的做法应该是尽可能压缩转移支付的规模。2013 年我国中央对地方转移支付加税收返还总额达 48019 亿元，占地方支出的比例已经达到 40.1%。分地区看，即使是发达的东部沿海地区，财力自给度也仅在 80% 左右，即还需要中央政府的转移支付；而不发达的西部地区，财力自给度均在 40% 以下。与之相比，2007 年美国联邦对州和地方政府的转移支付只占州和地方支出的 21.6%。由此可见，中国的财政转移支付总量十分庞大。这有助于增强中央政府的调控能力，但不利于地方政府积极性的发挥。

其次是结构不合理。除税收返还外，中国财政转移支付主要包括一般性转移支付和专项转移支付两大类。其中一般性转移支付的目标在于均等化地方政府的公共服务能力。专项转移支付能够更好地体现中央政府的意图，促进相关政策的落实，且便于监督检查，从现实看在促进特定基本公共服务均等化等方面也发挥了积极作用。当前我国虽然一般性转移支付的规模一直在扩大，但总体上仍然偏小，而专项转移支付比重较高，且几乎涉及各个领域（几乎在所有"款"级科目均有专项，参见附表1）。专项资金过多且项目审批太过具体，干预了地方财政自主权，财政资金使用效率大大降低；还导致地方政府及部门将大量精力放在"跑步进京"，争取专项转移支付资金上。

三是管理制度方面存在缺陷。什么项目用均衡性转移支付，什么项目用专项转移支付，没有标准。造成转移支付项目繁杂，"打补丁"项目较多，不利于转移支付资金效益的有效发挥。专款配套政策缺乏规范的设计程序和统一政策，一些部门自行出台配套要求，部分地方存在负债配套、虚假配套问题，既影响了政策目标的实现，也加重了地方财政负担。一般性转移支付种类过多，不利于不同种类的财力性转移支付之间的协调；均衡性转移支付所依据的标准收入与标准指出的测算公式以及决策程序还不够公开透明，在一定程度上影响了均等化目标的实现；专项转移支付的决策程序、使用方式、资金使用的监督等方面也都需要进一步加强。

三 改革的总体目标与基本原则

正是因为当前我国中央地方事权划分领域存在诸多问题，十八届三中全会才将理顺中央地方事权关系，建立事权和支出责任相适应的制度，作为财政改革的三大重点任务之一。关于支出：《决定》要求"适度加强中央事权和支出责任，国防、外交、国家安全、关系全国统一市场规则和管理等作为中央事权；部分社会保障、跨区域重大项目建设维护等作为中央和地方共同事权，逐步理顺事权关系；区域性公共服务作为地方事权。中央和地方按照事权划分相应承担和分担支出责任。中央可通过安排转移支付将部分事权支出责任委托地方承担。对于跨区域且对其他地区影响较大的公共服务，中央通过转移支付承担一部分地方事权支出责任。"同时，《决定》还提出，"保持现有中央和地方财力格局总体稳定，结合税制改革，考虑税种属性，进一步理顺中央和地方收入划分。"

显然，《决定》中对于如何划分中央和地方，以及地方各级政府间的事权关系给出了方向性的意见，对于如何使事权与支出责任相适应、如何进一步理顺中央和地方收入划分，也有明确要求。在下一步改革中，应按照《决定》的要求，明确目标、树立原则、把握重点，扎实推进。

（一）总体目标

理顺中央与地方政府事权关系，要从我国基本国情出发并借鉴国外有益经验，根据经济社会发展需要，把必要的集中与适当的分散有机结合起来，把维护中央权威与充分发挥地方的积极性结合起来，统筹兼顾，通盘规划，逐步建立起分工合理、统分适当、权责对等、运转协调、监督有效的新型政府间事权关系。具体说来：应在清晰界定政府职能范围（事权）的基础上，遵循受益范围原则和效率原则等，将各项政府职能的管理权限在不同级次政府间合理配置，并明确与事权划分相适应的各级政府支出责任，使政府作用和市场作用更为有机统一，政府治理体系更为完善、政府治理能力得以提升，现代财政制度得以建立，地方财政自主权得以提高。

（二）基本原则

一是与国家政治体制、经济体制等相适应。政府间的权责划分取决于政治制度的设计，政治体制不同，权责配置的方式就不一样。中央与地方权责划分必须与我国政治体制和经济体制相适应，遵循宪法、组织法和民族区域自治法等基本法律，有利于加强和改善党的领导，体现中央统一领导、地方分级负责，在这些大原则下去统筹考虑。

二是与政府职能调整、减政放权相结合。理顺中央地方事权关系，应与当前的政府职能调整相结合，明确未来的政府职能范围，以此为基础划分中央地方事权范围。

三是结合政府职能特点，按受益范围、提高治理效率的要求分类确定中央与地方权责划分与配置。各类政府职能的性质和特点不一样，在各层级间的权责配置应有所区别。与群众生产生活关系密切、地方政府能够负责且有能力做好的事务，应尽可能交由地方政府负责。基层政府无力负责、需要上级政府统筹的，或者影响范围超出区域范围的，易出现地方保护的事项，可由上级政府负责。

四是坚持权责一致，财力与事权相匹配，支出责任与事权划分相适应原则。职权和责任必须统一，有权必有责。进一步理顺中央与地方财政支出分配关系，应按事权划分分级担负支出责任，应尽可能减少交叉项。当前应注意的是避免中央通过转移支付干预地方事权的自主管理权。

五是坚持顶层设计、分层实施、积极稳妥、逐步推进的原则。中央统一明确事权划分和支出责任分配的指导思想、基本思路和具体要求；中央和省级政府负责划分中央地方事权和支出责任；中央出台指导性文件，由省级和市县级政府负责省以下的改革方案，允许地方选择符合本地实际的执行方案；改革方案明确了事权管理调整的重点领域之后，应注意统筹平衡，选择部分关键事项、紧急事项、条件成熟事项优先推进。

四　改革主要任务

（一）明确中央地方事权划分的基本方向

通过不同级次政府间事权的恰当划分，避免政府职能间的冲突，是中国正确处理政府与市场之间关系，提升国家治理能力的重要改革方向。从中央支出占比和中央公务员占比都明显低的事实看，中央政府没有负担起应负的管理责任是问题的关键。同时，一些应由地方管理的事项，中央却介入过多，影响地方自主权，受信息复杂性等因素影响未必能够做好，反而会让地方从这些领域退出。我们经常看到，越是中央关心的支出事项，地方越不管。这不利于事业的发展。地方政府忽视外部性、中央与地方激励不相容等问题的存在，将会对我国的长期全局性发展造成不可忽视的危害。为此，当前改革的主要方向是把中央应该管理的事务管起来，对地方事项应充分减政放权。改革效果在财政上的体现就是实质性的大量减少专项转移支付[①]；在行政上的体现就是弱化上下"职责同构"现象，增加中央公务员比重。

具体说来，在维护市场经济体制运转的基本政府职能方面，尤其是保护财产权利和维护契约方面要突出中央的职能，以避免地方保护主义，提升社会公正度，促进统一市场形成。为此，应该将一部分司法支出责任集中到中央，建立国家巡回法庭。[②] 对于跨地区民事、重度刑事和高级官员贪污渎职等犯罪行为应该由国家法院（含巡回法庭）审理。食品药品安全、环境污染等基于社会目标的监管职能，由于其外部性程度高，赋予地方政府则激励不相容严重，因此应大力加强中央和省级职能，建立中央直属执行机构。在社会职能方面，应根据具体事权的管理复杂程度以及外部性程度分别处理。各项社会保障事业涉及劳动力的自由流动和收入再分配，应主要归于中央管理，但像医疗保险、最低生活保障等信息管理复杂，当前还主要需由地方管理，重点是明确中央支出责任，减少对地方执行权的干预。而养老保险信息管

---

① 因为专项转移支付所对应的事务中，有一部分是国家应该管理的，却通过专项补助让地方去管理。中央把应当管理的事务管起来，把履行职能的公务员、机构及其财政支出全部承担起来，就没有必要进行相应的转移支付了。

② 十八届四中全会《中共中央关于全面推进依法治国若干重大问题的决定》已明确这一改革方向。

理复杂性低，其基础养老保险部分应尽快划给中央。适应中国的现实，流动人口子女义务教育应由中央统一制定最低标准，并提供对应部分的转移支付，钱随人走，流入地政府担负主管责任。在中央加强社会职能和维护市场经济体制的基本职能之后，地方政府追求经济发展的职能就不至于与之发生冲突。地方政府追求经济发展的目标并不可怕，值得鼓励。在外部约束条件加强之后，基础设施和产业支持政策领域的事权划分应稳定下来，分级负责。对于地方性基础设施建设和产业发展，应归地方管理负责，中央不应再以转移支付的方式予以支持。

一些人认为，当前以中央适度集中部分事权的改革方向是集权，不符合向地方分权的改革总方向。我们认为，由中央适度集中部分事权的执行权，同时减少中央对地方事权的干预，恰恰是提升地方财政自主权的基本保障。以上所建议的改革方向，主要是像常规大国一样，由中央政府集中一部分事权，确保地方政府承担事权的激励相容，避免其目标冲突。但对于当前中国政府间财政关系的讨论还有一种方向，现在成为潮流，认为我国政府间财政关系的主要问题是集权太多，改革的方向是进一步分权。主要措施是中央收入太多，因此应大幅减少中央收入，提高地方收入。由此引发的一个问题是，让中央集中部分事权的改革方向，是不是进一步加强了中央集权，从而会阻碍经济体制改革和经济发展？很多人认为，市场经济体制是分权体制，减少中央收入，提高地方收入，才是符合世界潮流、促进分权的改革方向。但事实上，类似中国这样的支出责任分权并非世界潮流，而是中国传统的"封疆大吏"式行政性分权的反映。美国政府间事权关系演变的历史经验显示，市场经济内在地要求中央与地方之间按照经济规律进行分工合作，市场经济程度越高，越需要中央政府代表全局利益承担一定的事权。就中国现实而言，当前地方政府承担支出比重高，但在每一个事项上都受到中央政府的高度制约，自主权不足。在中央进一步集中部分事权，而对财力分配格局改变较少的情况下，这意味着中央政府部门应当进一步集中其财力的使用方向，减少专项转移支付也相应降低对地方政府的不当干预，地方政府也要集中其财力的使用方向，从而在事实上增强地方政府的自主权。一定程度上，让中央集中部分事权，意味着在其他领域要向地方放权，这对于中央部委的改革也提出了很高的要求。21世纪以来日本大力推广的向地方分权的财政改革，其目标就是增加中央支出比重，减少转移支付的比重，从而增强地方财政自主性。其结果是中央财政支出的比重从2000年的33%上升到2009年的43%，可以很好地说明这一点。

（二）理顺事权改革的重点事项建议方案

按照上述基本方向，本文按照政府功能分类，提出若干中央地方事权调整的具体意见（见表2）。

首先是政府基本职能领域的事权划分。一般公共服务是指政府、人大、政协等，以及未纳入功能分类的政府机构的正常运转，属于分级事权，应由各级政府分级承担支出责任。原则上，一般公共服务领域不应当安排专项转移支付。国防和外交应属中央事权，由中央政府承担支出责任，当前应当将部分由地方承担的事权和支出责任收归中央承担。司法和公共安全是中央地方共同事权，是当前应着力调整事权配置的重点领域。武警应为中央

表 2　中央地方事权关系调整建议

政府职能功能分类	事权性质	重点改革方向
政府基本职能:分级划分事权,存在少量中央委托事务;司法、监管领域加大中央执行权		
一般公共服务	分级事权	
国防和外交	中央事权	
司法与公共安全	中央地方共同事权 1. 法院和检察院经费分别由中央和省级分级保障。武警是中央事权,公安应分级负责。 2. 设立中央巡回法庭。	设立中央巡回法庭
食品安全、环境、安监等领域的监管职能	按涉及范围划分中央地方事权,重点是中央加大执行权力度。	建立若干中央直属执行机构
基础科学技术研究、应用研究	基础研究为中央事权,由中央承担支出责任;应用研究分级承担。	
社会福利职能:按内容划分事权;逐步提高统筹层级;部分事权的决策和执行都提升至中央和省级		
教育	1. 高等教育以及职业教育按隶属关系分为中央和省级事权。高中教育为市县事权。 2. 义务教育市县事权,其中流动人口为中央和市县共同事权。	设计流动人口义务教育中央和市县共同承担事权和支出责任的具体机制
医疗卫生	1. 医疗保障统筹层次提升到省市级事权。 2. 医疗机构分级负责,在各省均设立一家国家医学中心医院。	在各省均设立一家国家医学中心医院
养老保障	基本养老保障为中央事权,养老机构为市县事权。	
城乡低保	中央地方共同事权。明确中央基本支出标准承担支出责任,具体管理权限由市县负责。	现有中央专项资金纳入一般转移支付

续表

政府职能功能分类	事权性质	重点改革方向
农村减贫	中央事权，采取委托事务形式，以县级、市级为主承担管理责任。	减少中央执行干预，加强事后考核
住房保障	中央省级事权，中央以转移支付委托省级行使管理权。	由省级管理
经济发展和基础设施建设职能：逐步减少支出比重，按受益范围分级负担		
基础设施建设（交通运输、城乡社区事务）	按受益范围划分事权和支出责任。中央仅承担跨区域基础设施建设任务。	划定跨区域基础设施建设范围
节能环保投资支出	中央地方共同事权，中央以委托事务方式担负支出责任	中央以转移支付委托地方承担
产业支持政策（资源勘探、电力信息、商业服务业等事务）	逐步减少支出比重；以中央和省级为主，市县为辅。	
宏观调控（金融监管）	中央事权，地方担负落实责任。	

事权，公安应分级负责。应按十八届三中全会和四中全会的要求，推动省以下地方法院、检察院人财物统一管理，探索建立与行政区划适当分离的司法管辖制度，保证国家法律统一正确实施。法院和检察院经费主要由中央和省级保障，同时设立国家巡回法庭，以中央"司法下乡"促进社会公平正义，破除地方司法保护，维护统一市场。在食品安全、环境、安全生产等社会性目标监管方面，当前应加大中央执行力度，建立若干中央直属执行机构，特别是环境和食品安全两个领域。在科学技术领域，基础研究由于其外部性较强，应归为中央事权，主要由中央财政承担经费支出责任；应用研究可归为中央地方共同事权，各级政府可分级承担支出责任，中央可以专项转移支付的方式委托地方履行相关支出责任。

　　社会福利政府职能领域的事权划分是当前改革的重点，也是社会关注的重点。在教育领域，高等教育以及职业教育按隶属关系分为中央和省级事权，高中教育为市县事权，义务教育为市县事权，各级政府按其事权承担支出责任，中央政府在高等教育和职业教育领域的生均经费方面，可给予不发达地区一定的补助。根据当前我国流动人口子女义务教育的发展现状，应将其划为中央和市县共同事权。提供义务教育的责任应落实到流入地市县政府，但中央应设置专门的基金，引导市县政府积极吸纳流动人口子女到当地公立学校。医疗保障应提升到地级市管理，有条件的地方可提升到省级管理，以扩大风险池。医疗机构应分级负责，主要由省、市县三级政府承担具体事权，当前可考虑在每个省选择一家医疗机构作为国家医学中心组成医院，由卫生部直接管理。养老保障应将基本养老保障统一到中央管理，结合制度改革，促进其可持续发展；公立养老服务机构为市县事权。城乡低保涉及社会公平，但管理复杂，应作为中央地方共同事权。中央可明确基本支出标准并以专项转移支付的方式承担支出责任，具体管理权限由市县负责。农村减贫主要是中央事权，可采取委托事务形式，以县级、市级为主承担管理责任，减少中央直接干预，加强事后考核。住房保障应改变当前以市县为主要管理层级的方式，将其收归中央和省级共享事权，具体管理责任可落实到省级政府，中央以专项转移支付的方式承担支出责任。

　　在经济发展和基础设施建设领域，应逐步减少产业支持领域的支出，在基础设施建设领域应按受益范围分级承担支出责任，享有相应的事权；节能环保应划为中央和地方事权，中央主要以专项转移支付的方式承担支出责任；包括金融监管在内的宏观调控，应作为中央事权，地方承担落实责任。

在事权划分清楚之后，应按照事权与支出责任相适应的原则，依据事权划分清单，确立中央和地方在各项事权上的支出责任，特别是中央地方共享事权的中央、地方各自的支出责任承担方式。基本的要点是，分级事权应分级担负支出责任；公共事权可共同担负支出责任；中央事权可部分采取转移支付的方式委托地方承担。特别要注意的是，对于纯粹地方事权，原则上应不再设立专项转移支付，以避免中央各部门以专项转移支付的方式干预地方自主权。有关中央和地方支出责任划分及实现方式具体意见见表2以及上文的分析。特别要说明的是，流动人口子女义务教育、城乡低保等，可考虑由中央设立最低标准并以人为单位安排专项资金，钱随人走，具体管理权限由流入地或个人所在地政府负责。

（三）设立专门委员会，为事权和支出责任调整提供动力机制

从中央部委和各级地方政府的角度来看，实际上缺乏动力改变当前事权划分现状。中央部门不愿意承担具体执行职责，愿意保留以专项转移支付或审批制度干预地方的权力，地方政府不愿意放弃具体执行的权力。双方都缺乏激励进行事权关系的调整。为此，当前必须要借助外部权威，并建立专门的机构推动落实事权划分调整优化工作。

参照德国、日本、印度等国经验，我国应设立一个负责调整中央地方事权和支出责任调整的委员会，最终将逐步过渡到成立实体性的部委级委员会。当前，可考虑由中央或人大常委会负责

组成一个委员会，以形成中央地方事权和支出责任调整的具体方案，并担负方案实施的检查、落实等具体工作，解决争议问题并确定转移支付资金安排的基本框架。委员会的组成人员包括部分中财办领导，人大代表，中编办、财政部等国家部委，部分专家，省市政府代表等。通过集合利益相关方与独立第三方的集体讨论，可为事权和支出责任调整寻找最优的、可接受的方案。委员会的办公室可设在中央财经领导小组办公室或人大常务委员会的财经委员会内。

（四）出台地方各级政府间事权和支出责任划分的指导性意见

参照中央和地方事权和支出责任划分的基本精神以及表2所提出的基本方向，提出地方各级政府间事权和支出责任划分的指导思想、具体原则、基本要求，由各省级政府出台具体改革办法，允许地方结合本地实际灵活执行。

五 小结

本文在构建一个分析中央地方事权划分框架的基础上，分析了当前中国中央地方事权划分的现状与存在的问题。以此为基础，本文按照十八届三中全会《决定》所提出的改革方向，提出了下一步理顺中央和地方事权关系的基本目标、原则以及若干具体政策建议。

按照本文的观点，政府职能可分为三大类，一是作为市场经济基础设施的政府基本职能，包括保护财产权利、维护契约执行以及出于社会经济目标的监管等；二是以促进社会公平为目标的社会福利职能，包括教育、医疗卫生、社会保障和就业、减贫等；三是经济发展和基础设施建设职能，包括基础设施建设、产业支持政策、宏观调控等。三类职能应满足激励相容的基本要求，按外部性、管理复杂程度在不同级次政府之间合理配置，使要素流动不受阻碍，统一市场得以形成，社会公平得以提升。

当前我国事权划分的特点是：绝大部分事权均是决策权和监督权在上，具体执行权在下。具体表现是机构设置上"上下一般粗"，职责同构；划分中央与地方权责的程序和规则不明确，法治不足，中央主导，一事一议；在财政体制上体现为上下级之间权责不匹配，转移支付比重过高。中央由于不负责具体执行，一些事权的决策难以符合各地的实际。地方政府可能会选择性执行。一些从全局角度非常重要的事项，地方或予以忽视，或做出相反方向的选择。两者相互作用甚至形成恶性循环。

理顺中央与地方事权关系，要从我国基本国情出发，并借鉴国外有益经验，逐步建立起分工合理、统分适当、权责对等、运转协调、监督有效的新型政府间事权关系。具体说来：应在清晰界定政府职能范围（事权）的基础上，遵循受益范围原则和效率原则等，将各项政府职能的管理权限在不同级次政府间合理配置，并明确与事权划分相适应的各级政府支出责任，使政府作用和市场作用更为有机统一，政府治理体系更为完善、政府治理能力得以提升，现代财政制度得以建立，地方财政自主权得以提高。改革应遵循的原则包括：与国家政治体制、经济体制等相适应；与政府职能调整、减政放权相结合；结合政府职能特点，按受益范围、提高治理效率的要求分类确定中央与地方权责划分与配置；坚持权责一致，财力与事权相匹配，支出责任与事权划分相适应；坚持顶层设计，分层实施，积极稳妥，逐步推进。

当前理顺中央和地方事权关系的主要改革方向，是把中央应该管理的事务管起来，对地方事权应充分减政放权。改革效果在财政上的体现就是实质性地减少大量专项转移支付；在行政上的体现就是弱化上下"职责同构"现象，增加中央公务员比重。具体说来，在维护市场经济体制运转的基本政府职能方面，尤其是保护财产权利和维护契约方面要突出中央的职能，以避免地方保护主义，提升社会公正度，促进统一市场形成。可考虑设立国家巡回法院，建立食品安全监管、环境等领域的中央直属监管职能。在社会职能方面，应根据具体事权的管理复杂程度以及外部性程度分别处理。涉及劳动力的自由流动和收入再分配的基本养老保障，应主要由中央直接管理；医疗保险和医疗机构的运转等事务主要由地方管理。流动人口子女义务教育应由中央统一制定最低标准，并提供对应部分的转移支付，钱随人走，流入地政府担负主管责任。基础设施和产业支持政策领域的事权划分应稳定下来，分级负责。中央不应再以专项转移支付的方式支持地方基础设施建设和产业发展。

中央和地方支出责任划分及实现方式的总体思路是：分级事权应分级担负支出责任；公共事权可共同担负支出责任；中央事权可部分采取转移支付的方式委托地方承担。特别要注意的是，对于地方事权，要控制中央各部门以专项转移支付的方式干预地方。为实现这些改革目标，可考虑设立负责事权和支出责任调整的跨部门、高级别专门委员会，解决中央各部门和地方政府缺乏调整激励问题，为事权和支出责任调整提供动力机制。同时应参照中央和地方事权和支出责任划分的基本精神以及基本方向，提出地方各级政府间事权和支出责任划分的指导思想、具体原则、基本要求，由各省级政府出台具体改革办法，允许地方结合本地实际灵活执行。

附表　2013 年中央本级支出及专项转移支付比重

项　目	全国支出（亿元）	中央本级支出比重（％）	中央专项转移支付比重（％）
一、一般公共服务	13755.13	7.28	2.18
人力资源事务	316.50	6.42	35.71
人口与计划生育事务	907.53	0.41	7.17
档案事务	82.92	3.44	10.85
二、外交	355.76	99.61	0.00
三、国防	7410.62	96.85	0.33
四、公共安全	7786.78	16.66	8.18
其中：武装警察	1393.60	71.97	0.48
五、教育	22001.76	5.03	12.62
普通教育	16579.70	5.96	15.45
职业教育	1841.58	0.21	8.50
六、科学技术	5084.30	46.59	1.80
基础研究	406.66	89.24	1.64
应用研究	1463.93	90.35	1.17
技术研究与开发	1220.00		
七、文化体育与传媒	2544.39	8.04	12.86
八、社会保障和就业	14490.54	4.42	40.93
财政对社会保险基金的补助	4403.14	2.02	74.34
就业补助	822.56	1.00	61.46
抚恤	680.59	0.06	54.26
退役安置	427.22	0.03	62.71
城市居民最低生活保障	763.38	0.66	80.37

项　目	全国支出 （亿元）	中央本级支出 比重（%）	中央专项转移 支付比重（%）
农村最低生活保障	861.04	0.00	89.31
九、医疗卫生	8279.90	0.93	30.33
公立医院	1156.84	3.66	15.75
基层医疗卫生机构	918.13	0.14	16.81
公共卫生	1205.74	0.64	37.86
医疗保障	4294.11	0.23	41.37
食品和药品监督管理事务	170.05	6.35	0.85
十、节能环保	3435.15	2.92	49.60
环境监测与监察	43.85	9.46	
污染防治	904.79	0.61	34.80
自然生态保护	224.63	0.39	36.96
天然林保护	175.22	8.40	78.77
退耕还林	284.53	1.24	97.52
能源节约利用（款）	682.04	2.60	65.54
污染减排	327.41	2.23	51.89
可再生能源（款）	197.06	3.65	67.85
十一、城乡社区事务	11165.57	0.17	0.97
十二、农林水事务	13349.55	3.95	41.04
其中：农业	5561.57	5.89	45.06
林业	1204.34	3.35	31.36
水利	3338.93	2.19	40.19
扶贫	841.00	1.72	54.64
农业综合开发	521.14	3.08	59.98
农村综合改革	1148.03	0.50	28.96
十三、交通运输	9348.82	7.73	60.30
其中：公路水路运输	4327.77	1.71	59.91
铁路运输	788.89	42.90	0.07
车辆购置税支出	2505.33	8.36	94.95

续表

项　目	全国支出 （亿元）	中央本级支出 比重（%）	中央专项转移 支付比重（%）
十四、资源勘探电力信息等事务	4899.06	9.26	9.70
十五、商业服务业等事务	1362.06	1.87	32.65
商业流通事务	524.82	1.55	56.20
涉外发展服务支出	263.73	5.75	43.02
十六、金融监管等事务支出	377.29	43.55	0.16
十九、国土资源气象等事务	1906.12	14.02	11.77
其中：国土资源事务	1503.75	6.52	12.89
海洋管理事务	173.60	30.05	15.03
二十、住房保障支出	4480.55	9.03	42.77
保障性安居工程支出	3013.27	3.19	63.29
廿一、粮油物资储备事务	1649.42	54.88	21.90
全国公共财政支出	140212.10	14.60	20.30

转向适应市场经济运行的
社保体系研究

摘　要： 社会保障的基本功能在于，通过社会共济预防贫穷、减少不平等和增进社会包容。与市场经济正常运行相匹配的社会保障制度安排，还要兼容优化资源配置和促进就业的目标。中国社保体系内含的多轨制，使得公共部门就业者特别是公务员保护过度，农村迁移劳动者特别是其中的非正规就业者保护不足。因此需要通过制度整合，给予所有社会成员适度的社会保护。首先，整合城乡民政部门和扶贫系统，发展社会工作者队伍，针对单个贫困家庭及个人的困境，提供急需的社会援助和社会服务。其次，基于社会保障底线理念，设定社会保险待遇，并据此降低现有缴费率。再次，在社会健康保险和养老保险中，对贫困线以下及贫困边缘人口设置非缴费参保条款，所需资源由财政拨付。最后，

---

[*] 朱玲，中国社会科学院经济研究所研究员。赵人伟、蒋中一、韩朝华、杨春学、魏众、朱恒鹏参加讨论，金成武和王震制作表格，张荣丰、邓曲恒、何伟、孙婧芳、王琼、黄思涅、高秋明、彭晓博和昝馨协助收集整理文献，谨在此一并致谢。

以普惠制的社会健康保险和养老保险，满足所有社会成员的基本保健和养老需求。超出基本水平的需求，由企业或个人自愿购买的附加保险项目满足。

关键词：社会保障底线　劳动力市场分割　制度整合

一　问题的提出

"十二五"规划（2011～2015）执行以来，中国的社会保障事业进一步发展。此间社会保险覆盖面迅速扩大，社会救助水平逐年提高，社会服务取得了长足的进步，城乡居民皆从中受益。然而，与城乡二元社会经济结构及个人职业身份相关联的多轨制养老和医疗保障安排依然存在，不同制度之间在缴费义务和受益水平上的差别日益显著。由此不但引发不同职业群体的福利竞赛，进而损害社保体系的财务可持续性，而且还导致社会疏离与日俱增。这一方面显示，在计划经济体制转向市场经济的情况下，相应的社保体系转型尚未完成。另一方面也表明，通过制度整合提高社保体系的公平性和可持续性，仍将是今明两年乃至"十三五"期间社保制度改革的一个主题。

2014 年国务院发布的《关于进一步推进户籍制度改革的意见》提出，取消"农业"和"非农业"二元户籍管理模式，统筹推进教育、就业、医疗、养老、住房保障等领域的配套改革，努力实现公共服务均等化。其政策取向无疑在于消除与户籍身份相关联的社会保障和公共服务差异。在社会保障领域，同年的政府工作报告中有关改革机关事业单位养老保障制度的部署，显然意在削减与职业身份相关联的养老安排差异。先后颁布的《城乡养老保险制度衔接暂行办法》和《事业单位人事管理条例》，继而把养老制度改革推进到操作层面。2014 年底，国务院在关于统筹推进城乡社会保障体系建设工作的报告中指出，中国将推进机关事业单位养老保险制度改革，建立与城镇职工统一的养老保险制度[①]。与此相关的议题因而也就成为媒体、公众及社会经济学界共同关注的一个热点。

问题是，不同的利益相关方在讨论中并未确认社保体系的价值观基础，而是着重为本群体的待遇诉求寻找合乎公平正义的解释。因此，各方也就很难达成改革共识。10 多年来，政府曾逐一回应诸如复转军人、知识分子和企业职工等群体有关提高养老待遇的诉求。可结果却是"按下葫芦浮起瓢"，不同群体之间的福利攀比愈演愈烈（中国社会科学院经济研究所社会保障课题组，2013）。针对特定群体的单项制度改革也遭遇不同程度的抵制，那些接近决策层或社会话语权响亮的利益相关群体，甚至采用消极拖延的手段致使改革停滞不前。最明显的例证莫过于2009 年国务院下发《事业单位养老保险制度改革方案》并在 5个省市试点，却在多数试点地区遭遇拖延；在 2010 年颁布的《中华人民共和国社会保险法》中，对机关事业单位的养老保障制度也无清晰说明；2011 年，国务院在《关于分类推进事业单位改革的指导意见》中，要求以社会统筹和个人账户相结合的

---

① 中国新闻网：《2015 年将成改革关键之年 养老金并轨方案或出台》，2015 年 1 月 1日，http：//news.china.com/domesticgd/10000159/20150101/19166456 _ all.html，2015 年 1 月 2 日。

方式，推行事业单位工作人员基本养老保险，至今尚未取得预期效果。此间公务员保障制度例外，也是地方执行机构和事业单位以观望和拖延行为应对养老制度改革的原因之一。

鉴于此，本文拟将撇开有关单项社保制度和特定群体社保待遇的争论，尝试在接下来的三个部分依次厘清和回答以下问题：第一，在理论上，一个公平而又可持续的社保体系应蕴含怎样的价值观及制度设计原则？第二，中国社保体系中尚有哪些制度元素显著阻碍市场经济正常运行？第三，选取怎样的改革路径才有可能完成社保体系的整体转型？考虑到社保改革中难度最大的环节依然是筹资制度，本文的探讨亦将聚焦于这一领域。在诸多社会保险项目中，工伤、生育和失业保险缴费率相对较低，而养老保险缴费率最高且广受关切，故而仍将作为分析重点。至于医疗保险、社会救助和社会服务等方面，将只在讨论制度协同效应时有所涉及。

文章采用的数据和信息主要来源于：（1）国际组织和中外学术机构的研究报告。（2）与社会保障有关的法律法规、政府文件和统计资料。（3）中国社会科学院经济研究所社会保障课题组的2013年案例调查。（4）笔者参加2014年国际驻点写作项目及其他国际会议期间对别国同事所做的访谈。

二 理论原则和现实制度改革经验

在不同利益相关群体纠缠于福利攀比的情况下，争论各方往往忽略甚至忘记社会保障体系的基本功能及内含的制度原则。因此，越是利益纷争激烈之时，越有必要回顾那些看似习以为常的理论起点。本节将首先借助国际公约及相关文献，揭示作为社会保障体系基石的价值观。其次，基于外国社会保障改革实践，提炼制度设计原则。

社会保障体系的内在价值观与其基本功能是一致的。无论是国际劳工组织 1952 年通过的社会保障最低标准公约①，还是2009 年联合国系统行政首长委员会（CEB）为应对全球金融危机提出的社会保障底线动议（Social Protection Floor Initiative）②，无不把预防和减少贫穷作为社会保障体系的首要功能。最低生活保障制度和用以应对疾病、年老、残疾、工伤、失业、生育和家庭主要劳动力死亡的风险而建立的社会保险制度，正是基于这一理念。其次，减少不平等，同时防止当前的不平等固化并造成未来的不公平。这就要保障社会成员获得整个生命周期所必需的物品和服务。为此，国际劳工组织最新发布的世界社会保障报告分别列出儿童、工作人口和老年群体的社会保障底线需求。尤其强调借助社会保障，使低收入家庭（包括贫困家庭）的儿童获得营养、教育和照料，从而帮助这些儿童及其家庭突破生活中的恶性循环并切断贫穷的代际传递（ILO，2014）。最后，增进社会包容。鉴于社会排斥是造成贫穷和固化不平等的原因之一，社会保障底线动议把强化健康服务和能力投资，例如卫生、教育、培训和就业促进等措施，既视作降低社会成员患病、失能和失业风

---

① 国际劳工组织：C102 – Social Security（Minimum Standards）Convention，1952，http：//www.ilo.org/dyn/normlex/en/f？p = NORMLEXPUB：12100：0：NO：P12100 _ ILO_ CODE：C102，2014 年 7 月 28 日。

② "社会保障底线入门" 网页：About the Social Protection Floor，http：//www.socialprotectionfloor-gateway.org/4.htm，2014 年 7 月 29 日。

险的社会保障工具，又被确认是有效减少和消除社会歧视的政策（Social Protection Floor Advisory Group，2011）。

在此，还可对上述价值取向做反向表述：一个社会将不会听凭任何一位成员因天灾人祸而陷入贫穷、遭受排斥、无以脱困甚至将贫穷传递给下一代。这种价值取向的心理基础在于，每个社会成员都可能遭遇天灾人祸，设身处地去考虑，谁也不愿陷入最差境地。可如果遭遇不测，个人能够承受怎样的生活状况呢？有尊严地生存，便是这种情境下的一种底线需求，为此也必须要拥有平等权利和社会包容。那么，为了实现这种底线保障，就需要社会共济（Social Solidarity）。例如，非贫困人口扶助贫困群体，健康人群分担病人和残障者的医疗康复负担，年轻一代分担上一代的养老成本，等等。这样，也必将促进社会稳定和社会凝聚。从这个角度看，社会共济既是社会保障的工具，又是社会保障的目的，同时也是整个社会保障体系的价值观基础。

这些理论原则仅提供了制度设计的基准，现实世界中的社会保障体系千差万别，不同国家的保障程度也不一。国际劳工组织2014年的社会保障报告再次指出，世界上仅有20%的人口享有充足而且完备的社会保障，这些人主要生活在发达经济体特别是欧洲国家。还有一半以上的人口未被社会保障覆盖，这些人主要集中在亚洲、非洲和拉丁美洲的发展中国家。新兴经济体如中国和巴西，近年来在扩展社会保障覆盖面的进程中成绩斐然。不过，该报告对于同一经济体内社会保障享有方面的不平等并未给予充分关注。而在中国，正是社保体系内含的制度性不平等，使得社保改革的复杂性远超其他经济体。

尽管如此，他国社会保障体系的构建、调整和改革仍不无借鉴意义。早年间欧美发达国家的社会保障水平曾从底线起步，"二战"后随经济增长和政党竞争显著提高。最近30年来，面临人口老龄化、财政不堪重负和国际竞争加剧的压力，加之金融危机和经济衰退的冲击，先后实施福利政策改革，使得社会保障水平复又朝着底线方向回返。这就为观察改革中的制度设计原则提供了方便。

第一，以低收入者（包括贫困家庭）为目标群体的社会救助制度，以及与社会保险接榫的援助环节依然不可或缺。只不过，对受援者资格的审查和监督更加严格。例如，德国在改革中合并失业援助和社会救助，为超过失业保险金领取年限但仍在寻找工作者提供基本生活保障。依据家计调查结果，受援者只能获得最低保障金及住房和取暖补助。联邦就业服务机构还经常会同地方政府，一起做不定期入户调查。受援者若财务申报不实，将面临与犯规情节相对应的惩罚措施，或退款、罚款，乃至坐牢。

第二，在普惠制的社会医疗保险制度下，维持较低的保险费率并保障优质医疗服务供给，将个性化医疗需求留给自愿选择的附加私人保险。据澳大利亚前总理陆克文介绍，该国的社会医疗保险税为收入的1.5%，他自己附加的私人医疗保险费率大约为收入的5%（朱玲，2014）。

第三，在社会养老保险中，缩小政府作用，扩大社会参与和责任分担，密切个人义务和受益水平之间的联系。为此，或变动保险参数，或推行筹资和给付制度改革，或二者兼而有之。

所谓参数改革，指的是调整最低缴费年限、养老金替代率（养老待遇）、法定退休年龄和缴费率等（林德贝克和佩尔松，

2014）。仅以法定退休年龄的提高为例，为了应对人口老龄化对养老保险带来的财务压力，2012 年美国人领取社会养老金的起始年龄为 66 岁，2022 年将提高到 67 岁。在澳大利亚，这一年龄将于 2030 年提高到 70 岁。即使在阿根廷这样的发展中国家，目前的法定退休年龄也已达 65 岁。社会养老保险的最低缴费年限亦相应增加，例如，在意大利最低缴费年限长达 40 年。

养老保险缴费率和养老金替代率的变化，往往与筹资和给付制度的改革相联系。通常所说的现收现付制与完全积累制、待遇确定制与缴费确定制、实账式个人账户与记账式个人账户等，即属于这一层面的制度改革元素。改革的潮流，是在养老体系中不但将这些制度元素相组合，而且还将强制性公共保险和自愿性私人保险相组合（帕尔默，2014）。具体的组合方式，取决于不同国家的历史文化传统、社会规范和管理能力、政治经济状况和个人行为偏好等现实条件。

带有最低养老金保障性质的制度，一般为待遇确定型并采用现收现付制，而且还内含收入再分配。例如，瑞典的国民养老金由国家财政拨付资金，其替代率（养老金/工资）约为 10%。每个达到法定退休年龄的瑞典国民，无论在职期间收入高低、纳税多少，都按月领取同样金额（flat rate benefit）。由于国民养老金标准低于贫困线，瑞典一直采用基于家计调查的社会援助譬如住房补贴，为收入低于贫困线的老年人提供补充福利。有些国家如美国则不设这一层次的养老金，而是实施多种与基本生活需求相关的社会救助计划，为低收入家庭及包括老年人在内的脆弱群体提供社会保护，目的在于将社会援助与社会保险相区别，以二者功能互补的方式，构筑预防和减少贫困的安全网。

　　无论采取何种形式的公共养老保险制度，改革的取向是在基本养老保险层面，设置较低的社会保险税率/费率，以便为附加的养老安排留下余地。况且也只有这样，方可保证大多数个人和企业有能力支付，以保持宽广的保险覆盖面，在规模足够巨大的人口中分散风险。越南在经济改革中建立了城乡统一的社会养老保险制度，设置的总费率高达28%（雇员缴纳工资的7%，雇主匹配21%）。自雇者和农民独自承担总费率，可他们中的大多数收入低下，难以承受如此沉重的缴费负担，故而干脆弃保，以致普惠制养老保险在农村形同虚设。与此相对照，瑞典1994年的养老改革引入缴费确定制（完全积累制的个人养老账户），目前总缴费率约为22%（为了平滑转型成本，16%划归公共保险下的记账式账户，2.5%进入公共保险下的实账式账户，另有3.5%提交私人合约型实账式账户）。

　　与瑞典相比，美国的社会养老保险税（养老、遗属和残障保险）要低得多。2014年为15.30%，雇员和雇主分别承担7.65%。除强制性社会养老保险外，美国还设有制度化的自愿储蓄和投资计划，如401K养老账户，企业以不超过雇员工资4%的比率，为其开设的401K账户匹配资金。政府对存入此类账户的本金及投资收益给予税收优惠，并引入第三方专业性监管队伍，对401K基金运行状况实行独立监测。此外，社会保障署还为参保者提供理财教育，并激励企业聘用专业顾问为雇员提供投资咨询服务。一些企业或机构出于人才竞争的需要，还进一步为雇员提供附加养老或医疗福利。例如，通过雇员持股计划，将公司部分股份奖励雇员，在其转换公司或退休时回购股权，并促使雇员将股份出售所得存入401K之类的养老账户。与美国相比，日本的社会养老保险税率更低一些，2014 年为 12%，雇主和雇员各半。但投入私人保险的费率与此大致相当，一位日本同行介绍，他在银行和大学工作时，自己缴纳 6%，雇主为其匹配 6%。

社会保险税率（费率）较低，养老金给付水平相应亦然。前述日本同行提到，他若 65 岁退休，每月可领取社会养老金 6 万日元。按 2014 年的汇率计算，相当于 600 美元。至于能从私人保险领取多少，还要取决于投资收益。经合组织（OECD）在近期发布的养老金概览（Pension at a Glance 2013）中，将日本的社会养老保险归类于基本公共保险（OECD，2013）。顾名思义，这一公共保险足以保障"必需"的养老需求。如果把"必需"的界限设为贫困线的话，美国社会养老保险的平均给付水平仅略高于贫困线。例如，美国 2013 年的贫困线为单人户年收入 11420 美元，美国社会保障署（U. S. Social Security Administration）平均支付的养老金为每人每月 1230 美元（14760 美元/年）。可以说，在公共保险层次实行"保基本"的原则，既体现社会保障制度预防贫困的基本功能，也有利于维护国家作为社保最后出资者的财政安全，还为企业、个人及其他社会组织在附加保障层面发挥主动性和创造性留下余地。这一点，从表 1 列举的养老金替代率比较中可略见端倪。

如果把各国定义的养老保险缴费收入水平（缴费基数）视为 1（中等水平），缴费收入水平为 0.5 的人，其养老金净替代率一般高于中等水平；缴费收入水平为 1.5 的人，其养老金净替代率一般低于中等水平。这一差距，显示出个人所得税和社会养老保险的收入再分配作用。仅就公共养老保险而言，2013 年经

表 1　2013 年几个 OECD 国家的养老金净替代率*（缴费基数 = 1）

单位：%

分类指标	OECD34 个成员国	澳大利亚	德国	日本	瑞典	英国	美国
公共保险	48.7	17.5	55.3	40.8	33.7	38.0	44.8
强制私人保险	—**	50.1	—	—	21.5	—	—
自愿缴费确定制	—	—	21.1	—	—	40.2	44.2
强制性保险的养老金总替代率	64.1	67.7	55.3	40.8	55.3***	38.0	44.8
包括自愿保险的养老金总替代率	79.5	—	76.4	—	—	78.1***	88.9***

　　注：* 据 OECD 发布的 2013 年养老金概览（Pensions at a Glance 2013）第 140 页给出的定义，养老金净替代率（net pension replacement rates）指的是，扣除在职者和退休者缴纳的个人所得税和社会保险费，个人的净养老金权益与退休前的薪酬净所得的比率；** "—" OECD 报告中的表格 4.10 未提供数据；*** 此处数据来自 OECD 报告中的表格 4.10，与第一行和第二行的数据加总有误差。

　　资料来源：OECD，2013，Pensions at a Glance 2013：OECD and G20 Indicators，OECD Publishing，p.143，表 4.10，http：//dx.doi.org/10.1787/pension_glance-2013-en，2014 年 6 月 20 日。

合组织 34 个成员国的中等养老金净替代率为 48.7%，加上自愿保险的附加养老金，总替代率达到 79.5%。以"福利国家"著称的瑞典和英国的养老金替代率低于这一水平，反倒是坚持低水平社会保险的美国，养老金总替代率高达 88.9%。由此可见欧洲福利国家改革力度之大。一位瑞典地理学家告诉笔者，其养老金水平比自己父母那一代低许多，而如此改革并非实际需要，实乃主流意识形态所致。一位英国外交官提到，公务员养老保险中由个人缴纳的部分，2009～2010 年为 1.5%，2014 年提高到 7%，他不得不压缩当前的支出，挪出更多的钱用于退休后的消费。英国政府对公办教师和医生推行类似的政策，结果导致教师上街游行。然而他清楚改革是老龄化的必然结果，作为公务员也不得不接受。这些案例说明，任何福利改革都不可能得到所有人的赞同。因而就需要政府遵从公认的价值观，为整个社会的长远利益及时决策、不断改革。

三　中国社会保障体系的转型愿景

发达国家的社会福利改革是在具有统一的劳动力市场、经验丰富的金融保险机构、成熟的资本市场和精准的社会管理条件下进行的。中国的社会保障体系非但不具备这样的外部条件，反而由于社保改革滞后于经济改革，至今还包含着一些与市场经济不匹配甚至阻碍市场经济正常运行的制度因素。本节将首先基于统一的劳动力市场需求，定义与其相匹配的社会保障体系或曰现行社保制度的转型愿景。其次，以此"愿景"为参照系，说明现有社保体系中阻碍市场经济运行的主要制度元素。

如何定义一个与市场经济运行相匹配的社会保障体系呢？相对简单的办法，并非是阐述"愿景"应当包括什么，而是说明它必须排除什么。

第一，在实现社会保障体系基本功能（预防贫穷、减少不平等与增进社会包容）的前提下，其制度安排不至于造成市场扭曲。事实上，无论以税收还是缴费方式为社会保障筹资，都相当于对企业或个人征税，因而也就会改变市场机制所产生的初始激励。但只要保持合意的激励取向，就可以视为市场未扭曲。对此，墨西哥的双轨制社会养老保险可从反面做出注解。在墨西哥，公司及其雇员为医疗、养老等社会保险缴费，但自雇者及其他非正规就业者由政府缴费。结果导致公司尽可能减少正式签约工人甚至瞒报雇用人数，正规就业者为躲避缴费转向非正规就业。由此造成实际工资水平降低、全要素生产率下滑、税基缩减。最终致使政府财政负担过重，社会保障体系的财务可持续性成为难题（Antón，Hernández and Levy，2012）。

第二，社会保险安排不至妨碍劳动力正常流动。素称流动程度较低的日本，倒是对此提供了恰当的案例。其普惠制的社会医疗保险和养老保险制度，为优化劳动供给构建了平台式的保障。日本同行介绍，社会医疗保险的缴费率很低，以至于他不曾注意每月缴费额多少。社会养老保险缴费率对于公司雇员和大学教员是一致的，而且基本养老金的给付水平也差别不大。这一方面有助于就业者通过劳动力流动应对当前的经济结构调整；另一方面，也方便他们年长时以变换工作岗位的方式逐步退出劳动力市场。例如，部分高级职员在公司高强度工作二三十年后，转去私立大学或其他机构从事强度较轻的工作。相应的，体力劳动者也有类似选择，结果同样是优化整个社会的资源配置。

第三，社会援助规则的设计，不致降低人们对劳动力市场的参与及其工作努力程度。诺贝尔经济学奖获得者加里·贝克列举的案例，可对此做出贴切的说明[①]：美国1996年社会援助改革前，未婚生育的女子仅凭"单身母亲"的身份，就可领取救济

---

① 参见加里·贝克（Gary Becker）《猜猜是什么？福利改革在发生作用》，Business Week，May 24，1999，p. 18。转引自曼昆《经济学原理》（第二版，中文版下册），梁小民译，生活·读书·新知三联书店、北京大学出版社，2001。

金及其他生活补贴。改革法案把一个母亲一生领取这种福利的总时长限定为 5 年，同时把任何一个时期内一个家庭领取福利的时段限定为两年。法案通过之后，依靠社会援助资源为生的单身母亲显著减少，完成高中学业和技能培训并找到工作的单身母亲相应增加，单亲家庭的经济状况也因此而改善。

第四，社会保障税/费水平的设定，不至于促使竞争性企业因用工成本过高而削减工作岗位。

总之，与市场经济运行相匹配的社会保障制度安排，既要足以实现预防和减少贫穷的社会目标，又要与优化市场资源配置和促进就业的经济目标兼容。以此反观中国现有的社会保障体系，严重阻碍市场经济正常运行的制度安排便一目了然。

其一，多轨制的社会医疗保险和养老保险安排，尤其是社会基本养老保险制度中的公共部门与民营部门的分割、公共部门中编制内与编制外人员的分割、机关事业机构与企业的分割、城乡分割和行政区分割等等，既是中国经济体制转型初期劳动力市场分割的结果，又是此后难以形成统一的劳动力市场的原因。

其二，与多轨制社会保障安排相联系，农村居民及农村迁移劳动者、特别是其中的非正规就业者社会保护不足。这不但增加了农村迁移劳动者融入城市社会的难度，而且也使他们更容易在城市陷入贫困。作为对社会保护不足的一种回应，这一群体在劳动力市场上流动性过高，以致忽略自身人力资本的积累。一些在华开厂的德国企业家曾抱怨，刚把新进厂的迁移劳动者培训成熟练工人，其中就有一部分转往别的城市；还有些人甚至没有完成培训，过年返乡就不再回厂。

其三，公共部门编制内人员社会保护过度。在当今市场经济风险和不确定性增大的情况下，公共部门作为计划经济体制遗留的福利"高地"，对就业者的吸引力远胜其他部门，其编制内人员在劳动力市场上流动性过低以致冗员也难以消除。

其四，城镇企业职工社会保险费率高于大多数发达的福利国家，位居世界第三（法国第一、德国第二）。如果加上住房公积金，缴费率高达51%（左学金，2014）。结果，成规模的企业往往借助部分参保的劳务派遣公司，或是通过逃避参保的微型企业雇用迁移工人，反而加剧了迁移劳动者社会保护不足、流动性过高和人力资本积累匮乏的状况。

纵观以上列举的几条制度性弊病，多轨制可谓其中最为关键的症结。它既留有发展中国家城乡二元结构的印记，又包含计划经济体制的遗产。故而消除多轨制不但是社会经济发展的必然步骤，而且也是深化体制改革的主要环节。

四 转型的路径

从实现社会保障底线的角度来看，发达国家的改革集中在削减基本保障水平之上的福利。中国则必须以社会保障底线为基准，在填补"低凹"（部分人口社会保护不足）的同时，降低社会福利"高地"（部分人口社会保护过度），并以此促进统一的劳动力市场的形成，推动相应的社会管理能力的提高。当然，这并非试图推行社会保障中的平均主义，而是强调以制度公正为特征的社会保障体系转型。如何以尽可能低的社会经济成本排除转型中的制度性障碍，正是本节讨论的重点。

第一，针对贫困人口强化社会援助和社会服务，以精准扶贫方式减少贫困并切断贫穷的代际传递。社会保险的功能在于，应对和预防人们陷入贫困的风险，对于已经生活在贫困线之下的家庭及个人，它并非缓解日常生存困境的最佳政策工具。相形之下，社会援助和社会服务才更适于充当解危济困的"兜底"安全网。然而，中国现有的社会管理方式还不足以应对市场经济下人口流动频繁的状况，以往的社会救助和扶贫制度安排亦显粗疏。扶贫体系至今仍局限于农村，最低生活保障制度也以低层行政区域为界，农村迁移人口往往被城乡之间和行政区域之间相区隔的安全网所遗漏。

因此，在取消二元户籍管理模式的情况下，城乡扶贫救助体系的整合已在所难免。首先，需要把援助贫困地区的政策与援助贫困家庭及个人的政策区分开来。推行支持贫困地区发展的政策，将有助于缩小地区差别。在此类项目（例如基础设施建设）实施中，却不可能把受援地区的非贫困人口排除在外，反倒很难保证贫困人口直接受益。若将这些项目归为地区发展政策，不仅名副其实还便于操作。其次，针对单个贫困家庭及个人特有的困难，给予救济和综合性帮扶，以助其摆脱贫穷实现发展。这可以称为精准扶贫方式，属于社会援助范畴，而且在实施中还需提供社会服务。为此，需要整合民政和扶贫系统，发展社会工作者队伍，以保证及时为贫困家庭及个人提供急需的帮助。

第二，在社会医疗和养老保险项目中，对贫困人口及处在贫困线边缘的家庭设置非缴费参保条款，由财政拨付所需资源。与此同时，降低现有缴费率，以使贫困边缘以上的中低收入家庭不至因缺乏支付能力而被社会保险排除在外。2012 年，多数农村迁移劳动者还未被城市各类社会保险所覆盖，养老和医疗保险参保率尚不足28%和31%（表2）。如此之低的参保率，除了归因于缴费率过高以外，还由于农村迁移劳动力中多为非正规就业

表2　2006～2012年间各类社会保险项目的人口覆盖状况

单位：%

项目 ＼ 年份		2006	2007	2008	2009	2010	2011	2012
机关事业单位社会保障制度		100.00	100.00	100.00	100.00	100.00	100.00	100.00
城镇企业职工基本社会保险	养老	49.15	50.80	53.71	55.37	58.29	63.29	65.51
	医疗	29.69	34.95	39.05	42.27	44.74	46.24	47.12
	失业	28.15	28.36	29.84	29.65	30.30	31.56	32.90
	工伤	24.58	30.32	34.78	37.10	39.41	42.27	44.51
	生育	9.74	14.00	18.64	23.38	26.90	30.21	33.53
城乡居民养老保险		—	—	—	—	—	—	56.78
城镇居民医疗保险		—	29.96	55.56	76.10	78.88	85.62	99.12
新型农村合作医疗		80.70	86.20	91.50	94.20	96.00	97.50	98.26
外出就业农民工参加城镇职工社会保险	养老	10.80	13.40	17.20	18.20	21.40	26.10	27.81
	医疗	18.00	22.70	30.40	29.80	29.90	29.30	30.58
	失业	17.90	28.80	35.20	38.40	41.10	43.00	43.95
	工伤	—	8.30	11.00	11.30	13.00	15.10	16.54

　　注：①计算城镇企业职工基本养老保险覆盖率时，在分子中扣除了机关事业单位参保的职工人数，分母中扣除了全部机关事业单位就业人数。目前公共部门尚有部分在职人员保留公费医疗，但由于缺少相关数据，便在计算城镇企业职工基本医疗保险覆盖率时，在分子、分母中都扣除公职人员数。由于缺少可供使用的数据，在计算城镇企业职工的工伤、生育和失业保险覆盖率时，也在分子分母中扣除了公职人员数。②从2012年起，官方发布的统计将新农保和城镇居民养老保险合并为城乡居民养老保险一项，本表的数据亦为采用新统计口径计算的结果。③在计算城镇企业职工养老和医疗保险覆盖率时，未包括离退休人员，而是将这部分人数纳入居民养老和医疗保险覆盖率计算。

　　资料来源：2006～2012年间人力资源（劳动）与社会保障部公布的《人力资源（劳动）和社会保障事业发展统计公报》，以及国家统计局发表的《中国统计年鉴》。"—"表示没有可供使用的数据或尚未开展此类保险。表中数据均为相关年份的年末数值。

者，流动性高而且收入不稳定，不适应城市保费征缴周期。这一人群即使参加了农村合作医疗和养老保险，却也因为农村保险水平低且便携性差，不足以应对城市工业社会带来的风险。这就需要增加保费征缴的灵活性，例如按季节而非按月缴费，并视特定岗位类别的平均收入水平设定缴费折扣率，以求扩大社会保险对非正规就业者的覆盖面。

第三，将现有的城乡居民医保、城镇企业职工医保和部分遗留的公费医疗制度整合为统一的社会健康保险。对于城乡居民医保整合以及企业职工与机关事业单位人员医保整合，如今已少见异议。但对于把这几个险种合而为一，不少业界人士仍顾虑重重。尤其是，当前职工医保的筹资水平相当于居民的 7 倍之多，便有卫生政策研究者建议，待二者水平接近后再行整合之事（卫生部新型农村合作医疗研究中心，2013）。不过，中国台湾地区将"公保"、"劳保"、"农保"和"军保"等职业性医疗保险整合为"全民健康保险制度"的经验表明，原有的筹资水平和财务规定差异，并非制度整合中不可解决的难题。[①] 越南设立普惠制社会医疗保险的事实（人均筹资额约 30 美元）说明，农村人口收入水平较低，也非不可逾越的障碍。诸多国家和地区的案例都已显示，以社会健康保险和自愿性附加商业保险的制度构架，既可覆盖全体国民应对基本健康风险的需求，又可满足中高收入群体超出基本水平的特殊保健需求。中国大陆亦可如此，只是在制度整合中还须对以下政策因素予

---

① "行政院卫生署中央健康保险局"编《全民健康保险扣取及缴纳补充保险费实务手册》，2013，http://www.doc88.com/p-409566155393.html，2014 年 9 月 6 日。

以特别关注。

首先，把现有城镇企业职工医疗保险的筹资原则作为模本，以中低收入者的支付能力为基准，设定较低的单一费率，并把"能力纳税原则"引入筹资制度。这意味着支付能力高的人多交费，有相似支付能力的人交纳等量保费，不同收入水平的参保者虽缴费额不同，但享受平等的医疗待遇。这样做也是因为，与低收入者相比，高收入者的就诊次数和就医机构的质量通常高于平均水平，更何况社会健康保险的价值观基础正在于社会共济和风险分担。其次，在医疗和健康服务领域，创造民营机构与公立机构平等竞争的环境，以实现二者之间市场份额的均衡，并赋予消费者更大的选择余地。再次，通过增强对服务供给者的激励（例如矫正服务价格扭曲）和对消费者的约束（例如落实转诊制），促进卫生服务效率和质量的提高，减少与第三方付费机制相关的资源浪费。最后，逐步提高资金统筹层次，2020年实现省级统筹，推广异地结算报销。借助互联网技术，维护社会健康保险的财务公开性和透明度，以方便公众查询和监督。

第四，把城乡居民养老保险中的非缴费基础养老金扩展为普惠制的最低养老金，并以改进型的城镇企业职工基本养老保险为基点，构建多层次的养老保险制度。社会养老保险制度的设计理念在于，借助国家强制，促使社会成员在青壮年阶段以缴纳保险费的形式，将部分可以用于消费的收入储蓄起来，转移到年迈退出劳动力市场之后使用。然而如果强制生活在贫困线以下及贫困边缘的家庭和个人做这样的财务安排，无异于加深其当前的贫困程度，从而背离社会保障目标。中国在贫困人口规模巨大的情况下，如果设置覆盖所有国民的非缴费型最低养老金，确保人到老年衣食无虞，不失为行政成本较低的选择。

目前，城乡居民养老保险中由财政支付的基础养老金，即属于非缴费养老金一类。城镇企业职工养老保险连续 10 年提高养老金给付，待遇增幅超过 GDP 和物价及工资上涨。这一增量若最终由社保基金支付，就会造成对现有缴费者的剥夺。如果终将来自财政资源，那也无异于非缴费养老金。机关事业单位人员的退休金，眼下皆为非缴费型。这一切，实质上为建立非缴费型国民养老金制度奠定了物质基础。尽管如此，这一制度的起点只能是"就低不就高"，从现有城乡居民养老保险中的基础养老金水平起步，以免对缴费型养老金制度产生储蓄挤出效应。当然，这并不排除国民养老金给付标准随着经济增长而逐渐提高。参照瑞典经验，最终以平均替代率不超过 10% 为限。关于这一上限的界定，一位牛津大学教授对英国国民养老金（State Pension）水平的刻画也可用作参考："它仅够维持人们存活。"

上述非缴费国民养老金与个人薪酬无直接关联。社会养老保险却不然，参保者退休后从中领取的养老金数额，在很大程度上来自在职期间部分薪酬的积累。然而媒体和公众对这一区别尚缺了解。例如，《人民日报》在 2014 年 8 月曾专题报道："企业退休职工基本养老金从 2005 年以来已连续提高 10 次，目前每月为 2000 多元，而新农保的基础养老金只有 55 元；再如，有研究统计，2013 年事业单位退休人员月均养老金是企业退休职工的 1.8 倍，机关退休人员月均养老金水平是企业退休职工的 2.1 倍。"① 这样的陈述很容易产生误导。新农保的基础养老金纯属社会福

---

① 《织就老有所养的安全网》，《人民日报》2014 年 8 月 28 日，第 14 版。

利，企业退休职工的基本养老金与其本人和在职企业按薪酬比率缴费相关联，二者没有可比性，此其一也。其二，机关事业单位和企业的人力资本结构不同，前者以高学历人员为主，其平均退休金水平高于企业职工的现象，部分地反映人力资本水平较高者在职期间薪酬亦较高。直接以两类人员的平均养老收入差异来论证制度影响，实则不够严谨。

说服力较强的计算方法，是从不同养老制度下的退休者中，筛选人力资本特征类似的群体，分组比较退休金和养老金水平。仅就可供笔者使用的 2010 年数据而言，基于表 3 列出的统计分析结果计算，在大专学历以上的老年人当中，机关事业单位和城镇企业的男性退休人员的养老收入之比大约为 1.48∶1，两类退休女性的养老收入之比大约为 1.44∶1。这两个比例，大致显示了不同的养老制度安排对人力资本水平相当的退休人员造成的收入影响。尽管它反映的收入差距不似媒体报道的那般醒目，也足以显示其中包含的制度不公平。

矫正制度不公平只能靠制度改革，而且还需考虑在改革中同时解决部分群体"保护过度"和部分群体"保护不足"的问题。一种社会经济成本较低的改革路径，是改进企业职工社会养老保险设计，以"升级版"的多层次制度安排，覆盖包括机关事业单位人员在内的所有正规就业者和非正规就业者（中国社会科学院经济研究所课题组，2013）。

首先，分离企业职工社会养老保险中的现收现付制统筹基金和积累制个人账户基金，把统筹基金依然用作与薪酬相关联的正规就业者社会养老保险。同时，将公务员和事业单位人员纳入这一保险，此举产生的转轨成本由财政逐渐消化。

表3　2010 年大专及以上学历的退休者月均养老收入比较

保障类型	性别/年龄	观测值数	月收入均值 （元/人月）
企业职工 养老保险	男	316	2389.54
	女	131	2132.53
	75 岁以下	337	2289.05
	75 岁及以上	110	2391.34
机关事业 单位退休	男	348	3548.21
	女	139	3078.99
	75 岁以下	302	3280.41
	75 岁及以上	185	3632.82

注：①采用中国老龄科学研究中心提供的《中国城乡老年人口状况追踪调查2010 年》原始数据计算。该数据来自全国 20 个省/直辖市 60 岁及以上老龄人口的抽样调查，其中城市样本 10060 户，农村样本 9926 户。②对于表中不同组别之间的收入差距，采用非参数统计中的 Wilcoxon（Mann-Whitney）秩和检验加以判断。结果显示，每两组之间在千分之一（0.001）水平上存在显著差异，说明机关事业单位退休群体的收入高于企业退休职工的可能性更大。

其次，将个人账户基金转化为由专业公司管理的记账式缴费确定型个人账户，吸纳所有就业者特别是非正规就业群体参加。

再次，降低统筹基金缴费率，为企业/机构出于人才竞争需求而给予员工养老福利留下余地。仅设定个人养老账户的储蓄率上限（避免高收入者避税），允许处于最低工资水平的就业者不向这一账户注资，从而使个人和家庭得以灵活平衡自己的消费和储蓄。此外，还须通过法规将此类账户基金的运营置于政府的监管和公众的监督之下。

最后，在现有管理能力依然薄弱的情况下，普及省级基金统筹，对跨省就业者采取社会保险记录连续累加和待遇分段计算的方式，提高养老保险权益的便携性。

总之，通过多层次的制度设计，使国家的责任和企业及个人的选择空间界限分明，参保者对自己的义务和权利一目了然。

五　政策讨论与结论

近年来，中国社会保障事业取得了令人瞩目的发展。国际劳工组织在 2014 年的《世界社会保障报告》中，对中国和巴西在提高社保覆盖率方面的成就给予了充分的肯定。不过，从社会保障体系基本功能（预防贫穷、减少不平等和增进社会包容）的实现状况来看，中国社保体系内含的多轨制，本身即造成不平等和社会排斥，因而也弱化了预防贫穷的功能。到目前，公共部门编制内人员特别是公务员仍旧社会保护过度，农村居民及农村迁移劳动者、特别是其中的非正规就业者依然社会保护不足。与人口的城乡隔离、行政区域分隔和职业身份区隔相关联的社会保障制度分割，实乃计划经济时代的产物。在经济体制转型初期，它表现为劳动力市场分割的结果。时至今日，它又成为劳动力市场难以统一的原因。

仅就社会保障体系本身的运行而言，曾与机关事业单位人员享有同样医疗和退休养老安排的国有企业职工，历经改革转向社会保险制度，而机关事业单位人员特别是公务员例外。这就使国有企业原有的管理、教研、保健和治安等各类人员和一线职工深感不平。其直接反应便是以公务员为参照，要求政府提高待遇。虽然各国都不乏福利攀比现象，但唯有中国社保改革中新增的制度不公正，直接激化了不同利益群体的福利竞赛。这种竞赛不但损害社保体系的财务可持续性，而且还造成严重的社会疏离。进一步讲，支撑社会保障体系的资源通过税收或缴费进入企业一般成本或劳动成本，从而也使社会保障制度由此"切入"经济运行。福利竞赛导致的非常规成本增加，既会削弱就业岗位的创造，又会降低企业竞争力，还会因此对经济增长产生消极影响，并最终减少流向社会保障体系的资源量。

从市场经济特别是劳动力市场正常运行的角度反观中国社会保障体系，保障制度的多重分割无疑阻碍劳动力正常流动；农村迁移劳动者保护不足，以致其流动性过高甚至罔顾人力资本积累；公共部门编制内人员保护过度，以致其流动性过低乃至冗员难消。这些现象或是降低资源配置效率，或是减少人力资本积累，都会妨碍经济增长，并有可能导致社保体系收入源流的缩减。由此引申，与市场经济正常运行相匹配的社会保障制度安排，既要足以实现预防和减少贫穷的社会目标，又要与优化市场资源配置和促进就业的经济目标兼容。这就需要通过制度改革，赋予包括就业者在内的所有社会成员以适度的社会保护。

第一，整合城乡民政部门和扶贫系统，发展社会工作者队伍，采取精准扶贫方式，针对单个贫困家庭及个人亟须的帮助，提供社会援助和社会服务。

第二，依据社会保障底线需求（预防贫穷），设定社会保险特别是养老保险待遇。这样的"底线"待遇，必然可以采用"底线"税/费率征缴予以满足。其作用还在于，一方面，可以保证贫困边缘以上的中低收入家庭不致因缺乏支付能力而被社会保险排除在外；另一方面，有助于消除社会保险中的多轨制，构建便于劳动力流动的统一平台。特别需要强调的是，在社会医疗和养老保险中，对贫困线以下及贫困边缘人口设置非缴费参保条款，所需资源由财政拨付。这样做，既可保证对贫困和低收入群体的包容，又能以尽可能巨大的人口规模分散疾病、残障和老龄风险。

第三，以弹性附加保险及其他差异化的制度安排，为企业或机构留下采用福利措施竞争人才的余地，为家庭和个人留下平衡消费和储蓄的余地。就医疗保险而言，把城镇企业职工医疗保险的筹资原则作为模本，以中低收入者的支付能力为基准，设定较低的单一费率，将城乡居民医保、企业职工医保和部分遗留的公费医疗制度整合为统一的社会健康保险。至于中高收入群体，可自行购买附加商业保险，以满足其超出基本水平的特殊保健需求，而非以附加缴费比率，从社会健康保险基金中获取更多资源。

相较于社会健康保险，养老保险筹资更需要采取"梯田式"的制度安排，以回应参保者对不同层次的养老收入水平的预期。首先，把城乡居民养老保险中的非缴费基础养老金扩展为普惠制的国民养老金。其次，分离现行企业职工养老保险中的统筹基金和个人账户基金，把统筹基金依然用作与薪酬相关联的正规就业者社会养老保险。降低缴费率，并将公务员和事业单位人员纳入规则统一的正规就业者养老保险。将个人账户基金转化为由专业公司管理的记账式个人账户，而且仅设储蓄率上限，吸纳所有就业者特别是非正规就业群体参加。

第四，制度整合优先于基金统筹层次的提高。在制度整合的进程中，提高社会管理能力以及保险管理和相关服务能力；在管理能力增强的前提下，提高基金统筹层次。尽可能把行政区域之间的利益矛盾，转化为难度较低的技术问题予以解决。例如，逐渐普及养老基金省级统筹，对跨省就业者采取社会保险记录连续累加和待遇分段计算的方式，提高养老保险权益的便携性。

第五，社会保障体系特别是养老保险制度的转型，必然涉及退休者以及处于不同就业阶段的在岗者的义务和权益。对此，只能采取老人老办法、新人新办法和"中人"适用过渡规则的方式，在可预见的时期内完成转型。由此而产生的转轨成本，也只能通过拨付财政资金和出售国有资产所得来支付。值得注意的是，在人口老龄化不断加深的情况下，改革越延后，转轨成本将越高。

基于社会保障底线来选择社保体系转型路径，无异于在这一领域划定政府和市场的边界。采用社会援助和非缴费参保、社会健康保险和社会养老保险，以及自愿性附加商业保险的制度构架，实质上也就明晰了社会保障中的政府、企业和个人的责任及权利。这对习惯于获得高于社保底线待遇的群体，或是很少承担社保责任的个人，也都意味着观念的转变和利益的变动。因此，社保改革不可能得到所有人的拥护。但出于整个社会的长远利益，必须由政府高层决策群体以坚定的政治意愿，及时启动以消除多轨制为焦点的改革。

参考文献

[1] Antón, Arturo, Fausto Hernández, and Santiago Levy, 2012, *The end of informality in Mexico*？：*Fiscal reform for universal social*

insurance, Printed by Inter-American Development Bank.

［2］ILO, 2014, *World Social Protection Report 2014 – 15*, June 2014, http：//www. ilo. org/ wcmsp5/ groups/ public/——dgreports/——dcomm/ documents/ publication/ wcms_ 245201. pdf, 2014 年 7 月 15 日。

［3］ OECD, 2013, *Pensions at a Glance 2013*：*OECD and G20 Indicators*, OECD Publishing, http：//dx. doi. org/10. 1787/ pension_ glance – 2013 – en, 2014 年 6 月 20 日。

［4］Social Protection Floor Advisory Group, 2011, *Social protection floor for a fair and inclusive globalization*, Geneva, International Labor Office, http：//www. ilo. org/ wcmsp5/ groups/ public/——dgreports/——dcomm/——publ/ documents/ publication/ wcms _ 165750. pdf, 2014 年 8 月 14 日。

［5］林德贝克和佩尔松：《养老金改革的收益》，《比较》2014 年第 3 期。

［6］帕尔默：《养老、医疗和疾病保险的公共政策：拉美能从瑞典吸取的经验教训》，《比较》2014 年第 3 期。

［7］卫生部新型农村合作医疗研究中心：《基本医疗保障城乡统筹管理政策措施研究》，2013（未发表的研究报告）。

［8］中国社会科学院经济研究所课题组：《多轨制社会养老保障体系的转型路径》，《经济研究》2013 年第 12 期。

［9］左学金：《全面深化改革应从民生改革始：建立全民共享的五支柱养老保险体制》，2014（未发表的研究报告）。

［10］朱玲：《多国社保案例背后的市场经济运行机制》，《经济学动态》2014 年第 8 期。

"创新驱动发展战略"制定及实施的基本框架

中国社会科学院数量经济与技术经济研究所

摘　要：实施创新驱动发展战略，是要把创新提升到国家战略层面，完善和优化国家创新体系，形成全民族基因式创新文化，推动劳动者素质的不断提高和知识的持续快速积累，实现发展动力由以物质要素投入为主向以知识和科技创新为基的根本性转变，以此持续推进民族兴旺、社会进步和人民富足。

创新驱动发展战略要以"创新为引领、市场为导向、企业为主体、科技支撑发展"为指导方针，使我国的自主创新能力显著增强，在 2020 年真正成为创新型国家、科技和文化强国，到 2030 年进入创新型国家的中级阶段，成为科技强国，到 2050 年成为引领世界的科技和文化强国。

提高全民族的创新意识，完善国家创新体系，增强共性技术和前沿技术研发，注重创新成果的商业性应用和转化，加强前瞻性部署和关键性技术的突破，培养和吸引一批科技领军人才和高技能人才，以全球化视野整合优良科技资源等是创新驱动发展战略的重点任务。

加强激励创新的文化建设，深化健全市场环境的体制改革，完善科技创新体系，加强共性技术和前沿技术的攻关与服务。推动我国的技术标准成为国际标准，加强知识产权保护，加快利率市场化步伐，优化支持科技创新的财税政策和金融政策，进一步优化中小企业的发展环境，着力培养多层次的科技人才是实施创新驱动发展战略的有力保障。

关键词：创新驱动发展战略　重点任务　保障措施

一　创新驱动发展内涵与战略目的

（一）创新驱动发展内涵

人类社会发展依赖于自然资源、劳动、资本、知识和科技等要素投入。其中，知识和科技由创新生成并且不断累进和递增，逐步替代物质条件，成为现代人类发展的核心要素和基石。世界各国，尤其是发达国家，均在不遗余力地推动创新，打造社会发展新的不竭动力。

创新驱动发展的内涵是，创新渗透和根植于民族精神和社会文化之中，成为推动国家持续发展的不竭动力、实现财富积累的根本方式和提升民族和国家竞争力的法宝。

（二）创新驱动发展内涵与战略目的

实施创新驱动发展战略，就是要把创新提升到国家战略层面，通过顶层设计和制度改革创新，完善和优化国家创新体系，创造激励创新的有利外部环境，充分释放市场微观主体的创新活力，形成全民族基因式创新文化，提升全社会创新意识、创新能力和创新自觉，推动劳动者素质不断提高、知识持续快速积累，实现发展动力由物质要素投入扩张为主，向以知识创新、科技创新、社会创新、管理创新为基的根本性转变，大力提升国家竞争力和国际竞争优势，以此持续推进民族兴旺、社会进步和人民富足。

二　创新驱动发展战略的实施意义

（一）从理论角度来看

经济增长理论经过 300 多年的发展，经历了从古典经济增长理论、现代经济增长理论至新经济增长理论的发展阶段。经济增长的要素作用也逐渐从劳动决定论，经由资本决定论向技术决定论演进，强调以人的素质为中心的知识、技术和人力资本的积累。新经济增长理论确立了自主创新成为推动全要素生产率提升和经济增长的核心动力要素的地位。

（二）从近现代历史来看

自主创新是一个国家成为世界经济强国的必经之路。从 18

世纪起英国推动自主创新，19 世纪后期美国成为自主创新大国，一直到二战后日本加强自主创新，迅速实现经济复苏跃升为世界经济强国等成功经验，证明了自主创新是实现经济增长、提高国家竞争力的重要驱动要素。

（三） 从国际背景来看

世界经济低速增长成为常态，当今世界普遍存在生产力危机，而中国更为突出，表现在经济增速下滑、经济结构不合理等方面。许多国家都将创新提升到国家发展的战略核心层面，将创新作为抓手打造社会发展新的不竭动力。全球化科技竞争与合作广泛而深入，国际社会科技主导地位的竞争日趋激烈，发达国家在科技上占优势的压力长期存在。

（四） 从中国发展实践来看

在如此复杂的国内外背景下，创新能力日益成为增强综合国力、保障和强化国家安全和控制力、改变世界竞争格局的决定性力量。积极实施创新驱动发展战略是提高自主创新能力，转变经济发展方式，支撑创新型国家建设，形成持续国际竞争能力，从根本上解决国家面临的挑战的必由之路，具有重要战略意义。

第一，转变经济发展方式亟须实施创新驱动战略。中国正处于关键转型时期，转方式、调结构和次高速经济增长的局面将会持续较长一段时间，目前经济下行压力较大，进入所谓"新常态经济"。改革开放以来，中国经济实行出口导向型和投资拉动型发展战略，实现了长达 30 多年的高速增长。但随着国内外发展条件的变化，这种依靠要素投入的粗放型增长模式难以为继，在"人口红利"逐渐减少、土地成本迅速上升、资源环境压力不断加大等诸多约束因素下，粗放型经济发展方式已难以支撑中国经济的可持续发展，调整经济结构、转变经济发展方式已经刻不容缓，其中科技创新尤为关键。而实施创新驱动战略是保障中国经济保持较高增速和转变发展方式的关键。

第二，建设创新型国家亟须创新驱动战略的支撑和保障。科技是国家强盛之基，创新是民族进步之魂。我国是世界上具有重要影响力的科技大国，近年来我国创新能力显著提升。我国是科技大国但不是创新强国，创新型国家建设任重道远。目前我国狭义的技术进步贡献率还不高，科技创新对经济发展的支撑作用还没有充分发挥，经济增长依然是资本驱动为主。中国企业技术创新仍然主要以跟踪模仿为主，自主创新能力较弱。与发达国家相比，中国技术进步水平还有较大差距，仅达到美国 13% 的水平。实施创新驱动战略是建设创新型国家的必由之路，也是重要的支撑和保障。

三　我国创新驱动发展的现状

（一）取得的主要成果

我国是世界上具有重要影响力的科技大国，创新能力大幅提升，为实施创新驱动发展积累了宝贵经验。我国国家创新指数由 2000 年的全球第 38 位上升至 2013 年的第 19 位。国际科学论文产出实现量质齐升，论文数量居世界第 2 位，被引论文数量居世界第 4 位。本国人发明专利申请量和授权量分别居世界首位和第 2 位，占全球总量的 37.9% 和 22.3%。高技术产业出口占制造业出口的比重居世界首位，知识服务业增加值居世界第 3 位。

我国是世界第二大经济体，研发经费投入持续增加，为实施创新驱动发展奠定了坚实的物质基础。2013 年我国国内生产总值为 56.89 万亿元，全社会研发经费支出 11906 亿元，居世界第 3 位，占国内生产总值的 2.09%。

我国积累了庞大的人力资本，研发人员全时当量居世界首位，占全球总量的 29.2%，为实施创新驱动提供了人才储备。

重点领域和关键产业技术创新取得了丰硕成果，攻克了一大批制约产业发展的关键和共性技术，部分领域取得了突破性进展。

科技运行机制发生重要转变，竞争择优成为科技资源配置的主要方式；科研院所改革取得突破，科研院所先后完成企业化转制，社会公益类院所分类改革取得积极的进展；《科学技术进步法》《专利法》《促进科技成果转化法》等法规相继出台，科技政策法规体系基本形成。

（二）存在的主要问题

科技体制改革不到位，政府对创新资源配置干预严重，寻租空间巨大，腐败现象频现，尚未很好地建立起对创新成果的知识产权的保护机制。

产学研有机结合的技术创新机制有待形成，产业链上下游之间的技术创新结合不够紧密，科技成果转化率低。在科研项目立项、产业关键技术研发等方面没有形成上中下游合理分工、协同攻关、创新资源共享的机制，没有真正发挥科技在打造新兴产业中的支撑和引领作用。

以企业为主体的技术创新体系有待完善，企业尚未真正成为技术创新的主体，企业研发投入仍较低，创新动力不足。2012年大中型工业企业研发强度仅为1.38%。

自主创新能力有待提高，产业核心关键技术对外依存度高，拥有自主知识产权的技术与产品少。缺乏产业关键核心技术，在整个世界产业分工格局中处于价值链低端。

尚未形成激励全民族创新发展的环境，需要形成有助于摆脱习惯思维束缚，有助于把创新驱动、转型发展的要求转化为全社会自觉行动的创新氛围。

四　我国创新驱动发展的外部环境

（一）时代机遇

科学技术越来越成为推动世界各国经济社会发展的主要力量，创新驱动是大势所趋，许多国家都将创新提升到国家发展的战略核心层面，世界科技创新格局正在调整。

即将出现的新一轮科技革命和产业变革与我国加快转变经济发展方式形成历史性交会。

国际金融危机加快了新科技和产业变革的步伐，给我国经济转型升级提供了良好机遇。

科技创新的全球化，创新要素在全球范围内的流动空前活跃、重组不断加快，创新要素流动到哪里、向哪里聚集，哪里就可能成为全球新的产业和经济制高点。

我国经济发展水平不断提高，国内市场需求规模和潜力不断扩大，全方位对外开放格局逐步形成。

（二）现实挑战

我国经济发展方式转变任重道远。我国在需求结构上仍然过分依赖投资和外需，经济增长主要还是靠投资拉动，投入结构上比较依赖于传统生产要素的投入和外延的扩张。

我国经济发展中的结构性问题越发突出。我国发展不平衡、不协调、不可持续矛盾十分突出。人口、资源、环境压力越来越大，我国以较少的人均资源占有量和脆弱的生态环境承载着巨大的人口规模和市场需求，支撑着工业化、城镇化进程，维持经济的快速健康发展存在较大难度。

我国经济正进入增长速度换挡期、结构调整阵痛期、前期刺激政策消化期、高速增长期掩盖的多风险显性化叠加的新常态阶段，面临"中等收入陷阱"的挑战。

面临发达国家蓄势占优和新兴经济体追赶比拼的挑战。美国等发达国家提出"再工业化"战略，我国经济结构与新兴经济体面临更多的"同质竞争"。

五 创新驱动发展战略的指导方针、
制定原则与战略目标

创新驱动发展战略作为国家战略，不仅涉及国家层面政策体制机制的重大调整，而且涉及企业、高校、事业单位、劳动者等微观主体的驱动力和内生力的再造和调整。因此，创新驱动发展战略是一项富有长远性、全局性、系统性、调整性和内生性的国家重大战略部署。

（一）指导方针

从现在到 2035 年，是我国进入创新型国家行列、基本实现创新引领发展的关键时期。一方面要坚持深化科技体制改革，坚持充分发挥市场在资源配置中的决定性作用，激发企业创新动力，以"创新为引领、市场为导向、企业为主体、科技支撑发展"为指导方针。另一方面要提高教育质量和全民素质，吸引和培育企业家、职业经理人、科学家等创新型人才，激发社会公众敢于冒险、勇于开拓的首创精神，形成全民族基因式创新文化。最终实现我国从创新大国向创新强国的战略转折。

（二）制定原则

实施创新驱动发展战略是事关我国经济社会长期可持续发展的重大改革举措，创新驱动发展战略制定应遵循以下原则和标准：一是有助于构建完善引导正向创新的体制机制，增强微观主体创新活动激励；二是有助于显著增强全民族创新意识，营造良好的社会创新氛围；三是有助于形成创新投入稳步增长、创新人才不断涌现、创新资源配置日益高效的良性格局；四是有助于显著提高自主创新能力，降低关键技术对外依存度；五是有助于显著提高知识、科技和创新活动对经济增长的贡献率，遏制负面创新对经济社会的消极作用。

（三）战略目标

1. 总体目标

深化科技体制改革，构建以企业为主体、市场为导向、产学研相结合的技术创新体系，实现创新资源的有效配置，提高全民族教育水平和质量，创新人才不断涌现，在基础科学和前沿技术上取得突破性研究成果，企业自主创新能力显著增强，全面提高技术进步贡献率和全社会劳动生产率，技术创新和社会公众创新成为经济增长的基本驱动力，我国真正成为创新型国家、科技和文化强国。

2. 阶段目标

（1）到 2020 年中国迈入创新型国家的行列，自主创新能力显著增强。全社会研究开发投入占国内生产总值的比重提高到 2.5% 以上，基础研究经费占全社会研究开发投入的比重提高到 8% 以上，大中型工业企业平均研发投入占主营业务收入比例提高到 2%，科技进步贡献率力争达到 60% 以上，对外技术依存度降低到 30% 以下。教育质量和水平大幅度提高，涌现一批世界知名的创新型企业家和产品品牌，逐步改变传统求稳守成的中庸思想，塑造鼓励探索的全民创新文化氛围。

（2）到 2030 年中国可望进入创新型国家的中级阶段，成为科技强国。自主创新成为经济发展的根本动力，全社会研究开发投入占国内生产总值的比重提高到 3% 以上，基础研究经费占全社会研究开发投入的比重提高到 15% 以上，大中型工业企业平均研发投入占主营业务收入的比例提高到 3%，科技进步贡献率力争达到 70% 以上，对外技术依存度降低到 20% 以下。迈入世界高教育质量国家行列，全民素质基本与发达国家持平，企业家创业和创新精神成为社会发展主流之一，真正形成全民族基因式创新文化。

（3）到2050年真正实现从"中国制造"到"中国创造"的转型，真正实现从"文化大国"到"文化强国"的转型，成为引领世界的科技和文化强国。

六　创新驱动发展战略的重点任务

（一）积极鼓励创新，形成全民族基因式创新精神和文化

营造鼓励创新、崇尚创新的社会文化氛围，提高全民族的创新意识和创新精神。鼓励个人的创新精神，政府和社会大众要充分鼓励个体的首创精神，宽容创新者的失败，为创新者提供良好的法规、政策保障和舆论导向；发扬大胆尝试和冒险精神，在制度上给予创新思想得以生存的土壤，摒弃墨守成规、故步自封的陋习，鼓励创业和创新的冒险精神；建设创新文化，繁荣各领域创新文化，摒弃僵化思想，使公众创新成为经济社会发展的重要内生力量；营造崇尚创新、容忍失败的社会创新文化氛围。

（二）强化产学研各主体的市场地位，完善国家创新体系建设

从建立健全体制机制入手，完善和优化国家创新体系，真正形成以企业为主体、市场为导向、官产学研用相结合的创新体系。进一步深化国企改革，使其真正成为市场竞争的主体；加快建立以企业为主体、以市场为导向的技术创新体系，激发企业创

新活力，使企业真正成为创新活动主体和创新决策主体，造就一批掌握核心技术并具有技术溢出能力的创新型跨国公司。强化对企业技术创新的支持，吸引企业参与确定科研方向、科研立项和牵头承担应用研究和技术开发。重点支持龙头企业建立高水平的研究院、国家工程中心和国家工程重点实验室，支持企业加快推广应用新一代的信息技术、新材料、新工艺、新装备。加快地方科研院所改制，推进应用型技术研发机构市场化、企业化改革，对科研院所进行分类管理；推动高校技术转移中心、孵化器、科技园等中介组织企业化改制，使其真正成为科研成果转化的主体。继续实施技术创新联盟计划，鼓励企业、高校和科研机构结成以创新为目的的正式联合体，通过整合产业中分散的研发力量，发挥对产业技术创新的支撑作用。坚持科技面向经济社会发展的导向，围绕产业链部署创新链，围绕创新链完善资金链，消除科技创新中的"孤岛现象"，破除制约科技成果转移扩散的障碍，提升国家创新体系整体效能。

（三）深化科技体制改革，建立公平竞争的市场环境

深化科技体制改革，确立市场配置资源的决定性作用。全面加快和推进要素市场化改革；加大知识产权保护力度，通过知识产权保护，让企业通过技术创新得到合理的市场报酬；保障不同所有制企业公平分享科技资源。形成以市场竞争倒逼企业技术创新的机制，提升微观主体从事创新活动的激励和动力。

梳理政府条条块块的科技资源，进行上下级政府和不同政府部门之间的增减和归并，科学设计和配置科技资源。改革科技专项体制，借鉴美国、欧盟等地区科技资金配置先进经验，注重中

央和省级政府科技立法建设，硬化政府科技资金软约束，加强第三方监管和科学评估。处理好科技"举国体制"和"公众体制"的关系，谨慎使用科技"举国体制"。

完善科技统筹机制和鼓励创新的机制，完善顶层科技决策机制和统筹协调机制。与科技体制改革相协同，推进财政体制改革、垄断行业改革、金融体制改革等一系列改革，建立跨部门的组织协调机制，更好地发挥政府的宏观调控职能，以推动产业界、大学和研究机构之间的合作，实现功能上的互补。完善知识产权保护制度和行业监管规制，为微观主体从事创新活动创造公平高效的市场环境，有效遏制各种损害市场公平和消费者利益的负面创新活动。

（四）合理定位政府在创新领域中的地位，充分发挥引导作用

结合创新链条不同环节的特征，从弥补市场失灵出发，界定政府部门在推动创新过程中承担的职能。切实用好市场"看不见的手"和政府"看得见的手"，逐步消除创新领域政府越位与缺位并存的现象，使企业真正成为市场主体和创新主体，能够按照市场规则和利润最大化原则组织开展各种创新活动。

政府在创新领域的职能应定位为，弥补和纠正创新领域存在的市场失灵，着力改善制度环境，为建设公平竞争的市场创造条件；承担企业不愿承担的公益职责，为微观主体进行创新活动提供更多的公共技术服务体系；加强国家创新体系建设，加强创新网络的形成，重构公益性技术中介机构，构建技术创新共性平台；改变单纯由政府部门评估科技转化成果的做法，加强第三方评估中介建设，增强社会对科技资源配置效率和使用效果的监

督；充分发挥政府的引导作用，引导社会资源向创新领域集中。

充分发挥政府在创新驱动发展战略中的引导作用，集中资源大力推动和发展战略性新兴产业和高新技术。增加基础研究，提高对中小创新型企业的研发资助水平。对于基础研究，政府要给予稳定支持，鼓励进行更多的原创性研究，保证共性技术的公共供给；对于应用研究，要面向需求，由市场来决定资源的配置，发挥市场对技术研发方向和路线选择、要素价格以及各类创新资源配置的导向作用。政府在关系国计民生和产业命脉的领域要积极作为，加强支持和协调，用好国家科技重大专项和重大工程等抓手，集中力量抢占制高点。

（五）加大科技基础设施建设，增强共性技术和前沿技术研发

实施科学有效的支持性政策措施，鼓励创新供给，加强对基础科学和前沿技术领域的研究，提高原始创新能力和综合创新能力。积极构建高水平的产业共性技术支撑体系，建立国家共性技术和前沿技术基金，组建支持和促进共性技术研究开发和产业化的产业技术联盟。依托科研院所、高校和企业整合现有的创新资源，提高自主创新能力，加强关键技术研究，在若干基础共性和前沿领域，以新机制和新模式探索建立国家级的研发中心。在新能源、新一代信息技术、合成生物技术、关键和高性能材料等领域建立一批关键的技术平台。

（六）加快具有竞争优势领域和战略必争领域的技术突破，保障国际竞争力

竞争优势领域是我国已经具备较好的基础、与国际先进水平

较为接近、能够率先实现引领和赶超的若干领域。在航天装备、网络通信设备、发电与输变电装备、轨道交通装备、能源装备、钢铁冶金、石油化工、家用电器等具有竞争优势的领域，要大力推动创新发展，加快形成全球竞争优势。

战略必争领域是指我国经济社会发展和抢占未来产业制高点所必需的，但长期薄弱、受制于人、差距较大的若干战略性和先导性领域。在集成电路及专用装备、操作系统及工业软件、数控机床及基础装备、航空工程装备、汽车、航洋工程装备、船舶、新材料、生物医药及医疗器械、节能环保和农产品加工等战略必争领域，要加强前瞻性部署和关键性技术的突破，努力掌握知识产权，提升自主创新能力，提高在国际竞争中的主动权和话语权。

（七）提高教育质量和水平，培养和吸引一批科技领军人才和高技能人才

加强教育体制改革，完善创新人才培养机制。对现行以应试为出发点的教育体制进行全面改革，培养学生的创新精神，鼓励学生敢于尝试和冒险，让学生学会主动思考和学习，改变"填鸭式"的教育模式。推进素质教育，创新教育方法，提高人才培养质量，努力形成有利于创新人才成长的育人环境。协调好基础教育、高等教育、职业教育之间的分工，共同致力于提升公民的科学素养、人文素养，培育公民的创新、创业精神。

着眼于当前经济社会发展的现实需要，在关键核心技术领域吸引一批海内外高科技领军人才。塑造和培养企业家及企业家精神，注重吸引具有创业精神，活跃于社会创新、管理创新领域的

领军人才。要用好、用活人才，建立更为灵活的人才管理机制，打破人才使用的体制机制障碍，最大限度地支持和帮助科技人员创新创业。实现创新人才的竞争和自由流动。破除僵化的户籍制度，弱化行政单位终身制，淡化国籍意识，使人才充分竞争和流动，吸引世界一流人才集聚中国。

（八）扩大科技开放合作，整合国内外优良科技资源

以全球化视野整合各种优良科技资源，引导更多社会资源向创新活动集中，提高原始创新、集成创新和引进消化吸收再创新能力，更加注重协同创新和产业共性技术研发，使原创和独创的技术和产品不断涌现，推动技术创新、产品创新、生产和商业模式创新。

深化国际交流合作，充分利用全球创新资源，在更高起点上推进自主创新，并同国际科技界携手努力，为应对全球的共同挑战做出应有的贡献。支持企业灵活利用国际科技资源，壮大技术研发能力，鼓励企业进行带有技术研发色彩的国际并购，鼓励企业到海外建立研发中心。

七 实施创新驱动发展战略的模式

（一）发达国家模式借鉴

1. 美国模式——上下联动

美国逐渐形成了政府、大学（包括研发机构）和产业三方共同参与、协同发展的"政府－大学和研发机构－产业"三螺

旋创新模式。美国国家创新模式最大的特点是企业作为创新主体的作用能够得到充分发挥，政府仅进行必要的干预。美国模式是经过自由市场主义发展起来的技术领先者模式，美国是原创型科技创新领先者。

政府是调控与协调者。政府的作用主要是从宏观角度为企业的技术创新创造环境，通过各种直接或间接手段进行调控，采用金融和财政等调控政策，对公司和大学等部门和创新行为进行调控。联邦政府从国家宏观层面确立创新战略目标，即维持美国在几乎所有领域的领先地位。联邦科研机构则主要承担与国家使命相关的基础研究和关键技术的开发，在美国国家创新体系中具有不可替代的作用。白宫每年发布总统科技报告，瞄准前沿科技领域；"阿波罗登月计划"、"星球大战计划"、"奥巴马科技新政"及"制造业振兴计划"，无一不是由联邦政府主导推动的国家科技创新战略。

企业是创新和投资的主体。企业在美国的创新过程中承担了重要的职责，企业利用了美国约 3/5 的研发经费并吸纳了 3/4 的科技工作者，创造了全美 3/4 的研发成果。大企业在企业研发中的地位一直非常重要，自 20 世纪 70 年代以来中小企业也在研发方面发挥了越来越重要的作用，有力地促进了科技工业园的发展。在微观层面，创新文化和企业家精神支撑了美国旺盛的创业型经济。从东海岸的 128 号公路到西海岸的硅谷，都展示了美国社会活跃的创新文化和广泛的创新基础。

大学是基础研究的主要基地。美国大学在基础研究方面的重要地位是不可替代的，随着知识经济的深入发展，知识创新和研发成为创新的核心，大学作为基础研究的主要基地，在创新过程中发挥了越来越大的主导作用。

科技中介服务机构是创新产业化的纽带。科技中介服务机构主要包括技术转让机构、咨询和评估机构、政策研究机构、风险投资公司等，它们对美国国家创新体系架构的桥梁作用不容忽视。

2. 日韩模式——政府推动

日本在二战后重新崛起，韩国成功实现赶超，都与政府主导实施的创新发展战略密不可分。日本和韩国结合自身实际，采用技术模仿和自主创新相结合的创新模式。日本和韩国实行的是由国家制约主义发展起来的技术引进跨越模式。

日本的技术创新经历了一个从较低层次的单纯技术引进到简单模仿，再从消化吸收创新到较高层次的知识创新、原始创新的发展历程。这种创新模式升级是在日本政府、企业、科研机构和中介及行业组织共同推动下实现的。日本创新模式的基本特点在于，一方面积极引进、消化和吸收国外先进技术，另一方面在此基础上大力推进本国技术开发与创新，从而迅速提升日本制造业的技术水平。这种技术进步与创新同经济发展紧密联系、互相促进，经济增长受益于技术进步与创新，反过来又进一步促进技术进步与创新。二战后日本政府主导出台了产业政策、私人与公共投资、教育、研发等领域的一系列政策，逐步形成了一套较为完善的制度框架，成为国家创新体系构建的样本和范例。

日本政府发挥着重要的指导作用。在制定规划、出台政策、加大投入、实施科技计划等方面政府积极主动，根据不同时期的不同情况积极调整政策措施，优化技术创新的政策环境。

日本企业是技术创新的主体。企业根据市场需求，确定发展方向和目标，推进技术创新，分享创新收益。大企业基本上都有自己的研发机构，侧重于应用研究，在技术改造和产业化方面发挥自己的优势；而中小企业由于自身实力不强，很难建立和形成自己的研发机构，所以积极与大学和科研院所合作，把其作为自己的技术依托。

日本的大学和科研机构是重要的创新源。日本的大学和科研机构是技术创新的重要支撑。

日本中介服务机构提供服务。中介服务机构在搭建创新平台、提供创新服务等方面起到了不可替代的作用。具有日本特色的主银行金融体系，为企业的技术创新和生产发展提供了强大的融资保障。

上述几个方面的协调与密切合作成为日本技术创新的特色，在共同推进日本的技术创新方面起到了巨大作用。

韩国作为一个追赶型国家，其科技发展之路与日本相似，都经过了一个政府主导的技术引进和技术改进过程。自20世纪60年代中期，韩国实施了《科学技术长期综合计划（1967～1986年)》、《高技术及其产业发展七年计划》和《科技立国展望》等一系列科技发展规划；并先后出台《科技振兴法》、《科技创新特别法》、《科学技术基本法》，配套相关科技政策，逐步形成较为完备的国家创新体系。同日本相比，韩国在工业基础与人力资源水平方面的起点要低很多，但经过50多年的发展，韩国也成功跻身发达经济体行列，成为重要的创新型国家。

3. 德国模式——社会市场经济模式

德国政府在经济和创新发展过程中，采取了介于自由市场主义和国家制约主义之间的模式，即社会市场经济模式。这种经济和创新发展模式以市场经济为主，但又不同于以自由市场主义为基础的市场经济。其基本思想是将市场效率与社会认同在社会利益平衡中结合起来。社会市场经济模式主张以竞争为核心推动经济和创新发展，政府进行适当干预以维护市场竞争秩序，国家对市场的干预以适应市场运行为主，并应符合市场自身规律。

德国的创新体系非常完善，无论是宏观层面的政府推动，还是微观层面的企业活跃的创新、创业活动，都值得称道。从创新系统的构成来看，大体上可以分为4个层次：政策决策与管理层、咨询与协调层、科学与研究协会层以及工业协会层。

政策决策与管理层由联邦与各州的议会及政府构成，负责制定、执行与教育、技术和创新相关的政策及实施细则，并负责外部创新环境的建设。

咨询与协调层主要包括科学委员会、创新与增长咨询委员会以及联邦州文教部长常设会议等，主要负责为联邦和州政府提供与科学政策相关的建议，并向总理提供咨询。

科学与研究协会层主要包括研究基金会和马普学会等，这些协会一方面从事科学研究，另一方面又负责制定并执行相关的研究政策及资金分配。

工业协会层主要包括联邦工业协会、特定领域的工业协会和工商总会等，围绕特定的研究课题开展一些辅助性活动，为成员提供各种与研究和创新相关的服务。

德国创新最突出的特点是具有广泛的专业化中介服务机构。德国的中介机构种类众多，业务范围覆盖较广，主要包括：对政府资助的科技项目的立项进行评估和监督管理，为企业的创立和发展提供信息咨询和职业培训服务，以及从知识和技术的供给方向需求方进行技术转移等。

4. 北欧模式——自下而上

北欧国家的创新驱动表现出很强的自下而上特征。瑞典、芬兰、挪威等北欧国家，由于本国市场有限，经济发展需要海外市场带动。这些国家规模虽小，却是世界级的创新大国。这得益于其良好的微观创新基础。人均受教育水平很高，公民的学习和创新意识很强，同时政府对企业在技术创新方面给予大力支持，使北欧拥有一批世界级的创新企业，如爱立信、诺基亚、诺和诺德、沃尔沃等，同时北欧的小企业在科技创新中涌现的巨大能量更让世界刮目相看。

北欧创新体系的共同点是以企业为主体，以市场为导向，产学研（企业、高等院校和研究机构）结合。各国政府通过宏观指导和协调，鼓励企业、高等院校和研究机构积极推进国家创新体系的国际化，加强国际技术合作，尤其是与其他欧盟国家在技术方面进行合作，同时注重对科技创新型中小企业进行扶持。

（二）中国创新驱动发展模式选择

建设创新型国家，要以宽广的世界眼光，抓住全球化机遇，充分利用国内、国外两种资源。具体选择何种创新驱动发展模式要根据本国的战略目标、资源水平、创新创业文化、创新人才培养与积累情况等现实条件进行科学选择。比如，在科技创新方面，要为提高社会生产力和综合国力提供战略支撑，把原始创新、集成创新和引进消化吸收再创新结合起来，更加注重协同创新，走出具有中国特色的创新之路。另外，不同行业的发展阶段和发展特点存在差异，创新驱动发展模式的选择也有明显差异。创新驱动发展模式同样决定企业创新活动的效率和效果，不同类型和发展阶段的企业所选择的创新驱动发展模式也有较大差别，创新理性较强的企业更倾向于选择与自身状况相匹配的创新驱动发展模式。

1. 国家整体创新驱动发展模式选择

国家整体创新驱动发展模式的选择要根据国家所处的经济社会发展阶段而定。

在近期发展阶段，需要适当借助政府的"有形之手"推动创新驱动发展战略的实施，可以借鉴日韩模式，自上而下推动。

在中期发展阶段，需要全力培育微观创新主体，加强对创新型大学和科研院所的改革，逐渐减小政府干预力度，实现政府主导与市场导向混合，逐步实现上下联动。

在远期发展阶段，需要进一步完善国家创新体系，融合美国和德国模式，以市场为导向，融合上下联动模式，并加强社会中介技术服务机构的作用。

2. 不同类型行业创新发展模式选择

高技术行业、国内外技术差距小的行业、国外垄断行业以自主创新模式为主。高技术行业的科技创新水平制约着国家的整体竞争力水平，是影响国家战略技术储备的重要因素，应以自主创新模式为主。具体来看，电子及通信工业的技术创新已经越过了引进消化吸收再创新的发展阶段，进入了自主创新阶段。由于技术引进程度和速度受行业发展和市场的双重限制，专用设备制造业应加强原始创新活动。

国外技术成熟而国内技术薄弱的行业以引进消化吸收再创新模式为主。钢铁工业、水电技术装备业、铁路技术装备业、冶金业、发电业、石化设备业等装备制造业以及家电制造业等，可以采用引进消化吸收再创新模式，实施国产化并再创新，不断提高自身研发能力。电器机械及器材制造业、医药制造业、金属冶炼及压延加工业、汽车制造业、化学原料及化学制品制造业等技术成熟行业，可采用在引进模仿的基础上消化吸收再创新的模式。

创新风险大、创新投入高的行业以集成创新模式为主。不同行业在选择实施技术创新组织方式方面也有所不同，医药制造业、化学原料及化学制品制造业由于创新投入高、风险大，应以联合创新模式为主。成熟的产业集群多采用集成创新模式，例如重庆力帆集团和江苏波司登集团所在区域的产业集聚度较高，适于采用集成创新模式。

战略性新兴产业可以组建产业创新联盟，以产学研协同创新模式为主。产学研协同创新是以知识增值为核心，高校、科研院所、企业、政府、非政府组织等为了实现重大科技创新而开展的大跨度的创新组织形式，涉及不同利益目标的创新主体，是一种独特的混合型跨组织关系，需要创建新的管理技能和组织模式。新兴产业采用"战略－知识－组织"三重互动的产学研协同创新模式，有利于加强基础研究和产业研究之间的紧密联系。产业创新联盟作为促进协同创新的有效载体，应找准各自与产业发展的契合点，加强自身能力建设，增强为企业服务、为产业服务的能力，成为联系市场与创新主体的桥梁和纽带，形成新的高端服务业态。

八　实施创新驱动发展战略的路径分析

实施创新驱动发展战略应注重顶层设计，结合我国经济社会发展现状和创新驱动发展战略目标，从适应创新驱动发展的制度与社会环境建设、创新活动呈现的不同形式和层次、创新活动对经济社会发展的支撑力度等不同维度，划分战略实施步骤，确定阶段目标。

（一）维度一：体制机制与社会文化环境

深化科技体制改革，合理定位科技创新领域的政府职能；划分政府市场边界，以市场为导向完善政府调控手段，弥补市场失灵；完善知识产权保护和行业规制，构建跨部门、跨主体的协作机制；构建完善的创新人才吸引和培养机制；加强创新文化建设，弘扬创新创业精神，营造创新的社会环境。

（二）维度二：创新呈现的不同形式和层次

创新有着不同的形式和层次，至少可以划分为知识创新、技术创新和社会创新。知识创新以新知识的创造为主，包括科学发现、理论探索和技术发明；技术创新则是新技术实现商业价值的活动和过程；社会创新则包括组织管理、商业模式等方面的新突破，虽然不一定有很高的科技含量，但同样能带来新的财富和价值。实现创新驱动发展，既要重视知识创新和技术创新，又要加快社会创新，从而为全社会的价值创造和财富积累寻找不竭的动力源泉。

知识创新，需要通过深化科技体制改革加以推进；技术创新，需要充分发挥市场机制，当然也要合理调控和规制；社会创新，需要形成浓厚的社会创新氛围。

（三）维度三：创新对经济发展的支撑力度

根据创新活动对经济社会发展的支撑作用大小，可以将创新驱动发展战略实施过程划分为不同的阶段。

自主创新能力全面提升，个别领域达到国际领先水准，有力支撑宏观经济增长，提升国际竞争力；以投入膨胀为特征的要素驱动增长模式日渐式微（当前我国基本上处于该阶段）。

传统产业、新兴产业的技术水平全面提升，大部分领域都具备与主要发达国家同台竞技的技术水平，技术进步开始成为经济增长最重要的贡献因素。

创新思维渗透到经济社会的方方面面，创新和创业活动开始成为各行业领域的自觉行为，经济发展模式全面转型为创新创业型经济。

九 保障措施和实施机制

（一）形成对创新进行正面激励的文化

加大对图书馆、科技馆、博物馆、文化馆等文化公共基础设施的建设力度，为弘扬创新创业精神、营造创新文化氛围提供设施保障；依托教育部门、科技协会、民间组织等多方力量，加强科普教育，普及现代科学常识，提升民众科学素养，特别是要激发广大青少年对科学探索、技术发明、创新创业的兴趣和热情；文化宣传主管部门应引导主流媒体加大科学、探索、创新、创业方面的宣传，形成崇尚科学、奋斗励志的正面导向。

建立宽松的创新生态环境，允许积累、允许试错，为基础研究提供良好的界面和系统支持，努力培育潜心致研的氛围。培育企业家的创新精神，倡导创新意识，提高全民科学文化素质，培育创新文化环境。

同时，探索高校和科研院所的科技成果实际完成人利用成果创办企业、推动产业化发展的创新模式。收入分配制度改革要体现向科研人员和研发活动倾斜的导向，激发微观个体的创新热情。完善知识产权法律法规体系建设，加强对权益人的产权激励和权属保护。

通过上述方面的建设，形成全社会鼓励创新的正向激励环境，提升全社会的创新意识、创新能力和创新自觉，使创新渗透和根植于民族精神和社会文化之中。

（二）深化市场环境的体制改革

发挥市场在创新资源配置中的决定性作用，推动政府机构向服务型政府转型。减少政府对微观市场主体的过多的行政干预，发挥企业家的创新精神，使企业真正成为技术创新的主体；理顺中央和地方政府的关系，破除唯 GDP 论的政府考核体系；加快垄断性行业改革，打破行政性垄断，在自然垄断行业的可竞争环节引入竞争机制；在市场准入方面实施负面清单管理，制定以资源节约、环境保护、质量安全和劳动者权益保护为主的准入标准。在投资、生产经营活动等领域，大力减少行政审批事项，禁止变相审批；加快创新要素的市场化，完善主要由市场决定价格的机制，加快推进能源、资源及其产品价格形成的市场化改革；继续深化国有企业改革，大力发展混合所有制，建立不同所有制企业公平分享科技创新资源的机制，使不同所有制企业成为公平的创新主体。在企业登记、申请立项、税收收费标准、政府采购、财政补贴、土地使用等方面，确保不同类型的企业享有同等待遇。

（三）强化科技创新体系建设

构建以企业为主体，以市场为导向，以大学、科研院所和企业化技术研发机构为支撑的科技创新体系。充分发挥大型骨干企业的科技资源整合能力，调动广大中小企业的创新活力。设立国家共性和前沿技术研究院，集聚高端应用技术研发人才，创新科研管理体制，加强针对重点产业、新兴产业和重点产业集群的共性技术攻关与服务。加快完善大型科技工程与设施、科技数据与信息平台、自然科技资源服务平台以及国家标准、计量和检测技术平台等科技基础设施，鼓励骨干企业和产业联盟建设工程数据库，建立科技基础条件平台的共享和开放机制。设立先进制造技术扩散应用项目，以技术培训和技术咨询等方式促进先进制造技术的推广应用。促使标准制定与科研、开发、设计、制造紧密结合，协同推进标准的制定和产业化，鼓励国内标准的优先采用。鼓励各类创新主体积极参与国际标准的制定，推动我国的技术标准成为国际标准。加强知识产权保护，主要针对中小企业的知识产权诉讼服务。加强知识产权战略性部署，大力支持企业申请海外发明专利特别是基础专利。

（四）完善推动中小企业技术创新的金融体系

多渠道破解中小企业融资难、融资贵问题。加快利率市场化步伐，创新小微企业信贷工具，完善资本市场，完善科技中小企业股票发行与上市制度，引导资金要素向创新型企业流动；建立由中央财政、地方政府、风险投资机构、企业和金融机构等共同构成的多元化投资体系。鼓励股份制银行和商业银行针对中小企业开展金融产品创新，降低中小板、创业板发行上市和债券市场融资门槛，设立政策性中小企业信用担保基金和风险补偿基金。大力发展风险投资基金、创业投资基金和私募股权投资基金，拓宽资金来源，促进资金会聚渠道多样化。

（五）优化支持科技创新的财税政策

完善财政资金的投入方式，统筹支持制造技术研发、产业化及企业技术改造。规范财政补贴制度，提高补贴透明度，补贴重点由投资、生产环节转为研发创新、节能环保与消费环节。加快完善和实施《〈政府采购法〉实施条例》及相应制度，充分利用《政府采购协议》（GPA）在国防采购、医疗、中小企业产品、市场竞争前技术研发合同、创新产品首购（首台套）等领域的例外条款，支持企业创新发展。降低综合税费负担水平，鼓励企业在创新与研发、技术改造领域进行投资。调整进口关税优惠政策，对国内企业已经具备研制生产能力的重大技术装备和产品不再给予减免优惠。

（六）进一步营造中小企业的发展环境

着力完善中小企业的服务体系，加快建设专业化、覆盖广、公益性、综合性的中小企业服务机构和信息平台，培育一批专业素质高、服务意识强的中小企业服务队伍，完善中小企业服务平台和服务内容，建立有效的服务机构运行机制。实施分阶段的中小企业创新扶持政策，优化中小企业的科技项目申报流程，统筹对中小企业科技创新的研发支持和产业化支持，由各部委为相应领域的中小企业和创业企业提供资金支持。简化企业创办流程，加强创业培训与辅导。重点培育和支持一批具有较强创业辅导服务功能、运作规范的创业示范基地，鼓励各种类型的创业孵化机构发展。积极鼓励学术创业和海外人才创业。继续加大国家创业投资引导基金对高科技创业的投资力度。

（七）着力培养多层次的科技人才

鼓励职业技术院校与企业紧密合作，培养高素质的技能型技术工人，强化对在职技术技能人才的培训，提高制造业的整体工艺水平。完善和落实社会保障制度和劳动争议解决机制，切实保护劳动者的合法权益。强化企业安全生产基础建设，全面推进安全生产标准化工作，提高企业安全生产管理水平。基于多层次的高等教育体系，依托一流大学或新筹建的专业高端工程学院，培育与先进制造业相适应的科研人才和知识型员工。

依托重大科研项目和建设项目，加大学科带头人和领军人才的培养力度，探索建立企业首席科学家制度，拓宽海外人才引进渠道，积极引进海外高端人才和紧缺人才。营造有利于企业家大量涌现并健康成长的良好市场环境，鼓励更多的人才创业。完善人才激励和评价机制，鼓励企业使用股权激励、知识产权共有等方式，激发高端人才的积极性。

完善科技创新评价标准，建立和完善同行评议制度；建立促进创新需求的激励机制，加强对科技创新人才的培养；引导人力资源要素向科技创新领域流动，激发青年科技人员的创新热情。

农村土地制度改革研究

中国社会科学院农村发展研究所"农村集体
产权制度改革研究"课题组[*]

摘　要： 对农村集体所拥有的土地进行产权制度改革，要坚持问题导向，统筹考虑农村土地制度改革与农村集体经济产权制度改革，从理论、法律法规、政策和实践几个层面针对实践中迫切需要解决的问题开展研究。农村集体土地所有权的权能应是集体成员通过民主程序达成的共同意志的体现。要解决集体农地个人权利（成员权）与财产权利（用益物权）之间的矛盾，应将农村集体经济组织的单个成员权利转化为农户成员权利，将集体经济组织农户成员对该组织的土地承包经营权和其他集体资产的权利固化到某一个时点，并且长久不变，使成员权与财产权利相统一。

　　农地流转的主要模式应是作为农地所有权人的部分成员扩大规模，或组建农民土地股份合作社。对工商资本进

---

* 课题组成员有：张晓山、苑鹏、崔红志、陆雷、刘长全、刘燕生。本课题在研究过程中得到李周、杜志雄、党国英、任常青、王小映等同志的智力支持，特此致谢！本报告由张晓山执笔。

入农业，要规范经营者的行为，保护其合法权益，但这种模式不应该成为农地改革的主流。农民宅基地未来的改革方向应是在确保农民住有所居的前提下，赋予农民宅基地更完整的权能，可以农民住房财产权的抵押、担保、转让为切入点。关于建立城乡统一的建设用地市场，在利益分配格局没有大调整的情况下，可采取渐进、平缓的改革方式，从被动增加补偿到主动实现地方政府与社区集体经济组织的合作双赢。改革农村土地制度、赋予农民更多财产权利，需要尽快修订相应的法律法规和出台相关的政策措施。改革的路径可能是：顶层设计—基层创新—实践检验—政策跟进—法律规范。

关键词：农村土地　集体所有　产权改革

一　基本思路：统筹考虑农村土地制度改革与农村集体经济产权制度改革

农村集体经济组织是农村集体所拥有的各类资产和资源的组织载体，农村集体产权制度改革是指对农村集体经济组织所拥有的资源（主要是土地资源）、资产和资金进一步明晰产权、确定权属、实施一系列产权改革措施的制度创新。农村集体产权制度改革是农村综合改革与发展的核心问题之一。而集体资产与资源最主要的部分是农民集体所有的土地，《宪法》规定："农村和城市郊区的土地，除由法律规定属于国家所有的以外，属于集体所有；宅基地和自留地、自留山，也属于集体所有。"这就决定了农民拥有的最大的财产是他们以农村集体经济组织成员身份所共同拥有的农村土地。农民与土地之间的关系，是农村最重要的经济关系，也是最重要的政治关系。农村土地制度是农村其他制度的基石；农业基本经营制度、现代农业制度、农村集体经济体制、农村村民自治制度及乡村治理结构等制度的创立与发展都与农村土地制度息息相关。近年来，一些农村地区集体经营性资产的快速增长也与农村土地资产的增值和分配方式密切相关。农村土地制度的变革是农村集体产权制度改革这一核心问题的核心。农村土地制度改革与农村集体产权制度改革紧密交织在一起，必须统筹考虑。对农村集体所拥有的土地进行产权制度改革，要坚持问题导向，从理论、法律法规、政策和实践几个层面开展研究。

二 探索农村集体经济组织所拥有的各类 农村土地的产权制度变革

十八届三中全会审议通过的《中共中央关于全面深化改革若干重大问题的决定》（以下简称《决定》）和 2014 年中央 1 号文件，就农村土地制度的变革提出了一系列具有创新性和突破性的政策举措，而农村土地制度的变革将引发其他基本制度的相应变化。《决定》中政策举措的落实将在很大程度上增加农民的财产性收入和农民可支配的信用资金，促进农民的投资和消费，从而促进现代农业和新型城镇化的健康发展。但落实《决定》中的政策举措面临一个重大问题，那就是中央的政策导向与现有相关法律法规之间有不协调甚至矛盾之处，现有法律法规中的一些有关农村土地制度的条款已经滞后于农村农业改革发展的现实需要。我们需要对农村集体所拥有的不同类型土地（主要是农用地、农户宅基地和集体经营性建设用地）的产权制度改革实践中迫切需要解决的问题开展研究，为修订相应的法律法规和出台相关的政策措施提出可行的政策建议。

（一）农村土地所有权权能实现的理论、法律与实践探索

农村土地制度改革的目的是赋予农民更多的财产权利，使农民能更有效地使用土地资源。为此，首先要探索农村土地集体所有之权能及其实现形式。

1. 农地所有权权能实现的不同观点

十八届三中全会通过的《决定》指出："产权是所有制的核心。"产权包括占有、使用、收益和处置权；关键问题是在确权后农户能否享有他那份以承包经营的方式占有的资源（土地）的处置权？

一种观点认为，由于土地属于农民集体所有，因此，单个成员对其所占有的土地不可能享有土地所有权的完整权能。农户并不享有其占有的集体土地的处分权。处分权是所有权 4 项权能的核心，它通常只属于所有者。农户如果享有对其占有土地的处分权，那就成了事实上的土地所有者，而相对应的则是，农村土地集体所有的制度也就不复存在了。①

另一种观点主张确实权、颁铁证，强化对土地承包经营权、

---

① 陈锡文：《关于农村土地制度的两点思考》，《经济研究》2014 年第 1 期，第 6 页。

宅基地使用权、集体收益分配权等农民财产权利的保护，赋予农民完整的权能。在确权中，应将集体做虚，将成员权做实。相应的，将集体所有权做虚，将成员的承包权做实。

还有一种观点认为，改革方向是解决农民权能不足的问题，但处分权问题应进行必要的限制。

2. 农地集体所有权的权能怎么体现

十八届三中全会通过的《决定》在论述赋予农民更多财产权利、促进农业和农村发展时，往往要涉及农村集体。仅在《决定》第11条、第20条和第21条中，就有7处涉及"集体"这个词。但什么是集体？农村集体的内涵和外延是什么？什么是集体所有制？集体是由成员组成的，成员的资格如何界定？成员的权利、责任、义务是什么？成员如何进入、如何退出？对于这一系列问题，理论上并没有说清楚，法律和政策上也无明确的界定。

《农村土地承包法》第5条规定："农村集体经济组织成员有权依法承包由本集体经济组织发包的农村土地。任何组织和个人不得剥夺和非法限制农村集体经济组织成员承包土地的权利。"该法第一次提出了集体经济组织成员的概念。《物权法》第59条规定："农民集体所有的不动产和动产，属于本集体成员集体所有。"同时《物权法》第59条还明确了集体成员的决策权："下列事项应当依照法定程序经本集体成员决定：（一）土地承包方案以及将土地发包给本集体以外的单位或者个人承包；（二）个别土地承包经营权人之间承包地的调整；（三）土地补偿费等费用的使用、分配办法；（四）集体出资的企业的所有权变动等事项；（五）法律规定的其他事项。"第62条明确了集体成员的知情权："集体经济组织或者村民委员会、村民小组应当依照法律、行政法规以及章程、村规民约向本集体成员公布集体财产的状况。"第 63 条明确了集体成员对侵害集体成员合法权益的决定的撤销权:"集体经济组织、村民委员会或者其负责人作出的决定侵害集体成员合法权益的,受侵害的集体成员可以请求人民法院予以撤销。"《物权法》这几条规定实际上是集体所有权权能的具体体现,集体所有权权能的行使必须反映集体成员通过民主程序体现的共同意志。

一些地区在实践中出现的问题是集体土地所有权的"虚置",在农民成员之上凌驾着一个超越成员的虚幻的集体,把成员和集体对立起来。但集体本身就是由农民成员构成的,两者并不是对立的,而是一体的。更严重的是集体土地所有权和其他集体资产所有权的"异化",由集体之外的主体(如地方政府)来支配成员集体拥有的资产,或集体成员的代理人(村干部)反仆为主,来支配成员集体拥有的土地及其他资源或资产。

有些人不认为集体的所有权被"虚置"了。他们指出,集体可以定期或不定期地调整土地,集体按照现有成员的状况进行土地收益分红,这是集体"实置"的表现。在征地补偿款中,集体也得到了一部分;征地中的留地政策,受益对象也是集体。这些都是"集体不虚"的反映。

我们认为,关于集体土地所有权是否"虚置"的讨论,和当年明晰集体资产产权的讨论有相似之处。我们说集体资产的产权模糊,所以要通过改革来明晰产权。市场交易的前提是产权清晰。但在很多情况下,产权模糊的集体资产是能够进行交易的,如何解释这个问题?我们认为,集体资产的产权模糊具有两重性。对集体资产的广大所有者(普通集体成员)来说,产权是模糊的，但对少数代表集体来行使权利、对外交易的人来说，产权是清晰的。同样，集体土地所有权的"虚置"也具有两重性，对共同享有集体土地所有权的普通集体成员来说，集体土地所有权是"虚置"的，所有者成员不认为自己是所有者，权利意识不清。大量调研均显示，相当多的农民认为耕地是国家的。而对于少数代表集体行使土地所有权权利的人来说，集体土地所有权并不"虚置"。正是"虚置"的两重性导致了集体资产所有权的"异化"问题，所有者缺位导致对经营层无法有效监督，出现村干部反仆为主或集体外的主体代行权利的现象。关键问题是如何使集体资产的广大所有者（普通集体成员）的权益真正得到体现。

要解决上述问题，关键是农民成员要真正拥有所有权，所有权的权能应是集体成员共同意志的体现；所有权权能的实现形式由他们说了算，而不是由社区外主体或成员的代理人实际控制。

改革的思路应是将集体土地所有权从"虚置"变为"坐实"，探索不同类型土地、不同农村地区土地所有权权能的不同实现形式，消除集体土地所有权的"异化"。第一，在农村社区集体经济组织的框架内，农民作为集体经济组织成员的财产权利要落实到农户或个人（有些无法落实到农户的资源性资产可以落实到村民小组），做到社区集体经济组织中没有无主的资产和资源；第二，农民作为集体经济组织成员的民主权利要落实，让农村集体真正成为农民自己说了算的集体经济组织。这才能做到马恩曾经说的："在真实的集体的条件下，各个个人在自己的联合中并通过这种联合获得自由。"

（二）有关农用地所有权、承包权和经营权的理论、法律、政策与实践问题

1. 集体农地成员权与用益物权之间的矛盾

十八届三中全会通过的《决定》提出要"稳定农村土地承包关系并保持长久不变"。成都在开展城乡统筹试验时，提出要向作为农村集体经济组织成员的农民确实权、颁铁证。关于征地补偿款，成都政府采取"征谁补谁"政策。但是在分配征地补偿收入时，存在农户土地确权证失效问题。一些农民依据现有法律要求在集体经济组织内部全体成员中平分补偿款，利益诉求得以实现。北京市政府也规定："当遇到国家建设征地时，无论是农户承包地、村民宅基地、集体建设用地等土地补偿款，均应当按照征地方案确定时的集体经济组织成员平均分配或者平均量化。"

确权面临制度上的瓶颈，确完了也可能会被翻盘。"铁证不铁"说明了什么？实际上折射出的是法律之间的矛盾以及法律与政策之间的矛盾。《物权法》第 59 条规定："农民集体所有的不动产和动产，属于本集体成员集体所有"；《农村土地承包法》的第 5 条也规定了成员的权利。上述法律规定涉及的是农民对农地的成员权，其中隐含的是"天赋地权"的思想，是一种个人权利，随着成员的离开或去世，这种权利就消亡了。十八届三中全会通过的《决定》提出："赋予农民更加充分而有保障的土地承包经营权，现有土地承包关系要保持稳定并长久不变"；《农村土地承包法》第 26 条规定："承包期内，发包方不得收回承包地"；第 27 条规定："承包期内，发包方不得调整承包地"；

第 32 条规定："通过家庭承包取得的土地承包经营权可以依法采取转包、出租、互换、转让或者其他方式流转"。上述法律规定涉及的是农民对农地的用益物权，其中隐含的是"生不增、死不减"的财产权利原则。在实践中个人权利与财产权利必然会出现冲突，两种权利的诉求都可以找到法律依据。

要解决个人权利与财产权利之间的矛盾，改革的思路是将农村集体经济组织的单个成员权利转化为以农户为单位的成员权利，将集体经济组织农户成员对该组织土地承包经营权和其他集体资产的权利固化到某一个时点，使成员权与财产权利相统一。在具体操作中，涉及确权中的土地调整问题。长久不变，我们认为应该是跨越承包期限的长久不变。但起点在哪里？确权的土地是农户在二轮承包中获得的土地还是经过调整的土地？在确定起点之前是否还可以调整？一些地方的试验是在确权过程中，在充分尊重群众意愿的基础上，将土地调整、如何调整等交由群众讨论解决，坚持"大稳定小调整"，在承包地实测确权后，实行"增人不增地、减人不减地"，以户为单位，承包经营权长久不变。外嫁女、入赘婿、新生儿等成员变动问题在户内解决，承包经营权的纠纷由个人与集体之间的行政性纠纷转变为家庭内部财产权的民事纠纷，无论以后人口如何变化都不再调整土地。农户对其土地承包经营权在何等条件下有处置和转让的权利则由相关的法律来决定。

中国农村现有 2 亿多名小农户，但同时，2013 年，全国农民工总量已达到 26894 万人，约占农村劳动力总数的 45%，这个数字包括年内在本乡镇以外从业 6 个月以上的外出农民工和在本乡镇内从事非农产业 6 个月以上的本地农民工两部分。也就是说，近 2.7 亿名农村劳动力的主要就业渠道不是农业，他们赖以生存的主要生产资料不是土地。当前在农村，来自土地的农业收入在总收入中的比重持续下降，土地的生活保障功能逐渐弱化，人们已经逐渐接受了"死不减，生不增"，跨越承包期限的"长久不变"的实现已具备了一定的条件，有可能将土地从"公平"功能转为"效率"功能。但这种探索已经突破了农村土地承包法的框架，农村土地承包法和相应法令的修订必须跟进。

2. 确权、确股与确地之间的关系

2014 年中央 1 号文件提出："切实加强组织领导，抓紧抓实农村土地承包经营权确权登记颁证工作，充分依靠农民群众自主协商解决工作中遇到的矛盾和问题，可以确权确地，也可以确权确股不确地……"

中共中央办公厅、国务院办公厅印发的《关于引导农村土地经营权有序流转发展农业适度规模经营的意见》提出："土地承包经营权确权登记原则上确权到户到地，在尊重农民意愿的前提下，也可以确权确股不确地。"

确权是赋能的前提。确股应该是在确地基础上的延伸，先有明晰的对承包地的产权，再基于农户意愿自愿选择入股，实行土地股份合作。对承包地行使处置权能的前提是有明晰的产权，体现在：产权对象明确，即承包地确定；产权权利人明确，一权一主。但是，在现实中，有地没证（没有办理或没有发放承包经营权权证）、有证没地（地已被非法转为其他用途）、证实不符（权证所载面积与实际面积不一致）等情况非常普遍。因此，赋予承包地处置权能改革的基础是承包地确权，厘清承包地上存在的不清晰的权利关系，实现承包经营权证、地块、面积明确到户，固化承包地权利并长久不变。

关于确权方式，存在确地块与确股份之争，前者强调承包户权利的保护，后者强调耕地流转与农业规模经营的便利。2014年中央文件提出"可以确权确地，也可以确权确股不确地"。不考虑谈判权利对权益的影响，确地与确股对收益权的影响较小。但是，从处置权角度看，两种确权方式的结果是截然不同的。如果确地块，农户处置权的对象显然是具体地块的承包权与经营权。如果确股份，那么农户处置权的对象只能是股份，而不是具体的承包地。在确股的情况下，承包农户对承包地占有、使用的权利得不到保证，会出现权利的弱化。确权本身的作用只限于明晰产权，做不到为产权提供保护。确权的效力还需要健全的制度来保障，但确权至少不能弱化农民保护产权的能力或减少其他权能。

一种观点认为，确股后农户如有用地需求①，股份社依然可以通过调地的方式予以满足。根据《土地承包法》，包括互换在内的土地承包经营权流转都应该建立在平等协商与自愿的基础上。要保证确股情况下的这种调地符合农户的意愿，确股首先必须基于农户的真实意愿表达。恰如股份公司是股东自愿带产权清晰的个人资产入股成为按份共有的资产，确股应是在确地后农户拥有明晰产权的前提下，再基于农户意愿自愿选择入股实现土地股份合作。因此，确地与确股不应该成为并列的确权方式。在实践中，即使家庭联产承包责任制在全国推行后，一些城郊发达地

---

① 可能存在两种情况：①确股后，耕地仍由原承包农户经营，在股份社需要用地时，就给承包户调地；②耕地由股份社统一经营或出租等，农户如要退出，由股份社从其他位置调地给农户。

区仍一直采取高度集中、统一经营的农业经营模式，中央文件提出"可以确权确股不确地"，是对这类少数地区农村土地制度特殊性所长期形成的路径依赖的一种认可，但对农户承包自家耕地的农业经营模式占支配地位的广大农村地区，确权方式首选确地，确股是在确地基础上的发展，要防范从易于操作、便于规模经营等理由出发违背农民意愿使用确股方式。

3. 怎么看待农民的农地承包权与经营权之间的关系以及经营权的流转

在土地租金不断攀升的情况下，一种观点主张淡化承包权，更多地保护和放活经营权，保护实际务农人的利益。

另一种观点认为，上述观点是以规模经营为重点，鼓励工商资本进入，而不是侧重于保护农民的权益。

争论的关键是土地的经营权流转给谁，是以外来的公司为主还是主要流转给一部分集体成员。长期以来，争论实际上集中在现代农业的生产经营主体形式应当是企业还是农户上。中国大陆发展现代农业是走东亚日本、韩国和我国台湾地区小农户逐步现代化的道路，还是走西方资本主义大农业（地主、租地农业资本家和农业雇佣工人三位一体）的发展道路？与这个根本问题相关的还有以什么方式流转，是政府推动还是农民按照自愿原则自我交易，以及如何保证流转用途不能改变等问题。

对未来农业经营模式基本走向和发展道路的判断应作为农地流转政策导向的前提和基础。我们的基本判断是：由基本国情决定，中国不可能仅有一种农业经营模式。在中国，以家庭承包经营为基础，混合型、多样化的农业经营组织形式以及多元化的农业经营主体正在出现。在未来相当长的时期内，中国的农业经营主体的构成是传统农业经营主体（大量小规模兼业农户、传统小农户）与新兴农业经营主体（专业大户、家庭农场、农民合作社及农业企业）并存；中国的农业经营方式的构成是传统农业、口粮农业（生存农业）与市场化、专业化和商品化程度较高的现代农业并存，大农业与小农业并存。

从 2001 年的中央 18 号文件提出不提倡工商企业长时间、大面积租赁和经营农户承包地，到 2013 年中央 1 号文件提出"鼓励和引导城市工商资本到农村发展适合企业化经营的种养业"，再到十八届三中全会通过的《决定》提出"鼓励和引导工商资本到农村发展适合企业化经营的现代种养业，向农业输入现代生产要素和经营模式"，政策的调整实际上是对多元化农业经营主体存在的认可。工商资本直接经营种养业首先要处理好与广大小农户之间的利益关系。发展现代农业不能忽视经营自家承包耕地的普通农户仍占大多数的基本农情，工商资本要带动农民发展现代农业，而不是代替农民发展现代农业；对农民要形成带动效应，而不是形成挤出效应。工商资本主要是进入农户家庭和农民合作社干不了或干不好的农业生产环节和产业发展的薄弱环节，如发展良种种苗繁育、高标准设施农业、规模化养殖和开发农村"四荒"资源等适合企业化经营的种养业，并注意和农户结成紧密的利益共同体，确保以农户家庭为主体推进现代农业发展。工商资本直接进入农业生产领域，要规范经营者的行为，保护其合法权益。但鉴于人多地少的具体国情，这种模式不应该成为农地经营模式的主流。

当前，一些传统集体经济发达地区出现政府动员、村书记带头、大力发展合作农场的现象，集中全村农地，实现规模化、专业化、标准化生产，农机投入主要依靠政府补助。我们认为，在尊重农民意愿的前提下，可以因地制宜地发展多元化、混合型的各种农业经营模式。鼓励集体所有农地的部分所有权人扩大规模，打造家庭经营的升级版（家庭农场），或塑造新小农（现代小农）。但如果农地承包经营权所有者通过让渡经营权所得到的收益与未来的经营没有任何关系，则必然会出现承包权所有者与经营者之间的利益分割问题，承包权与经营权分离造成的租金和利润此长彼消的问题必然存在。理想的方式是农地承包经营权所有者通过让渡经营权所得到的收益与其自身未来的经营效益直接挂钩。在一些地区，种植大户或农机大户领办、组建合作社，其他农民带地入社、扩大经营规模。这种模式让合作社成为具有一定规模的农业企业，从而使农户成为企业的主人，在一定程度上消减了承包权与经营权分离造成的利益冲突。既实现了农业的规模经营，促进了现代农业的发展，又避免了工商资本进入农业、大规模租赁农户承包地可能产生的负面影响，还能使农村中的老弱群体、小规模兼业农户或外出打工的农民也从合作社的发展中受益。这种以专业大户为经营主体，以农户承包土地这一核心生产要素为基础，以农机为农业技术进步载体，发展合作经营，组建农民土地股份合作社的模式，是中国特色农业现代化道路的一种值得注意的模式。

（三）探索农户宅基地用益物权和农民住房财产权的有效实现形式

1. 相关政策的演进

据有关资料统计，中国农村有建设用地 2.48 亿亩，其中

80%是农民的宅基地，也就是 2 亿亩左右。[①] 另外一种估计是农村的建设用地大概为 17 万平方公里（2.55 亿亩）。[②] 第二次全国土地调查的主要成果及其他相关数据显示，全国农村集体土地的总面积为 66.9 亿亩，包括 55.3 亿亩农用地和 3.1 亿亩建设用地[③]，据国土资源部的数据，其中宅基地约为 1.7 亿亩，占集体建设用地的 54%左右。宅基地制度为什么需要变革？近年来，在促进城镇化和工业化的进程中，为了尽可能减少全国建设用地增加的幅度，2004 年发布的《国务院关于深化改革严格土地管理的决定》提出，"鼓励农村建设用地整理，城镇建设用地增加要与农村建设用地减少相挂钩"。农村建设用地减少的是什么，增加的又是什么？农村建设用地减少的主要是农民的宅基地，通过农民的集中居住把节约下来的宅基地复垦，增加农村的农用地，地方政府可由此获取城镇建设用地指标。中央政府试图通过这样的政策举措来解决工业化、城镇化需要区位优势明显的建设用地和保护基本农田之间似乎无解的难题。这就是为什么新农村建设、新型农村社区建设以及新型城镇化，都以土地整治为前提，最终的焦点都落到农民的宅基地上。如果在这个进程中要保护和增进农民作为集体土地所有者的权益，那么宅基地产权制度改革就必然要提上日程。

回顾历史上关于农户宅基地的相关政策，1962 年 9 月 27 日八届十中全会通过的《农村人民公社工作条例修正草案》

---

① 杨沛英：《农村社会管理》，社会科学文献出版社，2012，第 33 页。

② "农村金融论坛"专题研讨会讨论发言，2013 年 5 月 25 日。

③ 《顶层设计紧锣密鼓　集体产权改革系列意见将出》，《经济参考报》2014 年 12 月 2 日。

（简称《人民公社60条》）第21条规定："生产队范围内的土地，都归生产队所有。生产队所有的土地，包括社员的自留地、自留山、宅基地等等，一律不准出租和买卖。"第45条则规定："社员的房屋，永远归社员所有。社员有买卖或者租赁房屋的权利。"针对这两条规定所引发的地产与房产处置上的矛盾，1963年3月20日，中共中央发出《中央关于各地对社员宅基地问题作一些补充规定的通知》，转发了由国务院农林办公室整理，于1963年3月8日发出的《关于社员宅基地问题》的文件，其中提到，上海、河北、辽宁、内蒙古、广西等地的党委对宅基地归生产队所有及今后社员建筑房屋用地，都做了些补充规定："宅基地上的附着物，如房屋、树木、厂棚、猪圈、厕所等永远归社员所有，社员有买卖或租赁房屋的权利。房屋出卖以后，宅基地的使用权即随之转移给新房主，但宅基地的所有权仍归生产队所有。"这些补充规定概括起来有以下几点：①明确了社员可无偿获取宅基地的使用权；②宅基地的所有权归生产队集体；③社员享有住房的完整的财产权；④社员房屋财产权转移后，宅基地的使用权即随之转移给新房主，但宅基地的所有权仍归生产队集体所有。

改革开放以后，《土地管理法》和《土地管理法实施条例》对农户宅基地的用益物权并没有具体阐述，只是《土地管理法》第62条规定："农村村民一户只能拥有一处宅基地，其宅基地的面积不得超过省、自治区、直辖市规定的标准。""农村村民出卖、出租住房后，再申请宅基地的，不予批准。"《物权法》第152条规定："宅基地使用权人依法对集体所有的土地享有占有和使用的权利，有权依法利用该土地建造住宅及其附属设施。"第153条规定："宅基地使用权的取得、行使和转让，适用土地管理法等法律和国家有关规定。"

国务院及国土资源部发布了相应的规范性文件，如《国务院关于深化改革严格土地管理的决定》、《国土资源部关于加强农村宅基地管理的意见》和《国土资源部关于进一步加快宅基地使用权登记发证工作的通知》等。2007年12月11日国务院常务会议指出，城镇居民不得到农村购买宅基地、农民住宅或"小产权房"，单位和个人不得非法租用、占用农民集体土地搞房地产开发。国土资源部在2007年12月14日也重申了这一点。

十七届三中全会审议通过的《中共中央关于推进农村改革发展若干重大问题的决定》提出："完善农村宅基地制度，严格宅基地管理，依法保障农户宅基地用益物权。"有关部委的负责同志在解读该决定时指出，这句话的含义是："依法保障农户宅基地依法取得、使用和收益的权利。逐步推行农村宅基地使用权的有偿使用和流转制度。"十八届三中全会通过的《决定》提出："保障农户宅基地用益物权，改革完善农村宅基地制度，选择若干试点，慎重稳妥推进农民住房财产权抵押、担保、转让，探索农民增加财产性收入渠道。"

2014年中央1号文件在第19条"完善农村宅基地管理制度"中进一步提出："改革农村宅基地制度，完善农村宅基地分配政策，在保障农户宅基地用益物权前提下，选择若干试点，慎重稳妥推进农民住房财产权抵押、担保、转让。有关部门要抓紧提出具体试点方案，各地不得自行其是、抢跑越线。"

2. 与宅基地制度变革相关的政策举措和不同观点

保障农户宅基地用益物权和推进农民住房财产权的产权改革

从长远来看，无疑会增加农民的财产性收入。一段时间以来，关于保护农民的财产权利，标准的提法是：土地承包经营权、宅基地使用权、集体收益分配权等，是法律赋予农民的合法财产权利，任何人都无权剥夺。十八届三中全会通过的《决定》提出保障农户宅基地用益物权，提法进了一步。但《国务院关于进一步推进户籍制度改革的意见》（国发〔2014〕25 号）中提到的"依法保障农民的土地承包经营权、宅基地使用权"，又沿袭了过去的提法。

中央几个文件的审慎提法说明了农户宅基地以及与之相关的多年积累下来的"小产权房"问题的敏感性和复杂性。专家、学者对此问题也有不同看法。有的同志认为："允许非农民到农村去拥有第二套及以上的住房，则至少不为我国现阶段的国情所允许，更不会是中共十八届三中全会《决定》推出此项改革的本意"，"要认真研究如何才能避免非农民在农村购地购房行为的蔓延"。①

关于宅基地制度变革，有的同志从贫富分化角度提出，财产权一出来，秀美山村中会出现许多有权、有钱人的大宅子。要慎重稳妥，在法律修改的前提下推进。有的学者从用途管治角度谈："三中全会的决定最后把这一块给卡住了，我认为非常正确，要不然不说天下大乱，至少天下中乱。为什么呢？在今天这个情况下，如果允许城里人下乡买地，那我们有太多的富人，想到农村去圈一大块土地，去搞个庄园，周末去度个假。他能遵守规则吗？我们城里面还在楼上面盖房子呢，农村里严格实施规划

① 陈锡文：《关于农村土地制度的两点思考》，《经济研究》2014 年第 1 期，第 6 页。

管治，我们现在还没有这个能力。将来从方向上讲，是应该允许居民下乡购买土地，不过要有税收调节，有土地用途和规划管治。"①

有的同志则认为："目前我国城乡不平等的一个深层次表现是，农民和市民所享有的财产权利不平等。如，城镇居民购买的房屋具有完整产权，可以抵押、担保、买卖，农民自己在宅基地上合法建造的房屋却不具有完整产权，不能抵押、担保，也不能出售到本集体经济组织成员以外。"②

3. 改革的方向和相关试验

国土资源部部长姜大明曾撰文剖析农村宅基地存在的突出问题，他认为未来的改革方向是，"在确保农民住有所居前提下，赋予农民宅基地更完整的权能，并积极创造条件，将其逐步纳入城乡统一的建设用地市场"③。新近，中央印发了《关于农村土地征收、集体经营性建设用地入市、宅基地制度改革试点工作的意见》。针对农户宅基地取得困难、利用粗放、退出不畅等问题，提出要完善宅基地权益保障和取得方式，探索农民住房保障在不同区域户有所居的多种实现形式；对因历史原因形成的超标准占用宅基地和一户多宅等情况，探索实行有偿使用；探索进城落户农民在本集体经济组织内部自愿有偿退出或转让宅基地；改革宅基地审批制度，发挥村民自治组织的民主管理作用。④

---

① 《中国土地制度改革向何处去？——访著名经济学家华生教授》，《国家行政学院学报》2014 年第 2 期，第 17 页。

② 冯海发：《对十八届三中全会〈决定〉有关农村改革几个重大问题的理解》，《北京农村经济》2013 年第 12 期，第 15～16 页。

③ 姜大明：《建立城乡统一的建设用地市场》，《合作经济》2013 年第 12 期，第 5 页。

④ 《姜大明详解农地改革：保障农民公平分享土地增值收益》，《经济日报》2015 年 1 月 11 日。

我们认为，赋予农民对其宅基地更完整的权能应是改革最终要实现的目标，可成为政策的导向。具体的政策举措是慎重稳妥地推进农户宅基地用益物权和农民住房财产权的权能实现形式的探索，可以农民住房财产权抵押、担保、转让为切入点。如果农民住房财产权发生转让，相关联的宅基地的用益物权的权属也必然会发生变化。一些地区的试验思路是在现有国情基础上，在一定的限制条件下转让农户住房的财产权，并提出了一些原则措施。

如一些地区为解决农民贷款难的问题，积极创新担保方式和担保产品，扩大农民的有效抵押物，进行农房抵押贷款的试验。2014 年中央 1 号文件提出："在保障农户宅基地用益物权前提下，选择若干试点，慎重稳妥推进农民住房财产权抵押、担保、转让。"问题是如果农民的贷款还不了，如何处置农民的住房？相应的原则措施如下。

（1）坚守底线。确保农民住有所居。房屋财产权转让设定前提条件，在处置时要保证债务人有地方住。村委会出具证明，证明贷款农户除了抵押的房产外，还有其他住处。

（2）确定抵押流转范围。由在本村内或本乡镇内流转，扩大到在本县内流转。

（3）防止败德行为。住房抵押人向村委会保证，一旦抵押，不再向村委会申请新的宅基地。避免住房财产权转让的后遗症。

获取改革收益的人也要承担改革的成本。如房屋财产权的受让方要缴纳基础设施费作为转让成本。有的地方做出决议，每处转让的住房收取 5000～10000 元的基础设施费。

4. 土地整治与社会主义新农村建设

《国务院关于支持河南省加快建设中原经济区的指导意见》（国发〔2011〕32 号）中提出："按照规划先行、就业为本、量力而行、群众自愿原则，积极稳妥开展新型农村社区建设试点，促进土地集约利用、农业规模经营、农民就近就业、农村环境改善。"近年来，全国各地农村都在开展新型农村社区建设，而2013 年 1 号文件又强调："农村居民点迁建和村庄撤并，必须尊重农民意愿，经村民会议同意。不提倡、不鼓励在城镇规划区外拆并村庄、建设大规模的农民集中居住区，不得强制农民搬迁和上楼居住。"这其中反映什么问题呢？

村庄整治分为两类。一类是对单个行政村或其中的几个村民小组（或自然村）进行整治从而实现农民集中居住。另一类是多村合并，几个行政村的农户拆除旧房，在划定的区域上修建新房，从而实现多村农户的集中居住。近几年实施的由政府主导的多村合并，往往能腾退出大量农户宅基地，地方政府可获取宝贵的城镇建设用地指标。因此这种方式最受地方政府推崇，但也成为地方政府与农民之间利益关系的焦点。

村庄整治是触动农村生产方式、生活方式和社会结构的历史性变革，是农村空间布局的重新调整，是农村山河的再造。农民现在已经高度分化为不同的群体，以非农就业为主的农民，与以农业就业为主的农民，对生活条件的需求是不一样的。在农村开展各项工作，要考虑不同群体的最大公约数，不仅要体现多数人的意愿，也要充分考虑少数人的特殊情况和合理要求。要考虑经济社会地位不同的农民群体在大的社会变迁进程中的损与益。农民的居住方式是由其生产方式决定的，在一定历史阶段分散居住在地域内符合务农劳动者的生产方式和生活需求。集中上楼居住既不适于专业农户，也不适于小规模兼业农户。同时我们要看到，以非农就业为主的农民，和以农业就业为主的农民，对住房的需求以及对新增加的居住成本的承受能力是不一样的。

在建设新农村和新型农村社区的进程中应进一步落实因地制宜，一切从实际出发，不搞一刀切。中国农村具有高度的差异性和多样性，经济发达地区与欠发达地区不同，城中村、边远山村和农区村庄不同。什么是现代化的农村？把农村建设得更像城市，还是把农村建设得更像农村？这些问题应深入研究。中国文化的母体基因在乡村，要彰显地方特色，将农耕文明的精华与现代文明的精华有机结合起来，注重将传统村落、自然风貌、文化保护结合在一起，在原生态村庄嫁接现代文明，使现代化的中国村庄具有中国特色的文化符号。

还应注意的是，一些地区的土地整治、村庄建设违背农民意愿搞大拆大建。让农民集中上楼居住，腾出的宅基地复垦，地方政府通过增减挂钩、占补平衡，获取建设用地指标，从而推行土地财政和土地金融。在这种情况下，农民原有的宅基地大部分转变为农地，村集体和农民只获得有限的卖土地指标的收益，实际上是廉价出卖未来的发展权，这仍旧是对农民的一种剥夺。让农民迁离世代居住的家园和改变长期形成的生活方式，必须顺应经济社会发展规律和尊重农民的意愿，警惕用搞运动的方式出现新一轮剥夺农民土地的倾向，不能剥夺农民作为用益物权人对承包地和宅基地依法享有的财产权利，违背农民意愿搞大拆大建。

（四）建立城乡统一的建设用地市场

1. 相关政策的演进

《宪法》规定："城市的土地属于国家所有。"《宪法》还规定："国家为了公共利益的需要，可以依照法律规定对土地实行征收或者征用并给予补偿。"《土地管理法》重申了这条规定，同时其第 43 条规定："任何单位和个人进行建设，需要使用土地的，必须依法申请使用国有土地"，并说明："前款所称依法申请使用的国有土地包括国家所有的土地和国家征收的原属于农民集体所有的土地"。第 47 条规定："征收土地的，按照被征收土地的原用途给予补偿。"根据上述法律，在城镇化进程中，一部分农地被纳入城镇建设的范围内，首先要被征收为国有，农民只能按照被征收土地的原用途得到补偿。但在农村土地改变用途后，土地大幅度增值，而这部分增加的价值则与土地的原所有者（农村集体成员）无关，他们为中国的城镇化、工业化的进展做出了巨大贡献，但只能得到有限的补偿。中央印发的《关于农村土地征收、集体经营性建设用地入市、宅基地制度改革试点工作的意见》提出要完善土地征收制度。针对征地范围过大、程序不够规范、被征地农民保障机制不完善等问题，要缩小土地征收范围，探索制定土地征收目录，严格界定公共利益用地范围；规范土地征收程序，建立社会稳定风险评估制度，健全矛盾纠纷调处机制，全面公开土地征收信息；完善对被征地农民合理、规范、多元的保障机制。①

---

① 《姜大明详解农地改革：保障农民公平分享土地增值收益》，《经济日报》2015 年 1 月 11 日。

我们更为关注的是，在土地征收范围以外的农村集体建设用地，农民能以何种方式开发利用？

十七届三中全会提出："逐步建立城乡统一的建设用地市场，对依法取得的农村集体经营性建设用地，必须通过统一有形的土地市场、以公开规范的方式转让土地使用权，在符合规划的前提下与国有土地享有平等权益。"此后，中央领导同志在讲话中也强调："我们不能再靠牺牲农民土地财产权利降低工业化城镇化成本，有必要也有条件大幅度提高农民在土地增值收益中的分配比例。"[①]

改革的思路要放在土地整治后增加的土地，其利用是否合理、增值收益的分配是否公平这一焦点问题上。如农地转为非农用地的这一进程不可逆转，重点应放在使利益相关的农民分享农地转移用途后的增值收益上。农地转为非农用地的这部分资本化的土地资源如分配和使用得当，完全可以支付消除城乡二元结构、促进城乡经济社会协调发展、实现农业现代化所需的运作成本，从而使农民真正享有其土地增值收益中应有的份额，合法、合理地分享城市化的"红利"。

现在很多地方也提到在土地整理、村庄整治的过程中要保障农民利益，但主要都是落脚在对农民的补偿上的。而复垦出来的土地，则用于置换城市建设用地的指标，政府由此获得土地出让收益。这部分收益除去对农民的安置、对拆迁户的补偿和土地整治的费用之外，还有一大块净收益。这部分净收益，农民有没有

---

① 《农业农村形势好最根本原因是政策对头》，新华网，http://www.sina.com.cn，2011年12月27日。

可能分享？改革的基本思路是：在城镇化进程中，农民不光应该得到补偿，还应该得到剩余索取权，也就是在土地的整个增值过程中产生的净收益（剩余）中，农民应该获得属于他们的份额。农民得到土地开发净收益的剩余索取权，就能获得一种长久的可持续的发展能力。

十八届三中全会通过的《决定》提出："建立城乡统一的建设用地市场。在符合规划和用途管制前提下，允许农村集体经营性建设用地出让、租赁、入股，实行与国有土地同等入市、同权同价。"近期，中央印发的《关于农村土地征收、集体经营性建设用地入市、宅基地制度改革试点工作的意见》提出要建立农村集体经营性建设用地入市制度。针对农村集体经营性建设用地权能不完整，不能同等入市、同权同价和交易规则亟待健全等问题，完善农村集体经营性建设用地产权制度，赋予农村集体经营性建设用地出让、租赁、入股权能；明确农村集体经营性建设用地入市范围和途径；建立健全市场交易规则和服务监管制度。①

十七届三中全会以来，建立城乡统一的建设用地市场的政策措施之所以进展缓慢，是因为它涉及全局性、深层次的矛盾和问题。大幅度提高农民在土地增值收益中的分配比例，意味着大幅度减少地方政府在土地增值收益中的份额。这就必然涉及在城乡一体化进程中中央政府与地方政府之间财力与事权的划分、土地财政和土地金融等关键性问题。所以只有全面深化改革，才有可

---

① 《姜大明详解农地改革：保障农民公平分享土地增值收益》，《经济日报》2015 年 1 月 11 日。

能推进。

2. 改革的关键是调整中央政府与地方政府之间、政府与农民之间的利益分配格局

地方政府"吃饭靠财政，发展靠卖地"的收入格局必须改变。只有在较大程度上降低地方政府对土地财政、土地金融的依赖，农民才有可能获取较多的土地增值收益，赋予农民更多的财产权利才能真正落实。

十八届三中全会通过的《决定》提出："保持现有中央和地方财力格局总体稳定，结合税制改革，考虑税种属性，进一步理顺中央和地方收入划分。"中央印发的《关于农村土地征收、集体经营性建设用地入市、宅基地制度改革试点工作的意见》提出，改革试点的主要任务之一是建立兼顾国家、集体、个人的土地增值收益分配机制，合理提高个人收益。针对土地增值收益分配机制不健全，兼顾国家、集体、个人之间利益不够等问题，建立健全土地增值收益在国家与集体之间、集体经济组织内部的分配办法和相关制度安排。[①] 我们认为，在利益分配格局没有大调整的情况下，可采取渐进、平缓的改革方式，从被动增加补偿到主动实现地方政府与社区集体经济组织的合作双赢。

2013 年 12 月 20 日下午，深圳历史上第一块原农村集体用地成功上市。该地归宝安区福永街道凤凰社区所有，占地面积为 1.45 万平方米，由深圳市方格精密器件有限公司以底价 1.16 亿元竞得，土地收益的 70% 归政府，30% 归村集体凤凰社区股份有限

---

① 《姜大明详解农地改革：保障农民公平分享土地增值收益》，《经济日报》2015 年 1 月 11 日。

公司所有。对于村集体土地出让收益，政府提供了两种分配方式，一种是由政府和村集体各分50%，另一种则是政府分70%、村集体分30%，另外，村里再持有20%的物业面积，而凤凰社区选择的是第二种。凤凰社区主任文永昌表示，第一种方式是一锤子买卖，第二种方式则为社区长远发展提供了来源。项目建成后，该项目总建筑面积的20%由竞得人无偿移交凤凰股份合作公司。在这20%的建筑面积即13980平方米的产业配套物业中，食堂为2000平方米，宿舍为11980平方米，建筑成本按食堂每平方米2500元、宿舍每平方米2600元计算，该部分产业配套物业建造成本合计3614.8万元。如果按照深圳宝安的这种方案，地方政府与农村集体在土地收益上基本上还是对半分成。

参照2012年全国范围内征地和拆迁补偿支出和补助被征地农民支出两项之和占国有土地使用权出让金支出总额53.8%的比例（见表1），从深圳的案例可看出，地方政府的净收益并没

表1 国有土地使用权出让金的支出结构

年份	国有土地使用权出让金支出总额（亿元）	其中:(1)征地和拆迁补偿支出（亿元）	(2)土地开发支出（亿元）	(3)城市建设支出（亿元）	(4)农村基础设施建设支出（亿元）	(5)补助被征地农民支出（亿元）	(1)与(5)之和占国有土地使用权出让金支出总额的比例(%)
2007	6044	1609	660	2237	184	79	27.9
2008	9525	3508	860	3024	338	158	38.5
2009	12255	4774	1249	3341	433	195	40.5
2010	26622	10207	2480	7621	1077	457	40.1
2011	31052	14359	5325	5565	760	690	48.5
2012	26664	13829	5116	3049	486	521	53.8

注：其他一些支出项，如土地出让业务支出、廉租住房支出、教育资金安排的支出、支付破产或改制企业职工安置费、棚户区改造支出等项未列入。

资料来源：财政部官网数据。

有减少，但地方政府避免了大量交易成本和摩擦成本，社区集体获得了可持续发展的资产收益，这可以说是一种渐进、平缓的改革方式，是一种双赢的格局。

3. 土地出让金改革

应进一步探索具有可操作性的方式，让土地出让金在农民那里不再是一次性的、短期内变现后的消费，而是保持逐年有稳定增长的收益，可持续发展的资源回报；在政府那里不再是一次透支几十年的收益，而是获得可持续的财政收入

4. 社区集体经济组织内部必须发育出有效的制衡机制，使普通成员能在一定程度上监督和掌握土地增值收益的控制权和剩余索取权

明晰产权不是万能药方，农民的物质利益要靠民主权利来保障。民主权利随着物质利益的实现而越来越受到农民的重视。如何有效监督和确保土地增值收益能真正为民所用？在明确土地产权的同时，要深化乡村治理结构的改革，构建基层多元化的组织体系，改善农村社会管理，进一步发育农村基层民主，使农村土地的产权主体也能真正享有对农村社会经济事务的知情权、参与权、决策权和监督权。在行政村一级作为基层政府派出机构的色彩越来越浓的现实条件下，要强化村民小组层级的民主自治功能，以村民小组为主体建立和健全普通农民对村干部行使权力的有效制衡机制，把内部制衡与外部监督相结合，将非公务员身份的村干部的权力也关进制度的笼子里，确保普通农民的权益不受损害，通过农村土地制度改革使农民获取更多的财产权利才有坚实的制度和组织保障。

三 改革农村土地制度、赋予农民更多财产权利，
需要尽快修订相应的法律法规和
出台相关的政策措施

中国的立法体制是统一而又多层次的，包括宪法、法律、行政法规，以及地方性法规、自治条例和单行条例。我们公认，法律是一切行动的底线。但在转型期所进行的制度变迁，则往往是对现行法律的突破。

（一）法律、政策与实践三者间的冲突是社会转型期农村土地制度改革的必然现象

1998 年修订的《中华人民共和国土地管理法》第 14 条规定："在土地承包经营期限内，对个别承包经营者之间承包的土地进行适当调整的，必须经村民会议三分之二以上成员或者三分之二以上村民代表的同意，并报乡（镇）人民政府和县级人民政府农业行政主管部门批准。"而 2001 年 12 月 30 日中共中央发布的《中共中央关于做好农户承包地使用权流转工作的通知》则明确提出，不能用少数服从多数的办法强迫农户放弃承包权或改变承包合同。

《土地管理法》第 63 条规定："农民集体所有的土地的使用权不得出让、转让或者出租用于非农业建设。"从 2005 年10 月 1 日起，《广东省集体建设用地使用权流转管理办法（草案）》（以下简称《办法》）正式实施。《办法》允许在土地利

用总体规划中确定并经批准为建设用地的集体土地进入市场，方式可以是出让、出租、转让、转租和抵押。《办法》明确，兴办各类工商企业，包括国有、集体、私营企业，兴办公共设施和公益事业以及兴建农村村民住宅，可以使用集体建设用地。农民集体土地所有者出让、出租和抵押集体建设用地使用权，必须经过本集体经济组织成员的村民会议 2/3 以上成员或者 2/3 以上村民代表同意；所取得的土地收益纳入农村集体财产统一管理，其中 50% 以上应存入银行专户，专款用于农民集体成员的社会保障安排。村民出卖和出租住房后，不得再申请新的宅基地。《办法》的实施实际上突破了《土地管理法》的有关规定，于是有人撰文指出，"此举一出，国家法律的权威性将受到挑战，程序正义面临着惨遭破坏的危险"。实际上，随着中心城区产业和功能向郊区疏解和辐射，郊区工业化、城镇化进程的快速推进，郊区土地级差地价快速上升。近年来许多农村地区都在探索，通过农民集体自主开发方式，在村集体建设用地上发展物业租赁经济，既满足了市场刚性的土地需求，又盘活了闲置的集体建设用地资源，获得土地增值的级差地价收益，有利于农民分享土地增值收益，更好地保障当地农民的土地权益，增加农民收入。但许多做法实际上违背了《土地管理法》第 63 条的规定。十八届三中全会通过的《决定》明确提出，要"建立城乡统一的建设用地市场。在符合规划和用途管制前提下，允许农村集体经营性建设用地出让、租赁、入股，实行与国有土地同等入市、同权同价"，从政策上为地方的探索提供了依据。但如要落实《决定》的相关政策，宪法第 10 条"城市的土地属于国家所有"和《物权法》《土地管理法》等相关法律法规的相关条款就要修订。

十八届三中全会通过的《决定》提出要"赋予农民对承包地占有、使用、收益、流转及承包经营权抵押、担保权能"，而1995年通过的《担保法》明确提出，除了抵押人依法承包并经发包方同意抵押的荒山、荒沟、荒丘、荒滩等荒地的土地使用权，以及以乡（镇）、村企业的厂房等建筑物抵押的，其占用范围内的土地使用权外，耕地、宅基地、自留地、自留山等集体所有的土地使用权不得抵押。2007年通过的《物权法》也提出，法律规定可以抵押的除外，耕地、宅基地、自留地、自留山等集体所有的土地使用权不得抵押。

《决定》赋予农民更多财产权利的相关提法意味着现有法律法规的一些规定已经滞后于农村农业改革发展的现实需要，中央的政策导向是对现有法律法规的突破，需要尽快修改相应的法律法规和出台相关的政策措施。

在以往现实经济生活中，《中华人民共和国土地管理法》和《中华人民共和国农村土地承包法》的一些条款往往得不到贯彻执行。问题是什么样的对现行法律的突破是可以允许的甚至是值得鼓励的？什么样的对现行法律的突破是不可容忍的、属于违法必究的？如果区分出"好"的违法和"坏"的违法的话，法律的尊严又何以体现？改革的目的是建立一个民主法治、公平正义的社会，但改革过程中的一些制度创新和制度变迁又是对现行法律和政策的变通、调整，甚至违背。这是一个改革的悖论。在社会转型期，在工业化、城市化的大潮中，这个悖论将长期存在。

（二）改革的路径：顶层设计—基层创新—实践检验—政策跟进—法律规范

习近平总书记2013年11月29日在山东考察时强调："要有序推进改革，该中央统一部署的不要抢跑，该尽早推进的不要拖宕，该试点的不要仓促推开，该深入研究后再推进的不要急于求成，该得到法律授权的不要超前推进。"

解决法律、政策与实践三者间矛盾的法理依据涉及如何对待改革的问题。法是党的主张与人民意志相统一的体现。改革的大方向与社会主义的立法精神一致，把握方向，就可大胆探索。《决定》指出："加强顶层设计和摸着石头过河相结合，整体推进和重点突破相促进。"摸着石头过河的是基层的创新者，改革以来所有的创新都是发端于基层，起始于草根。顶层设计出台后，中国的改革与发展要靠基层创新来开路，最后形成上下联动的深化改革的战略举措和具体政策措施。只有坚持一切从实际出发，破除迷信，敢于冲破不合时宜的观念束缚，尊重群众首创精神，大胆探索、实践和创造，与时俱进，才能使社会主义现代化事业充满生机和活力。群众的首创经过实践检验后，遂有政策的跟进，最后才是法律的规范。但经批准进行的一些探索和做法，也要严格限定在试验区的范围之内。坚持局部试点、封闭运行、规范管理、结果可控。近期，有关部门领导提出了改革试点的5条基本原则：一是把握正确方向，紧扣党的十八届三中全会提出的农村土地制度改革任务；二是坚守改革底线，坚持试点先行，确保土地公有制性质不改变、耕地红线不突破、农民利益不受损；三是维护农民权益，始终把维护好、实现好、发展好农民土

地权益作为改革的出发点和落脚点；四是坚持循序渐进，既要有
条件、按程序、分步骤审慎稳妥推进，又要鼓励试点地区结合实
际，大胆探索；五是注重改革协调，形成改革合力。[①] 这 5 条原
则构成农地改革试验的基本制度框架。

四　关于农村土地制度改革的几点思考

（一）　明晰产权是为了保护农民中那些不拥有权力的人的财产权利

为什么要明晰产权？明晰产权谁能获益？要区分权利
（Right）和权力（Power），前者是道德上或法律上正当的要求，
后者则是一种控制或施加影响的力量。拥有权力的人不需要对其
财产权利的保护，不拥有权力的人则需要财产权利来保持其财产
或认可既定的利益格局。

（二）　农村土地制度改革的成本由谁来承担，收益由谁来获取

仅仅着眼于再分配的制度变迁并不一定能提高效率、增加
产出。但公平分配是成功的制度变迁的必要条件。制度变迁的
收益要大于制度变迁的成本，这样制度变迁才有可能成功。这
里的关键问题就是，制度变迁的收益能不能由利益相关者合理

---

① 《姜大明详解农地改革：保障农民公平分享土地增值收益》，《经济日报》2015 年 1
月 11 日。

分享，制度变迁的成本能不能由利益相关者公平分摊？这决定了我们的社会能否真正达到和谐。在整个制度变迁中，一部分人和集团只享受制度变迁的收益而不负担成本，而另一些人和集团不能分享改革的收益却要承担改革的成本。这是制度变迁中最大的问题，是利益冲突最严重的表现，也是广大老百姓最愤懑的。资源是有限的，使用资源的机会也是有限的，得到一个机会，往往要失去另一个机会。从这个意义上讲，所有的成本都是机会成本。如果一部分人不支付成本就能获得机会，必然导致另一部分人没有机会，必须杜绝或减少这类现象的发生。要寻求降低改革成本，就要探索减少土地制度改革中利益冲突的方式。

回顾当年乡村集体企业产权改革的进程，以集体企业领导人为一方，面对的不是全乡镇或村的社区成员，而是乡村干部，是双方的一种讨价还价的博弈过程，其结果取决于双方的实力、谈判地位。在谈判过程中，名义上的所有者（社区农民）往往是被排斥在这一进程之外的，最终的战利品也是在博弈双方之间瓜分的。在一些发达地区以农村社区公司主义（Rural Community Corporatism）为标志的村发展模式中，一些集体经济实力较强的村社区组织没有通过产权改革实行资产量化，社区领导人虽然没有由此获得更多的剩余索取权，但他们实际上掌握着剩余控制权，并可通过第二代接班（禅让）的形式将这种控制权保持在自己家族手中。一旦这个链条断裂，他们就必然通过明晰产权的方式来争夺战利品，这就出现了前述的大部分所有者被排斥在外的博弈过程。农村土地制度改革应吸取历史的教训。

（三）农村土地制度改革的目的是对农民还权赋能，但明晰产权、实现农民的选择权不是一蹴而就的事情

有的学者指出："产权是选择权。……不能说行使权利可能遇挫，就把人家的权利剥夺干净。你把人家的权利拿了去，你就不出错啊？……我们就没有看见谁，因为卖了房就住到大马路上去的。为什么？因为产权是选择权，其主人会审慎处置的。农民有了更大的地权，为什么一定更不审慎？……鞋大鞋小脚知道，问题是让脚有知道的权利。"①

防止农民"被选择"，让农民自己选择产权的占有、使用、收益、转让等取决于以下条件：农民对信息的知情权（充分的信息披露；防治信息的恶意扭曲）；成熟的法治，畅通的法律诉求渠道，便宜的打官司的成本；基层民主制度的发育和逐步健全；政府提供公平和正义的意愿和能力等。保护产权、实现农民的选择权可能比明晰产权的任务更艰巨、更关键。

（四）所有权的绝对性必须伴之以社会性和义务性

世上没有绝对的权利，权利总是与义务相连，所有权也如此。德国 1919 年的《魏玛宪法》中规定："所有权同义务共存，其行使应符合公共福利"，"依据公共需要，可以收用、使用或限制财产权，但应予以相应的补偿"。在落实中央决定的相关政策时，要确立农村土地制度改革中"规划高于所有制"的观念，

---

① 周其仁：《辩"给农民权利会损害农民利益"——城乡中国系列评论（79）》，《经济观察报》2014 年 3 月 17 日，第 47 版。

并实行土地用途管制。规划包括国民经济和社会发展规划、土地利用总体规划、城乡规划和专项规划等，土地用途管制最重要的是农地农用。规划要体现经济社会发展规律，要为转变经济发展方式，促进经济社会可持续发展服务。规划的最终目的是满足广大人民群众的根本需求，一个地区的老百姓应对该地区规划的编制具有知情权和参与权，规划的编制要将政府主导与群众参与相结合，地区规划的编制要有地方人大、政协、社会团体及群众代表的参与，防止部门利益、既得利益把规划变成设租寻租的手段。规划要令行禁止，具有权威性和可操作性，能真正落实。

在符合规划和用途管制的前提下，通过全面综合的配套政策措施，具体落实十八届三中全会通过的《决定》中关于农村土地制度变革的各项战略举措，协调地方政府与农民之间的利益关系，让农民分享土地的增值收益，最终建立一个政府、企业和农民合作共赢的机制，赋予农民的财产权利才能获得有效的可持续的实现形式。

包括自然资源资产产权制度在内的生态文明体制改革的总体思路

中国社会科学院城市发展与环境研究所

摘　要：生态文明体制改革在我国改革中占有重要地位，具有全局性、战略性与约束性特征。从相对独立性的视角看，生态文明体制改革包括健全自然资源资产产权制度和用途管制制度，划定生态保护红线，实行资源有偿使用制度和生态补偿制度，改革生态环境保护管理体制等内容。

目前生态文明体制改革存在的问题及深层次原因有：相关法律法规缺失或矛盾，部门与地区改革任务碎片化倾向突出，市场机制发展基础薄弱，其他配套制度改革还未深入等。

生态文明体制下一步改革的方向及政策建议包括：从部门分割到一体化、从地区分割到统筹协调的制度改革，从行政导向到市场导向的改革，从碎片化制度到融入性制度的改革，从政府主导到全社会参与的改革，从增量考评到存量考评的改革等。

关键词：生态文明　体制改革　自然资源　资产　产权制度

一　研究背景与意义

生态文明是相对工业文明提出来的，和谐为一种发展理念。从狭义上说，生态文明是指人和自然关系上的一种道德伦理与行为准则，它把人本身作为自然界的一员，在观念上，人要尊重自然，公平对待自然；在行为上，人的一切活动要充分尊重自然规律，寻求人和自然的和谐发展。而从广义上看，生态文明既包括尊重自然、与自然同存共荣的价值观，也包括在这种价值观指导下形成的生产方式、经济基础和上层建筑，是"人与自然和谐共进、生产力高度发达、人文全面发展、社会持续繁荣"的社会的一切物质和精神成果的总和。但是，生态文明不是简单地对工业文明进行否定或者替代，而是利用生态文明的理念和原则对工业文明进行整体改造和提升，形成一种新的社会文明形态，具有普适性和普世意义，不仅是发达国家，发展中国家也需要文明转型，实现人与自然的和谐和可持续发展。

2003年6月25日，"生态文明"第一次写入党的文件。《中共中央国务院关于加快林业发展的决定》中提出要"建设山川秀美的生态文明社会"。2007年党的十七大报告要求："建设生态文明，基本形成节约能源资源和保护生态环境的产业结构、增长方式、消费模式。生态文明观念在全社会牢固树立。"

2012年7月23日，胡锦涛同志在中央党校省部级主要领导干部专题研讨会开班式的讲话中提出："推进生态文明建设，是涉及生产方式和生活方式根本性变革的战略任务，必须把生态文明建设的理念、原则、目标等深刻融入和全面贯穿到我国经济、政治、文化、社会建设的各方面和全过程，坚持节约资源和保护环境的基本国策，着力推进绿色发展、循环发展、低碳发展，为人民创造良好的生产生活环境。"2012 年，党的十八大报告进一步将生态文明提升至国家战略层面，将其列为建设中国特色社会主义的重要组成部分，强调"建设生态文明，是关系人民福祉、关乎民族未来的长远大计。面对资源约束趋紧、环境污染严重、生态系统退化的严峻形势，必须树立尊重自然、顺应自然、保护自然的生态文明理念，把生态文明建设放在突出地位，融入经济建设、政治建设、文化建设、社会建设各方面和全过程，努力建设美丽中国，实现中华民族永续发展"。党的十八大对推进生态文明建设做出的全面战略部署，既包含对以往社会经济发展方式的反思，也预示着开启面向新的经济增长方式和社会文明形态的新一轮探索，标志着中国现代化转型正式进入了一个新的阶段。2013 年，十八届三中全会审议通过的《中共中央关于全面深化改革若干重大问题的决定》（以下简称《决定》）进一步提出，要加快生态文明制度建设。2014 年 6 月 20 日，国务院批转发展改革委员会《关于 2014 年深化经济体制改革重点任务的意见》（以下简称《意见》），《意见》部署了 7 个方面的重点改革任务，其中任务之一就是加快生态文明体制改革。

生态文明体制改革不仅具有相对的独立性，更具有全局性。从相对独立性的视角看，生态文明体制改革包括健全自然资源资产产权制度和用途管制制度，划定生态保护红线，实行资源有偿使用制度和生态补偿制度，改革生态环境保护管理体制。但是，各个生态文明制度要素的改革，不仅具有内在关联性，而且与经济、社会和文化体制改革的各项任务相互关联，具有整体性和全局性。从全局性视角看，生态文明建设需要融入经济建设、政治建设、文化建设、社会建设各方面和全过程；需要建立健全符合生态文明要求的市场机制、法律体系、治理构架、考核评估和责任追究制度。只有这样，才能从根本上解决我国发展中不平衡、不协调、不可持续的问题，推动全社会向生态文明整体转型。

全国生态文明建设试点工作在 2008 年 5 月启动，截至 2013 年 10 月环境保护部共开展了 6 批全国生态文明建设试点工作。2013 年 12 月，国家发展改革委、财政部等 6 部委组织开展了国家生态文明先行示范区建设活动。这些试点示范工作，对创新生态文明体制机制，因地制宜探索生态文明建设模式，有效开展生态文明建设，具有重要意义。

生态文明体制改革在我国改革总体中的重要地位，主要体现在：①全局性。生态文明是全方位的概念，无限定边界，需要"融入经济建设、政治建设、文化建设、社会建设各方面和全过程"，这样方能发挥效力与实现价值目标，因此生态文明制度建设是全社会的总体建设目标，涉及每一个领域，具有显著的关联性。②战略性。从国内外发展实践分析，资源环境承载能力、自然生态条件是制约发展的重要因素，任何国家和地区在发展过程中不可能无视资源环境约束，因此生态文明制度建设是经济社会发展到一定阶段的必然选择，也是促进民族永续发展、建设美丽中国的必由之路。③约束性。生态文明制度建设的重要性和必要性在于发展空间是有边界的，发展需要考虑资源环境生态的刚性约束。健全自然资源资产产权制度和用途管制制度，划定生态保护红线的目的在于保障国家生态安全，促进经济社会可持续发展，是实现生态功能提升、环境质量改善、资源永续利用的根本保障。

二　国内改革进展与国外经验借鉴

（一）国内改革进展

资源有偿使用和生态补偿制度的目标，是建立操作性强的反映市场供求的自然资源稀缺程度、生态环境损害成本和修复收益的自然资源有偿使用和生态补偿制度，构建对重点生态功能区的转移支付、地区间的收益付费和市场服务的生态补偿制度体系。

中国是以社会主义公有制为主体的国家，中国的资源有偿使用制度，就是在自然资源属于国家所有的前提下，对涉及自然资源的包括使用权、收益权等的用益权进行有偿转让，即利益交换、补偿和分配等要以权利金的给付来体现，同时政府作为管理者对自然资源开发活动征收相关税费。中国的资源有偿使用制度建设的目标，就是营造公平、公开、公正的资源市场环境，形成统一、开放、有序的资源初始配置机制和二级市场交易体系，建立易于政府调控、市场配置有序的资源流转运行机制，提高资源的利用效率，保障经济社会的可持续发展。

党的十七大报告、十八大报告和十八届三中全会通过的《决定》中，都强调要建立健全资源有偿使用制度和生态环境补偿机制。国务院批转国家发展改革委《关于 2014 年深化经济体制改革重点任务的意见》提出，要健全资源节约环境保护体制，加快生态文明建设。探索编制自然资源资产负债表，加大对自然价值较高的国土空间的保护力度。推动建立跨区域、跨流域的生态补偿机制，促进形成综合补偿与分类补偿相结合，转移支付、横向补偿和市场交易互为补充的生态补偿制度。完善资源有偿使用、环境损害赔偿、环境污染责任保险等制度。

目前，从国家到省市一级均制定了生态补偿的相关制度和措施，中央政府一级包括森林生态效益补偿基金制度、草原生态补偿制度、水资源和水土保持生态补偿机制、矿山环境治理和生态恢复责任制度、重点生态功能区转移支付制度等。

由国家发改委、财政部、国土资源部、水利部、环保部、林业局等 11 个部门和单位组成条例起草小组，目前生态补偿条例草稿已经形成。初步形成了生态补偿制度框架，生态补偿范围从湿地、矿产资源开发扩大到流域、水资源、饮用水水源保护、农业、草原、森林、自然保护区、重点生态功能区、区域、海洋十大领域。

森林与自然保护区的生态补偿制度进一步完善。近期的进展主要集中在集体林权制度配套改革，这是自上而下进行的深化改革，包括继续推进林木采伐改革试点、森林保险试点；试点用林权林木抵押到银行贷款，为金融支林积累经验；完善政策性森林保险投保、定损、理赔制度，提高保险的保障能力和灾前预防能力；积极探索集体公益林管护机制，加强公益林管护和补偿政策兑现落实工作，支持地方探索赎买重点生态区位集体公益林；推进森林资源"量价分离"资产评估，推广林地林木价格评价体系建设，探索制定林权流转基准价格等。

在水资源和流域的生态补偿制度建设方面，环保部启动了东江流域等生态补偿试点，发改委、财政部和水利部联合出台文件，要求进一步提高水资源费征收标准，并研究制定《水土保持补偿费征收使用管理办法》。财政部、环保部等在新安江流域启动全国首个跨省流域生态补偿机制试点，"明确责任、各负其责，地方为主、中央监管，监测为据、以补促治"，设置补偿基金专项用于新安江上游产业结构调整和产业布局优化、流域综合治理、水环境保护和水污染治理等方面。在每年5亿元的补偿基金中，皖浙两省各出资1亿元，年度水质达到考核标准，浙江拨付给安徽1亿元，否则相反。按照"谁污染谁治理，谁受益谁补偿"的生态补偿原则，上游的安徽省为护送一江清水到浙江省而做出的贡献能得到实质性的回报，而这种回报也有助于新安江水环境保护。尽管补偿资金相对于流域生态保护的需要仍是杯水车薪，但却具有风向标意义，皖浙两省在"利益共享、责任共担"的跨省流域水环境生态补偿新模式和新机制方面迈出了重要一步，为解决流域上下游水质保护与受益分离的问题，建立健全由国家有关部门牵头实施的执行监督和协调处置机制提供了宝贵的经验。

我国已经形成矿山环境治理和生态恢复责任制度，2014年以来新的改革举措主要有两项。一是，2014年1月29日，财政部、国家发展改革委、水利部、中国人民银行发布了《水土保持补偿费征收使用管理办法》（财综〔2014〕8号），开征水土保持补偿费，替代了原各地区征收的水土流失防治费、水土保持设施补偿费、水土流失补偿费等涉及水土流失防治和补偿的收费。二是，2014年5月7日，国家发展改革委、财政部、水利部公布了《水土保持补偿费收费标准（试行）》（发改价格

〔2014〕886号），明确对一般性生产建设项目将按征占用土地面积一次性计征水土保持补偿费。根据新的补偿标准，开采矿产资源的项目在建设期间，将按照一般性生产建设项目计征。我国制定水土保持补偿费收费标准，既考虑到预防和治理水土流失，促进水土资源的保护和合理利用，也考虑到不同区域水土流失状况和不同行业对生态环境的影响差异。各省市的具体实施办法将陆续出台。

在区域生态补偿制度建设方面，着力推进国家重点生态功能区生态补偿，建立了重点生态功能区转移支付制度。目前，转移支付实施范围已扩大到466个县（市、区）。

我国的资源有偿使用制度和生态补偿制度建设工作更多的是依据全国人大和中央政府制定的规范性政策文件和国务院部门规章推行实施的。地方政府除了配合国家的相关政策法规制定具体实施办法，也结合当地实际出台了许多针对性的改革措施，主要集中在森林、流域、自然保护区、海洋、矿产资源开发等领域，也涉及湿地、农业、土壤、防治沙化和荒漠化、水资源保护和草原的生态补偿。如海南省2014年大力推进自然资源有偿使用制度改革，开展了生态环境损害赔偿制度、责任追究制度的前期调研工作，探索损害赔偿制度试点，改革生态补偿制度，组织制定国家重点生态功能区生态转移支付资金使用管理办法、中部山区国家重点生态功能区生态环境质量考核办法，实行生态转移支付资金与考核结果挂钩的奖惩制度。山东省积极探索建立资源有偿使用和生态补偿制度。《山东省空气质量生态补偿办法》规定，市级环境空气质量改善，对全省空气质量改善做出正贡献，省级向市级补偿；市级环境空气质量恶化，对全省空气质量改善做出负贡献，市级向省级补偿。2014 年上半年，省级财政共计发放生态补偿资金 8529 万元。

近期，生态文明制度建设坚持节约优先、保护优先、自然恢复为主的基本方针，着力推进绿色发展、循环发展、低碳发展，从源头上扭转生态环境恶化趋势。加大主体功能区制度实施力度，研究制定国家主体功能区制度的综合政策体系。严格生态空间保护制度，建立陆海统筹的生态系统保护修复和污染防治区域联动机制。探索编制自然资源资产负债表，推动建立跨区域、跨流域的生态补偿机制。完善资源有偿使用、环境损害赔偿、环境污染责任保险等制度，制定实施生态文明建设目标体系，健全评价考核、行为奖惩、责任追究等机制，加强资源环境领域法制建设，为生态文明建设提供制度保障。

国务院批转 2014 年深化经济体制改革重点任务意见时提出，要推进环境污染第三方治理。继续开展排污权有偿使用和交易试点。推动工业、建筑、交通运输、公共机构等重点领域和重点单位节能减排，加快制定和完善配套政策措施。研究全国碳排放总量控制和分解落实机制，研究制定全国碳排放权交易管理办法。推动能源生产和消费方式变革，控制能源消费总量，建立健全碳强度下降和节能目标责任制及评价考核体系，出台更为严格的节水管理办法和相关标准。

（二）国外经验借鉴

1. 生态文明立法国际经验借鉴

国际生态文明立法源于 20 世纪六七十年代西方工业文明引起的生态危机。1972 年，首次人类环境会议通过《人类环境宣言》，规定生态文明权、代际正义，开创国际生态立法之先河，为生态立法提供了价值导向与理论基础。1987 年，《我们共同的未来》宣言提出"可持续发展"思想。1992 年，"可持续发展"原则成为各国发展战略和生态立法指导思想。2002 年，可持续发展世界首脑会议倡议建立一个崇尚人性、公平和相互关怀的全球社会。2012 年，可持续发展大会宣言《我们憧憬的未来》提出要"达成新的可持续发展政治承诺"。

（1）美国生态文明立法

美国是生态文明立法最为完善的国家，设立只对法律条文负责的联邦生态保护司法系统，并且规定联邦环保局与地方环保局的冲突主要通过法律程序来解决。按照"生态区划主义"实行"双轨制"生态治理分权执法模式，各州设环境质量委员会和被宪法授权的环保执法部门。1970 年成立联邦国家环保局，在全美 50 个州设立 10 个大区域环境办公室。同时，还建立生态检察官制度，检查结果可用于将来可能的法律行动。美国生态执法信息公开、透明，环保当局要对外公开环保执法的所有行政、民事、刑事行动细节，接受社会公众监督和制约。

（2）欧盟生态文明立法

欧盟环境法属于区域性国际法，包括国家、国际组织、法人和自然人等广泛主体；在法律效力上，欧盟生态基本立法和辅助立法的效力高于各成员国的法律效力，发生冲突时，优先适用欧盟法。欧盟环境法建立在法治共同体基础上，强调环境法治、民主与信息公开，实行公众参与和公民诉讼制度。

（3）俄罗斯生态文明立法

俄罗斯是生态大国，有生态化立法传统，重视生态立法制度创新，生态立法原则有"人类—生态共同利益中心主义"和"生态保护与经济发展并重"。生态立法创新规定生态保险、生态认证、生态审计、生态鉴定、生态监测、生态监督、生态基金、生态税收、生态警察等制度，实行自然付费和损害环境赔偿制度。在执法上，实行以国家权力机关、主体权力机关为主的责任体制和"环境保护指导"工作方式。

目前，生态文明建设良好型国家都制定了一系列严密的生态法律制度，严格生态司法、执法，明确政府生态责任，主要特点有：第一，西方国家生态文明建设的基本趋势是走制度化、法治化路径，建立生态保护和监测机构，积极开展生态立法工作，以法律制度调节人与自然的和谐关系，采取政府、市场与社会力量"多中心"共同治理。第二，经历"八大公害"痛苦实践和生态运动的影响，在可持续发展生态伦理观、地球生物圈中心主义及生态现代化理论指引下，各国逐步放弃传统人类中心主义立法价值取向，强化整体性保护意识，引入"经济—社会—自然"协调可持续发展思想，强调代内和代际公平正义等价值理念，努力实现"人与自然之间的协调"和"人与人之间的和谐"，各国生态文明立法呈趋同化现象。第三，西方国家的生态文明建设成果与其先进技术、充盈资金及"生态帝国主义""生态殖民主义"污染转嫁因素有关，不触动资本主义社会制度的生态改良主义法律不可能根治生态危机。

观察西方国家生态文明法治建设的过程可知，完善生态立法是生态治理最主要、最有效的手段。由此，我们可得到如下启示：第一，应建立和完善生态文明建设法律体系。生态文明建设最终需要法治保障。对于处于转型期的中国，要确立生态文明的立法地位，制定《生态文明建设促进法》，立法价值趋向优先保护生态。构建与生态文明建设有关的法律体系和生态环境经济政策体系，完善生态法律运行机制，着重从源头进行防控和综合治理，实行行政、经济、技术等政府与市场相结合的治理机制，推进生态文明建设机制市场化，大胆采用资源有偿使用、生态税、碳排放权、排污权、水权交易、生态补偿、生态转移支付等生态经济制度安排，确保生态与经济共赢。充分发挥生态立法指引、规范经济发展模式转型和产业结构升级的功能。第二，严格实施生态文明建设法律制度。明确政府生态文明建设目标，建立政府生态责任机制，实行生态问责。把绿色 GDP 作为各级政府考核的重要指标。建立科学的司法、执法和监督程序，扭转"违法成本低、守法成本高"的局面。第三，强化生态道德建设。树立生态文明观念，完善生态道德教育立法，重视社会公众参与。推进生态民主与生态信息公开，加强公众参与生态立法、司法、执法和监管制度建设，为公众的健康权、知情权、参与权、监督权、救济权、生态公益诉讼等生态权益提供民主参与制度保障。

2. 生态文明相关制度建设经验借鉴

（1）日本水资源生态效益补偿制度

日本的生态补偿制度在水资源保护方面取得了良好的成效。早在 1972 年的《琵琶湖综合开发特别措施法》中就规定了水源区综合利益补偿机制，为把其变为普通制度固定下来，还制定了《水源地区对策特别措施法》。该法规定国家依法提高经费的比重以保障土地改良、治山治水、上下水道等公共工程的实施，为水库周边地区居民进行利益补偿提供了法律依据。此外，《河川法》、《工业用水法》、《水道法》和《湖泊水质保全特别措施法》等都对水资源生态效益补偿做了相关规定，形成了一套完整的水资源生态效益补偿制度。

（2）德国生态补偿制度

德国的生态补偿机制最大的特点是，生态补偿资金的支出主要靠横向转移支付，即由富裕地区直接向贫困地区转移支付，也就是通过转移支付改变地区间的既得利益格局，实现地区间公共服务水平的均衡。这一财政转移支付制度主要通过两种方式实现：一是税收联合制度，通过国家税收按人口分配，使各州政府财力的均衡程度提高到92%以上；二是平衡转移支付制度，即按照统一的公式计算平均财政能力，通过富裕州向贫困州的横向转移，使各州获得财力的平均值（98%～110%）。德国各州之间的横向转移支付制度作为一种特殊的生态补偿手段为我国处理不同地区间横向转移支付及研究相关配套技术提供了参照。另一个值得我们学习的特点是：资金到位，核算公平。为保障该制度的实施，德国还以法律的形式将其固定下来，并设计了一整套复杂的计算依据和数额确定标准。

（3）欧盟的"农业环境行动"

1992年，欧盟开始了农业政策的麦克萨里改革，宗旨是鼓励农民对土地实行休耕制，以降低农业生产对环境的损害，建立以"农业环境行动"为名的综合性国家补贴项目，取代以前的补贴制度。总体方向是减弱市场支持政策，政策目标发生了变化，开始限制产量和牲畜头数，为弥补农民因此而造成的损失，引入了直接补贴政策，其特点是按固定的面积和产量进行补贴。欧盟实施的休耕计划，有效地降低了农业生产对环境的危害，保护了乡村的自然环境。

（4）美国的生态城市建设举措

美国政府为了推动其生态城市的建设，在其可持续计划中制定了一系列政策，包括鼓励在新的城市建设和修复中进行生态化设计、强化循环经济项目和资源再生回收、规划自行车路线和设施等14条政策措施。美国在生态补偿上主要由政府承担大部分资金投入，政府为提高流域上游地区农民对水土保持工作的积极性，采取了水土保持补偿机制，即由流域下游水土保持受益区的政府和居民对上游地区做出环境贡献的居民进行货币补偿。在生态森林养护方面，美国采取由联邦政府和州政府进行预算投入的方式，即选择"由政府购买生态效益、提供补偿资金"等方式来改善生态环境；在土地合理运用方面，政府购买生态敏感土地以建立自然保护区，同时对保护地以外并能提供重要生态环境服务的农业用地实施"土地休耕计划"（Conservation Reserve Program）等政府投资的生态建设项目。美国的耕地休耕制度与鼓励粮食出口制度，都是美国耕地（粮食）过剩的解决办法，是在耕地过剩的基础上产生的办法，有利于美国农业的健康发展。

（5）自然保护组织购买重要的生态功能区

个人和民间自然保护组织购买重要的生态功能区进行保护是市场机制发挥作用的典型案例。道格和克里斯汀创建了土地保护信托基金（Conservation Land Trust）和保护巴塔哥尼亚基金会（Conservación Patagonica），致力于保护巴塔哥尼亚的自然保护区和北部地区；盖尔鲍姆多年来向很多环境组织捐赠了大量钱财，包括捐给野地保护协会（Wildlands Conservancy）的15.9亿元，他是该协会的创始人之一；英国 National Trust 是保护名胜古迹

的私人组织，是保护英格兰、威尔士和北爱尔兰历史古迹和自然
美景的民间组织，在涉及旅游点的管理和利用时，对当地的资源
采取负责的态度，并着眼于长期的可持续发展，而不是单纯地追
求短期的经济效益。上述做法对生态补偿制度的建立和完善具有
十分重要的借鉴意义。

3. 生态补偿模式国际经验借鉴

在国外，基于"生态系统服务付费"理念的生态补偿模式
主要分为三种：一是政府购买模式，即政府代表全体人民作为购
买方，向生态系统服务的提供者购买生态服务；二是市场模式，
即在生态服务受益方与提供方之间直接进行生态服务的交易；三
是生态产品认证计划，即有关组织为生态产品提供认证，消费者
通过市场自主选择、自由购买，从而为生态系统服务间接付费。
从交易的主体来看，既可以在国家与国家之间进行，也可以在一
国内部政府与生态服务提供者之间进行，还可以在地区与地区、
上游与下游之间进行，其中诸多的机制与要点设计，十分值得我
们学习借鉴。

（1）设立双边专业小组——德国易北河流域生态补偿

易北河是欧洲一条著名的河流，上游在捷克，中下游在德
国。20世纪80年代，由于两国的发展阶段不一，易北河污染严
重，对德国造成严重影响。从1990年起，德国和捷克达成协议，
共同采取措施整治易北河。其运作机制中最有亮点的是成立由8
个小组组成的双边合作组织，包括行动计划组、监测小组、研究
小组、沿海保护小组、灾害组、水文小组、公众小组和法律政策
小组，分别负责相关工作。在经费方面，德国拿出900万马克给
捷克用于双方交界处的污水处理，同时对捷克进行适度补偿，加

上研究经费与运作经费，整个项目的经费达到 2000 万马克（2000 年）。经过双方共同努力，现在易北河的水质已大大改善。

（2）自愿协议——英国北约克摩尔斯农业计划

北约克摩尔斯是英国的一个国家公园，建立于 20 世纪 50 年代，以典型的英格兰农村风光而为英国人倍加珍惜。为了长久保护农业风光与生态，1985 年英国通过了北约克摩尔斯农业计划，并于 1990 年开始实施。该案例有以下几个特点值得重视：一是该区域内 83% 的土地属于私有，因此进行生态补偿时相当于英国政府向私有土地主购买生态服务；二是此处生态服务的定义比较独特，即增加自然景观和野生动植物的价值，其中包括保留英国北部传统的农业耕作方式；三是具有自愿性，即农场主和国家公园主管机关按照自愿参与原则达成协议；四是协议条款具体明确，如农场主必须花至少 50% 的时间在农场工作，必须采用传统的农业耕作方式等。从实施的情况看，一共达成了 108 份协议，将 90% 的私有农场主纳入其中；经费从最初的 5 万英镑增加到 2001 年的 50 万英镑；成功地保留了英国传统农业的独特景观。

（3）设立国家基金——哥斯达黎加的森林生态效益补偿

哥斯达黎加地处南美，是世界上生态多样性最复杂的地区之一。为了保护生态，哥斯达黎加从 1979 年起开始实施森林生态效益补偿制度，该制度中最有借鉴意义的是设立国家森林基金，该基金根据《森林法》（1996 年）成立，专门负责管理和实施森林生态效益补偿制度。基金主要来源于以下几个方面：国家投入，包括化石燃料税收入、森林产业税收入和信托基金项目收入；与私有企业签订协议收取的资金；来自世界银行等国际组织的贷款和赠款以及特定的债券和票据等。在操作程序上，先由林地的所有者向基金提交申请，请求将自己的林地加入该制度之中；基金受理；双方签订合同（共 4 类：森林保护合同、造林合同、森林管理合同、自筹资金植树合同）；基金按约定支付环境服务费用，林地的所有者按约定履行造林、森林保护、森林管理等义务。这项生态补偿制度历时近 20 年，取得了极大的成功，在短短的十几年时间里，哥斯达黎加的森林覆盖率提高了 26%。

（4）计量交易——澳大利亚

澳大利亚为了应对新北威尔士地区土地盐渍化的问题，引入了"下游灌溉者为流域上游造林付费"的生态补偿计划。这项计划的参与双方——一方为新南威尔士的林业部门，另一方为马奎瑞河食品和纤维协会。前者是生态服务的提供方，职责是植树造林，固定土壤中的盐分；后者是生态服务的需求方，由马奎瑞河下游水域的 600 名灌溉农民组成。双方签订协议，由马奎瑞河食品和纤维协会向新南威尔士林业部门支付费用以用于其上游的植树造林。付费的标准是：协会根据在流域上游建设 100 公顷森林的蒸腾水量，向州林务局购买盐分信贷，价格为每公顷 42 美元（后有调整），期限为 10 年。这个案例说明，只要精心设计，某些看不见、摸不着的生态服务的数量和价值是可以按一定方法进行测量的，这就将生态服务交易向前大大推进了一步。

（5）公司购买——法国毕雷矿泉水公司为保持水质付费

法国毕雷矿泉水公司是法国最大的天然矿物质水制造商。20 世纪 80 年代，该公司的水源地受到当地养牛业的污染。为了减少硝酸盐、硝酸钾和杀虫剂的使用，恢复水的天然净化功能，该公司与当地农民签订协议，向流域腹地 40 平方米的奶牛场提供补偿，标准为每年每公顷230美元，条件是农民必须控制奶牛场的规模，减少杀虫剂的使用，放弃谷物的种植以及改进对牲畜粪便的处理方法等。为此，毕雷矿泉水公司向农民支付特别高数额和特别长时间（18～30年）的补偿，同时提供技术支持和承担购进新的农业设备的相关费用，仅在最初的7年，该公司就为这项计划投入了2450万美元的费用。

（6）消费者付费——欧洲生态产品认证计划

欧盟于1992年实行生态标签制度，获得生态标签的产品，须保证从设计、生产到销售、处理的每一个环节做到对生态环境的完全无公害，符合欧盟的环保标准。由于绿色产品的价格比普通产品的价格高出20%～30%，因此达到了由消费者付费的目的，这是一种完全市场化的生态服务付费机制。

可以看出，由于生态服务的特殊性，在实践中需要针对不同情况进行有针对性的精细机制设计，以解决生态服务的计量、监测与交易等若干复杂问题。以此反观我国已有的生态补偿实践，显然还面临利益者众多而主持者单一、缺乏核心理念、体系不完整、机制不健全、诸多方面大而化之等问题，很不适应我国大力加强生态文明建设的需要。

因此，针对当前我国环境问题大多跨区域、跨流域的特点，应当引入生态服务交易的理念，着力加强区域生态协作。具体操作有以下几个要点：一是要严格执行各类环境法规，即用于交易的生态服务首先必须达到法律规定的最低标准，否则就会形成越污染、议价能力越高的逆向机制；二是针对特定问题建立双边或多边协作小组，即双方共同参与、共同讨论、相互监督、共同推进，这是生态服务交易与普通交易迥异的方面；三是精细化有关生态服务价值的计量、监测与评估机制，即针对每种特定生态服务的特点与性质，探寻双方认同的计量方法、标准等，以此作为计价的基础，这是一个极富技术性的工作，必须引入环境专家才能进行；四是鉴于生态服务的长期性和独特性，交易双方都应增强诚信与契约精神，保证协议的长期履行。

三 深层次原因

（一） 相关法律法规缺失或矛盾

目前，我国生态文明制度建设法律尚不健全，各部门出台的关于生态文明建设的相关制度和规划，多以文件形式下发，凸显权威性。但是，生态文明体制改革具有关联性，各个部门的任务边界相互交叉、重叠，而且大多强调本部门的利益或管辖范围。如国家发改委等6部门出台国家生态文明先行示范区建设方案（试行），环境保护部先后开展6批全国生态文明建设试点工作，水利部开展水生态文明建设，国家林业局开展生态文明建设规划，无论是综合规划还是专项建设，均以本部门利益为立足点，系统性和全局性需要进一步加强。

（二） 部门与地区改革任务碎片化倾向突出

在国家层面，涉及生态文明体制改革的中央部委包括国家发展改革委、环境保护部、财政部、国土资源部、水利部、农业部、国家林业局等多个部门。各个部门相互独立，均有专设的业务部门负责本部门的生态文明体制改革事务，虽然有部际会签或协调，但仍需要整体协调，避免制度的碎片化。

（三）市场机制的发展基础薄弱

目前环境保护部出台了《国家生态保护红线——生态功能红线划定技术指南（试行）》，内容包括生态功能红线的定义、类型及特征界定，生态功能红线划定的基本原则、技术流程、范围、方法和成果要求等。尚未出台自然资源资产产权界定、分类和用途管制办法以及自然资源资产负债表编制指南，对领导干部实行自然资源资产离任审计和建立生态环境损害责任终身追究制更无从谈起，因此，需要充分发挥市场机制，科学依据有待进一步夯实。

（四）其他配套制度改革还未深入

以财税制度改革为例，中国现行税费制度中真正体现生态补偿原则的主要是排污费、生态环境补偿费和矿山环境恢复治理保证金。除此之外就是主要针对矿产资源开发进行征收的地方性生态收费项目，如土地复垦费、水土流失防治与补偿费、森林植被恢复费、育林基金、林业建设基金等。随着资源有偿使用范围的扩大，有关自然资源和生态环境资源的权属确定滞后于社会经济发展的需要，反映在财税制度中，则是缺乏明确的有关资源有偿使用和生态补偿制度的设计，导致存在科目空白、缺少被利益相关者普遍接受的生态环境资源价值评定标准和方法、补偿标准低、资金缺口大等问题。

现行的资源税和资源补偿费征收标准没有反映资源的供求和

稀缺状况，也没有计入资源开发利用者应承担的社会环境成本，导致补偿标准远低于国际通行水平。以矿产资源补偿费为例，中国的矿产资源补偿费平均费率为 1.18%，而国外一般为 4% ~ 8%。由于资源价格被严重低估，因而出现了各种伪生态建设的现象，打着资源节约和生态建设的旗号，行破坏环境之实，如北京高尔夫球场、西北水上园林、超高层楼宇建设等，还有各类"生态"园区建设，圈占了大量土地，重复建设导致开工不足或没有开工，造成大量资源闲置，浪费现象十分严重。

中央财政转移支付是生态补偿的主要资金来源。但由于对生态环境事务考虑不足，因此对生态补偿的转移支付力度不够，国家和地方的分税制的分配比例不尽合理，导致资源消费分配的公平性问题，贫富分化严重，地区间发展不均衡，生态环境得不到切实有效的保护。由于资源有偿使用制度还有待完善，资源开发所产生的经济效益无法通过制度性安排回馈资源地区，当地政府和群众在资源开发中的受益程度不高，却要承担因资源开发而带来的所有责任及后果，由此导致地区间的发展不平衡以及一系列社会问题。如贵州、黑龙江等生态资源大省、矿产资源大省没能得到足够的财政收入，类似的示范效应在一定程度上影响了地方政府的积极性。

在我国现行的国民经济核算体系中，对自然资源采取实物量的统计方式，缺少对其价值量的量化，即使同时采用实物计量和价值计量来列报和披露自然资源资产，也存在两种计量方式如何结合与平衡的问题。除了要将已经探明储量和政府目前持有的大部分自然资源列为生态资源科目，还需要对排污权、大气、水、土地、矿产、森林、绿化地、草原等设立核算科目。

四　改革的基本架构

（一）基本任务

生态文明体制改革，既要考虑各项任务的具体情况，也要考虑改革任务的关联性和整体性。

1. 自然资源产权及用途管制制度

自然资源是人类社会经济发展不可或缺的资产，存在产权归属和用途管制问题，建立相关制度，关键是对自然资源资产及其产权进行明确的界定和分类。

对于可明确界定产权的具有经济属性的自然资产，如国有或集体所有的土地、林地、草原、荒地、滩涂、水体、地下矿藏等，不仅要进一步确认自然资源资产的国家和集体所有权，更要明确这些资产的使用权、收益权以及开发、租赁、转让和抵押等权限。

对于难以直接界定产权的具有生态属性的自然资源资产，如海洋资源、地下水、大江大河、国家公园、气候资源等，要以捕捞权、水权、排放权等形式明确产权。在此基础上，建立自然资源资产（土地、水资源等）的空间规划体系，划定重要自然资源资产的生产、生活、生态空间开发管制界限，用制度保护生态环境。

需要研究的具体问题包括：是否建立了管理国有自然资源资产的统一机构？是否解决了自然资产产权虚置的问题？中央和地

方对自然资源资产的责权利关系是否划清？自然资源资产的用途管制制度是否与现有政策立法相衔接，是否纳入国家和地方的社会经济发展规划并具有法律效力？

2. 生态保护红线和自然资源资产负债表

鉴于生态容量的有限性，需要根据主体功能区、自然资源使用上限和污染物排放总量上限 3 个方面选定红线指标，划定系列生态保护红线。由于尚没有系统、规范的方法，自然资源资产负债表的编制需要深入研究，探索各种自然资源资产的实物量、货币量以及累计量的方法，将生态保护红线纳入相应的法律法规和规划之中，逐步实行最严格的源头保护、自然资源资产总体平衡、损害赔偿和责任追究制度。

需要考虑的具体问题包括：责任部门是否明确？重要自然资产的生态红线标准是否科学、量化、可行？是否编制了自然资源资产负债表？是否制定了监测预警、考核评估和责任追究制度？

3. 自然资源有偿使用和生态补偿制度

在明晰自然资源产权和用途的基础上，明确责权关系，建立操作性强的反映市场供求的自然资源稀缺程度、生态环境损害成本和修复收益的自然资源有偿使用和生态补偿制度，构建对重点生态功能区的转移支付、地区间的收益付费和市场服务的生态补偿制度体系。

需要考虑的内容包括：一是责权主体与受体是否明确；二是明确自然资源有偿使用和生态补偿的法律、法理依据；三是政策的制定落实，是否建立了各类自然资源的有偿使用市场交易机制和可持续开发利用机制，利用财政、税收、排放权交易等多种环境规制手段提高政策实施和监管的效率。

4. 生态环境管理体制改革

改革现有的政出多门、自上而下的经济利益导向的管理体制，需要整合现有的分散于各个部门的生态环境管理职能，理顺部门的责权利关系，提升生态环境治理的水平和能力。建立独立第三方监督和评估考核机制，确保从行政权力错位、监管失效转向职能部门严格依法行政和全社会共同监督。

需要考虑的内容包括：是否建立了自然资产和生态环境保护的统一管理机构或协调部门，以保障生态环境管理部门依法行政机制的独立性和有效性？是否将资源消耗、环境损害、生态效益等自然资产指标纳入各级党政机关的政绩考核体系？

（二）概念内涵及关联性分析

1. 概念内涵

按照可持续发展经济学的理论，自然资源和生态环境与凝结了人类劳动的商品同样有价值。资源有偿使用，就是要求人类的生活和生产活动应以促进自然资源的永续利用为前提，不能对生态环境进行肆意破坏、索取，要以生态友好方式利用资源，善待环境，并为所享受的资源根据其价值和稀缺程度付出相应的代价或费用。

资源有偿使用制度，是指国家采取强制手段，对开发利用自然资源的单位和个人的行为进行规范，支付相应费用的一整套管理措施。资源有偿使用制度建设，是依据公共物品理论和外部不经济性内部化理论，以环境资源的有限性、有用性和价值性为基础，按照可持续发展的原则，正确地处理自然资源与资源产品、可再生资源与不可再生资源等的差比价关系，建立能真实反映资源稀缺程度、市场供求关系、环境损害成本的价格机制，构建合理的自然资源价格的差比价关系。

"生态补偿"作为一个环境问题的政策工具集出现的概念，是实现资源有偿使用并有效解决环境外部性问题的重要经济手段。生态补偿依据环境资源价值理论，对损害生态环境的行为或产品进行收费，对保护生态环境的行为或产品进行补偿或奖励，对因生态环境破坏和环境保护而受到损害的人群进行补偿，激励市场主体自觉保护环境，促进环境与经济协调发展。

生态补偿制度是指为了维护生态系统的稳定性，防止生态环境破坏，通过一定的政策措施，以经济调节为主，综合运用政府、法律和市场手段，对影响生态环境的生产、经营、开发活动进行规范，实行生态保护外部性的内部化，让生态保护成果的受益者支付相应的费用，给予生态环境保护投资者合理回报和增强生态产品的生产和供给能力，激励人们对生态环境保护进行投资并使生态环境资本增值，逐渐实现生态环境保护行为的自觉自愿和利益诉求。

2. 关联性分析

（1）生态文明制度建设各项改革任务之间的内在关联性分析

生态文明体制改革包括四大方面：健全自然资源资产产权制度和用途管制制度，划定生态保护红线，实行资源有偿使用制度和生态补偿制度，改革生态环境保护管理体制（见图1）。

自然资源资产产权制度和用途管制制度是生态文明体制改革的法律基础，生态保护红线是政府在生态文明体制改革中的职责与作用，资源有偿使用制度和生态补偿制度是市场在自然资源配置中起决定性作用的体制机制保障，是推动地区间科学规划、实现生产力合理布局的政策依据，生态环境保护管理体制是生态文明体制改革需要建立的治理体系。

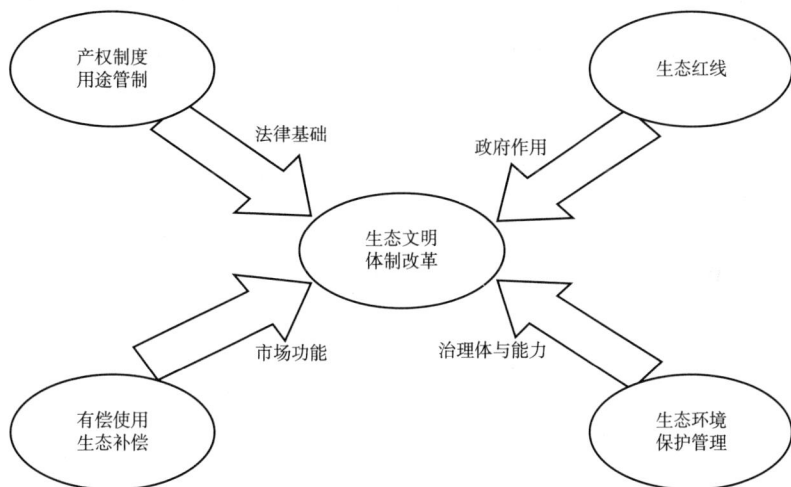

图 1　生态文明体制改革四大方向

（2）生态文明体制改革与经济、社会和文化体制改革各项任务的相互关联性分析

生态文明体制改革与经济体制改革相互呼应。一是经济体制改革要求"加快完善现代市场体系、宏观调控体系、开放型经济体系，加快转变经济发展方式，加快建设创新型国家，推动经济更有效率、更加公平、更可持续发展"，生态文明体制改革要求"实行资源有偿使用制度"，也就是通过市场对资源的有序配置，提高资源的利用效率，改变传统的资源利用与消费方式，以资源的永续利用保障经济社会的可持续发展。二是生态文明体制改革中强调的"健全自然资源资产产权制度和用途管制制度"，与经济体制改革要求的"完善产权保护制度"和"健全归属清

晰、权责明确、保护严格、流转顺畅的现代产权制度"相互呼应、互为一体。三是经济体制改革要求"完善税收制度"，"调整消费税征收范围、环节、税率，把高耗能、高污染产品及部分高档消费品纳入征收范围"，以及"加快资源税改革，推动环境保护费改税"，这就在金融税收方面为实行生态补偿提供了现实基础和有力的保障。

生态文明体制改革与文化体制改革在发展生态文化方面互为补充。文化体制改革提出"建设社会主义文化强国，增强国家文化软实力，必须坚持社会主义先进文化前进的方向"。生态文化是以和谐、协调为本质特征的自然—人—社会复合生态系统的文化形态，是先进文化的重要内容，并且生态文化具有整体性、多样性、群众性、非宗教性和开放性等特征，发展生态文化有利于在全社会形成良好的生态文明意识。生态文明体制改革要求"用制度来保护生态环境"，良好的生态文明意识有利于提升制度执行力。

生态文明体制改革与社会体制改革密切相连。生态文明是一个新的社会文明形态，党的十八大号召全党全国人民努力走向社会主义生态文明新时代。所以生态文明与社会体制改革也是密切相连的，社会体制改革要求的改进社会治理方式、激发社会组织活力、创新有效预防和化解社会矛盾的体制、健全公共安全体系等，都必须在生态文明建设中加以践行，而生态文明建设的深化又会有力促进社会体制的改革。

（三）改革的可行性与可操作性

生态文明体制改革与现行的 GDP 导向的发展政策具有某种

程度上的不相容性，这就使生态文明体制在文件形式上完备，而在实践中难以执行。这就要求生态文明体制改革在总体设计和具体安排方面，均考虑实际操作要求和实际效果。

1. 生态文明评估

党的十八大报告提出"坚持走中国特色新型工业化、信息化、城镇化、农业现代化道路"，在工业化、信息化、城镇化、农业现代化同步发展进程中，开展生态文明评估，包括制定产业结构调整规划，开展资源环境综合承载能力评估以及生态保护红线划定工作。

2. 自然资源资产保值增值

在健全自然资源资产产权制度和用途管制制度、编制自然资源资产负债表的过程中，坚持"绿水青山就是金山银山"原则，严防自然资源资产衰减缩水，确保在生态文明建设框架下，自然资源资产能够保值增值。

3. 城市病与污染治理

随着现代化进程的快速推进和全国大多数地区进入工业化中后期，工业化、信息化的重要载体——城市，暴露出诸多发展问题，"城市病"日益凸显，未摆脱"先污染、后治理"的模式。

通过生态文明制度建设，化解城市病问题，科学疏解城市功能，合理配置资源，促进区域协同均衡发展。

4. 空间规划与产业转移规划

在生态文明制度建设约束下，开展城镇化规划，将生态文明指标融入国民经济和社会发展五年规划，科学评估空间规划与产业转移的可行性，指导地方的可持续发展实践。

五　下一步改革的方向及政策建议

（一）从部门分割到一体化、从地区分割到统筹协调的制度改革

理顺已有相关机构的责权关系，加强专门领导机构建设，由各省政府牵头，成立各州（省市）生态文明委（办公室），负责各地区生态文明的实施工作，形成纵向的工作机制和横向的跨部门协调机制，协调环境保护、水利、国土资源、林业、气象等部门关于生态文明建设的职能。在此基础上明确机构的组织结构和职责，梳理各部门涉及生态文明建设的职能，制定生态文明委（办公室）的组织结构和权责，包括生态文明建设的规划、统筹、项目审批和考核监督等，同时负责跨部门的协调和综合指导。建立相关的科学决策和责任制度，包括综合评价、目标体系、考核办法、奖惩机制、空间规划、管理体制等，加快职能转变，深化简政放权，提高服务水平，创新行政管理方式，提高政府治理能力。

（二）从行政导向到市场导向的改革

建立和完善生态管理的法制化和制度化，以法律和制度保障生态文明建设的管理和运行。严格执行自然资源资产确权制度，加强自然资源资产用途管理，按照生态产品有偿使用的原

则，通过生态补偿和赔偿的方式，使其外部效应内部化。同时，制定生态产品使用权交易制度，充分发挥市场化机制的作用。另外，生态文明建设应倡导多元善治，不仅要依靠政府，同样要依靠企业、个人、NGO 和学界精英等市场力量的共同努力，协调发展涉及的各方面力量。在某些阶段，政府可以起主导作用，但重点应该在制定规则和标准，并充分听取各界意见上，而不能包办一切。企业也要履行它的社会责任，比如污水达标排放等。个人更须积极参与，从而形成全社会参与生态文明建设的良好氛围。在建设生态文明村、生态示范区、生态示范镇时，政府行为一定要符合生态文明和可持续发展的理念，发挥市场多元善治的作用。

（三）从碎片化制度到融入性制度的改革

现有的生态文明相关制度存在较为严重的碎片化。出现这种情况很正常，因为生态文明需要融入经济、政治、社会和文化建设的各方面和全过程，但是，这并不意味着各种生态文明建设的要素彼此分割、互不关联。

要防止生态文明体制改革的碎片化，需要加强监管，建立内化的自律和责任追究制度。一是建立并认真落实各级政府、职能部门和企业节能减排的责任制和问责制；二是完善相关制度和技术手段，开展绩效考评并实施目标责任管理，将考评结果纳入各级干部的政绩考核体系；三是建立并实行各级政府、职能部门的问责制和一票否决制以及企业的生产者责任制；四是严格落实环境责任追究制度，尤其是刑事责任的追究制度，加大对违法超标排污企业的处罚力度，严惩环境违法行为。

（四） 从政府主导到全社会参与的改革

改变过去政府"唱独角戏"的生态文明建设方式，应通过生态资源资产的确权、资源性产品的价格改革、生态补偿机制的构建等市场体制的建设，加大生态文明体制机制的建设力度。

目前，中央和地方各部门已经出台或正在着手制定相关制度，其中有一些需要提上议事日程，包括：①研究制定《关于界定自然资源资产及其产权制度的指导意见》，建立国家和地方层面的生态文明建设领导小组或委员会；②在试点示范的基础上起草《自然资源有偿使用管理条例》和《生态补偿管理条例》，使自然资源资产有偿使用和生态补偿有法可依；③提出对自然资源资产实施市场导向、分类指导、用途管制和设定生态保护红线的资产化管理方案；④研究提出自然资源资产核算体系和负债表编制原则，初步建立自然资源有偿使用和生态补偿体系，全面开展政府官员的生态绩效考核与问责制度工作。

（五） 从增量考评到存量考评的改革

从生态文明体制改革和建设的实践来看，许多地方一方面在大力建设生态文明，但同时又在其他方面大肆破坏生态文明建设。而且，对于生态文明建设，只是注重投入和自然资产的表象增量，并不重视自然资产的最终存量。一个典型的例证是植树造林。每年都能完成数额可观的新增造林面积，但是树木能否存活下来则不在统计之列。这就使前一年种的树木大面积死亡，然后又在同一地方再次造林。如此周而复始，增量不断有，存量却不见。有些城市搞城市公园景观建设，从山上移栽古树、大树，城

市森林面积增加了，但是山上的森林破坏了。许多地方的污染治
理也是一样。关停处罚一些污染严重的企业，同时又上马一些高
排放、高污染的企业。因此，对于自然资源资产的考核，不能简
单地看增量，而要看存量。

参考文献

［1］潘家华：《与承载能力相适应，确保生态安全》，《中国社会
　　　科学》2013 年第 5 期。
［2］赵景柱：《关于生态文明建设与评价的理论思考》，《生态学
　　　报》2013 年第 15 期。
［3］高吉喜：《国家生态保护红线体系建设构想》，《环境保护》
　　　2014 年第 1 期。
［4］胡文龙：《自然资源资产负债表基本理论问题探析》，《中国
　　　经贸导刊》2014 年第 10 期。
［5］周生贤：《改革生态环境保护管理体制》，《环境保护》2014
　　　年第 5 期。
［6］欧阳志云、郑华、岳平：《建立我国生态补偿机制的思路与
　　　措施》，《生态学报》2013 年第 3 期。
［7］龚昌菊、庞昌伟：《值得借鉴的国际生态文明制度》，《理论
　　　导报》2014 年第 2 期。
［8］赵玉山、朱桂香：《国外流域生态补偿的实践模式及对中国
　　　的借鉴意义》，《世界农业》2008 年第 4 期。
［9］任世丹、杜群：《国外生态补偿制度的实践》，《环境经济》
　　　2009 年第 11 期。
［10］贾康、刘薇：《生态补偿财税制度改革与政策建议》，《环境
　　　保护》2014 年第 9 期。
［11］中国生态补偿机制与政策研究课题组：《中国生态补偿机制
　　　与政策研究》，中国环境科学出版社，2007。

全面深化改革新时期加强产权保护的总体思路

中国社会科学院法学研究所课题组[*]

摘　要： 产权是法律认可与保障的各种具有财产权利性质的民事权利。加强产权保护，就是通过法律手段，对现实生活中各种类型的具有财产权利性质的民事权利进行保护，包括依法确定各种类型产权的法律属性及其在法律体系中的地位，依法认定各种产权的归属与内容，依法保护各种产权不受侵犯，依法保障各种产权的目的与用途的有效实现。加强产权保护的基本要求，是实现产权的归属清晰、权责明确、保护严格、流转顺畅。应当根据全面深化改革的理念、目标和措施，实现产权保护观念的深刻转变，由区别保护到平等保护，由消极保护到积极保护，由产权控制到用途管制。目前产权制度建设方面的重点任务是，进一步完善保护产权安全的法律机制，建立健全不同所有制产权平等保护的制度与机制，建构系统完善的产权公示体系与保障措施，及

---

* 执笔者为陈甦、管育鹰。

时完善依法强制处置产权的法律制度，积极促进产权的充分利用和有效利用。

关键词： 产权　产权保护　产权公示体系

一　加强产权保护具有极其重要的现实意义

（一）产权是法律认可与保障的各类财产权利

"产权"是一个内涵丰富、外延广泛的经济术语和法律术语。在法律上，由于不同类型的财产权利具有不同的法律性质，其得以确认、行使和保障的法律根据与实现机制有所不同，在具体的法律制定与适用中，更倾向于在不同的法律范畴内，将各种产权予以类型化后进行表述。但在宏观政策的话语体系中，由于"产权"概念具有高度概括性，在进行一般性的理念阐释、政策分析和方案建构时，"产权"是更有表述效能的概念。因此，在党的路线、方针、政策的制定与阐释中，如在有关深化改革、推进法治的治国方略和政策部署中，"产权"概念得到更为普遍与更为得当的运用。

十六届三中全会通过的《中共中央关于完善社会主义市场经济体制若干问题的决定》明确指出："产权是所有制的核心和主要内容，包括物权、债权、股权和知识产权等各类财产权。"据此可知，中央政策中所使用的产权概念涵盖了我国法律体系中最基本的财产权类型，与法律意义上的财产权含义相同。在法律的知识体系中，"财产权指可以与权利人的人格、身份相分离并具有经济价值的民事权利，这些权利是以货币形态出现的或者可以换算为一定的货币。"① 作为财产权的基本种类，物权是指"权利人依法对特定的物享有直接支配和排他的权利"，② 债权是指"为请求特定人为特定行为（作为或不作为）的权利"，③ 股权"即股东权的简称，是出资人基于以出资购买公司股份而享有的权利"，④ 知识产权是指"人们就某些智力活动成果所享有的权利"。⑤ 在不同的经济活动和法律适用领域中，不同种类的产权仍可以继续划分为更具体的权利。例如，物权可以划分为所有权、用益物权、担保物权，而其中的用益物权还可以划分为建设用地使用权、农村土地承包经营权、农村宅基地使用权、地役权等，其中的担保物权还可以划分为抵押权、质权、留置权等；知识产权可以划分为著作权、专利权、商标权等。

概括而言，加强产权保护，就是通过法律手段，对现实生活中各种类型的具有财产权性质的民事权利进行保护，包括依法确定各种类型产权的法律属性及其在法律体系中的地位，依法认定各种产权的归属与内容，依法保护各种产权不受侵犯，依法保障各种产权的目的、用途与价值的有效实现。

（二）加强产权保护是建设中国特色社会主义的应有之义

在现实社会中，产权意味着财富，甚至经常被等同于财富。

① 孙宪忠主编《民法总论》，社会科学文献出版社，2004，第75页。
② 《中华人民共和国物权法》第二条第三款。
③ 王家福主编《中国民法学·民法债权》，法律出版社，1991，第7页。
④ 王保树、崔勤之：《中国公司法原理》，社会科学文献出版社，2000，第168页。
⑤ 李明德主编《知识产权法》，社会科学文献出版社，2007，第25页。

其实，产权不是财富的自然属性，而是财富的社会属性。财富的识别、评价、控制、利用、流转、分配、归属等过程与结果需要社会认可，并且通过法律进行认可与确定，即在财富之上赋予产权形式。因此，产权是关涉财富的人与人之间的关系，产权不能脱离法律体系而存在，产权意识是法律意识的反映，产权是法律对以财富为客体的社会关系的规范与调整。在现实社会的法律环境中，拥有产权才能真正拥有财富、支配财富，要合法地拥有财富、支配财富必须拥有以该财富为客体的产权。所以，只有在法律环境中，产权才等同于财富，才可以通过拥有、支配产权的形式来拥有、支配财富。

1. 产权保护是对现实政治制度、经济制度和法律制度的承认与坚持

产权保护是现实的法律对现实社会生活中的各种现实产权的保护。产权是对现实经济、科技、文化活动形成的物质成果与精神成果的归属及其利用的法律肯定，前者如物权法对生产经营或商品交易活动获得的物质成果的肯定，后者如知识产权法对发明创造或文化创新所获得的精神成果的肯定。通过法律保护产权，是国家代表社会对各个主体所拥有产权的认可与保障。

社会活动中的物质成果与精神成果要获得产权形式，必须有现实性，即必须为国家的基本政治制度和经济制度认可；必须有正当性，即必须为国家政策所鼓励至少是允许；必须有合规性，即必须符合市场经济规则和法律规范。可见，产权保护表面上是保护具体主体的具体产权，并表现为产权的经济利益，实质是保护产权及其经济利益的取得方式与结果，保护的是经济利益形成与取得过程的正当性、合法性和秩序性。保护产权，就是保护产权得以存在、获得与运用的社会制度，是对其中基本政治制度、经济制度的合法性的承认与坚持，是对国家经济体制与经济政策的正当性的承认与坚持，是对法律体系自身权威性的承认与坚持。因此，坚持、建设和发展中国特色社会主义，必须保护根据社会主义经济制度和法律制度获取的产权。

2. 产权是让发展成果更多、更公平地惠及全体人民的重要法律形式

经济体制改革与经济社会发展的成果要惠及全体人民，就是要让全体人民拥有获得成果的机会与结果。其最为重要的途径之一，就是对这些经济体制改革与经济社会发展的成果赋予产权形式，而且使其为全体人民所掌握、所利用。要使这些成果更多、更公平地惠及全体人民，就要通过合理的法律制度安排，让全体人民通过劳动和其他合法形式获得应有而充分的产权。离开产权形式，离开全体人民对产权的获得、支配与利用，经济体制改革与经济社会发展的成果就不能通过法律认可和保障的形式与途径而配置，就不能确定和有效地惠及全体人民。因此，"要依法保护各类产权，健全产权交易规则和监管制度，推动产权有序流转，保障所有市场主体的平等法律地位和发展权利"，[①] 这是经济体制改革与经济社会发展的成果惠及全体人民的制度保障。

3. 产权是促进创造社会财富的源泉充分涌流的法律手段

在现代法治社会，所有的社会财富都是有产权归属的财富。在法律规范下自主运用产权、按照预期获得产权，是一切创造社会财富的源泉充分涌流所必需的社会法治环境条件和法律制度途

---

① 《中共中央关于完善社会主义市场经济体制若干问题的决定》（十六届三中全会通过）。

径。产权既是全体人民通过劳动和其他合法形式创造社会财富的法律条件，也是直接据此获得财产性收入的法律依据。创造社会财富的源泉要能充分涌流，就必须依赖产权制度作为运作机制与保障措施。首先，产权归属明确，人们才能有权自主地运用资源以创造财富；其次，产权流转顺畅，人们才能有效地运用资源以创造财富；最后，产权的获得与持有能够得到法律保护，人们对创造财富的结果才能有确定的预期，才会产生创造财富的动力。没有产权制度，或者产权得不到法律的有效保护，人们创造财富的确定性与积极性就会受到损害，创造社会财富的源泉就不可能充分涌流。

4. 保护产权是保障社会安全、安定与信心的法律基础

社会安全是最基本的社会治理目标，是社会稳定和有秩序发展的民众心理基础。以保护产权为核心方式实现的财产安全，是社会安全的最必要、最重要的现实基础。没有财产安全，就没有社会安全与稳定。不能想象，人们在一个没有财产安全的社会中会有什么信心、会有什么发展。加强产权保护，可以维护社会成员的社会安全感，使其相信其拥有的产权不会被非法剥夺，其产权若受侵害会得到法律的及时救助和有力保障。只有在产权得到充分保护的社会中，社会成员才会放心地投资、积累与发展，才会把自己的前途与社会的发展紧密联系在一起，减少因产权安全感不足而放弃投资、减少交易或移民境外的现象。"形成以道德为支撑、产权为基础、法律为保障的社会信用制度，是建设现代市场体系的必要条件，也是规范市场经济秩序的治本之策。"①

---

① 《中共中央关于完善社会主义市场经济体制若干问题的决定》（十六届三中全会通过）。

可见，加强产权保护以实现产权安全、社会有序，可以维持并增强社会成员对社会制度与现实秩序的认同与信心，而制度认同与社会信心又是社会持续发展的必要条件。因此，要坚定全体人民建设中国特色社会主义的信心，加强产权保护具有重要的现实意义。

（三）深入推进改革需要不断加强产权保护

我国实行 30 多年的改革开放，为产权的认可、拥有、利用和保障，提供了社会观念基础和政策依据。以经济建设为中心的经济改革开放政策，其政策措施的一个重要实施机制，就是依靠相应产权制度的推行与保障，即运用产权确认、利用与保护的法律方式，推行并确保改革措施有效实现。例如，实行政企分开，确立国有企业的经济主体地位，其标志之一就是企业拥有法人财产权；农村实行联产承包责任制，其关键在于让农民拥有土地承包经营权，并且在实践中，逐渐由债权性质的土地承包经营权转化为物权性质的土地承包经营权；在对外开放中吸引外资，就需确保境外投资者在我国进行投资所形成的各种产权；要鼓励一部分地区和一部分人先富起来，就要对其通过合法途径获得的产权予以保护。

经济体制上的改革开放及其实施过程中的产权制度建构与实行，使我国社会的运行方式与国家治理方式发生了巨大的变化。一是伴随改革的不断深入，我国的产权制度得以系统化并不断完善；而我国产权制度的不断完善，又确保了改革的不断深入。二是改革政策的实施与产权制度的施行，不仅改变了人民群众物质文化生活匮乏的局面，也改变了我国社会成员产权观念淡薄、产权拥有与运用经验欠缺的局面。当前，人民群众的产权意识愈加明晰与强烈，已经成为组织经济、安排生活、维护权益的观念基础。三是党和国家愈加重视产权制度建设，将产权制度的完善与实施，作为推行改革特别是有序改革的重要手段。

十一届三中全会提出"把全党工作的着重点和全国人民的注意力转移到社会主义现代化建设上来"，开启了具有深远历史意义的改革开放历程。十一届三中全会采取的改革措施含有产权保护的萌芽，例如，"让地方和工农业企业在国家统一计划的指导下有更多的经营管理自主权"，"人民公社、生产大队和生产队的所有权和自主权必须受到国家法律的切实保护；不允许无偿调用和占有生产队的劳力、资金、产品和物资"。一方面，十一届三中全会并未明确提出产权概念或产权保护的政策措施，其中"人民公社、生产大队和生产队的所有权"，是在人民公社体制下"三级所有"中的"所有权"，与当前法律体系中的所有权概念并不一致。但另一方面，十一届三中全会强调了经济主体的"自主权"，而自主权是产权的基本属性，产权意味着产权主体自主，经济主体无自主权则必无产权。可以说，十一届三中全会对经济主体自主权的确认与强调，为我国的产权保护制度及其功能机制确立了政策及法律起点。

十二届三中全会进一步深化了改革目标与方案，提出"建立自觉运用价值规律的计划体制，发展社会主义商品经济"。十二届三中全会通过的《中共中央关于经济体制改革的决定》认为，"增强企业活力是经济体制改革的中心环节"，基于"所有权同经营权是可以适当分开"的理念，决定扩大企业自主权。具体而言，企业自主权就是"在服从国家计划和管理的前提下，企业有权选择灵活多样的经营方式，有权安排自己的产供销活动，有权拥有和支配自留资金，有权依照规定自行任免、聘用和选举本企业的工作人员，有权自行决定用工办法和工资奖励方式，有权在国家允许的范围内确定本企业产品的价格，等等"。但是，在所有权同经营权分离模式下国家与企业的关系中，国家拥有所有权，企业只是拥有与所有权相分离的经营权，企业并无独立的产权。在此模式下，尽管政策允许的企业经营自主权的具体内容很多，但无论是在性质上还是在程度上，均不如企业拥有产权所能赋予的自主权。

十四届三中全会通过了《中共中央关于建立社会主义市场经济体制若干问题的决定》，开启了在社会主义市场经济体制下进行改革的新局面。该决定阐释了现代企业制度的基本特征，"一是产权关系明晰，企业中的国有资产所有权属于国家，企业拥有包括国家在内的出资者投资形成的全部法人财产权，成为享有民事权利、承担民事责任的法人实体。二是企业以其全部法人财产，依法自主经营，自负盈亏，照章纳税，对出资者承担资产保值增值的责任。三是出资者按投入企业的资本额享有所有者的权益，即资产受益、重大决策和选择管理者等权利。"十四届三中全会对于产权的阐释，具有十分重要的理论价值和实践意义。一是把产权关系明晰视为现代企业制度位于第一的基本特征，把产权配置作为实现改革目标的重要手段；二是系统阐释了产权的法律性质、关系结构和主要内容，特别指明了产权是市场主体支配资产、实行管理和取得收益的根据；三是把改革方案、经济方法与法律措施紧密结合起来，进一步强化了改革机制与改革能力。

十六届三中全会超越了把产权作为改革政策的配套措施来看待的观念与做法，直接把"建立健全现代产权制度"本身作为重要的改革政策。十六届三中全会通过的《中共中央关于完善社会主义市场经济体制若干问题的决定》指出，"产权是所有制的核心和主要内容"，"是完善基本经济制度的内在要求"，科学阐释了产权在经济基础和上层建筑关系结构中的地位与作用，要求"完善产权法律制度，规范和理顺产权关系，保护各类产权权益"。

十八届三中全会通过的《中共中央关于全面深化改革若干重大问题的决定》，进一步提出了"完善产权保护制度"的改革任务，而完善产权制度的要点是坚持平等与公平原则。十八届四中全会通过的《中共中央关于全面推进依法治国若干重大问题的决定》进一步明确，要"健全以公平为核心原则的产权保护制度，加强对各种所有制经济组织和自然人财产权的保护，清理有违公平的法律法规条款"。可见，党的十八大及其三中、四中全会对我国产权保护制度建设提出了新的目标与要求，由侧重产权保护制度的体系建设，转向侧重产权保护制度以公平为核心原则的功能建设。

改革发展历程中产权保护的理念更新与制度建设充分表明，改革的不断深入过程与产权保护的不断强化过程之间具有正相关关系，改革越深入，产权保护就越需要加强。更进一步的分析表明，产权保护制度不仅是改革开放深入推进的手段与机制，其本身也是深化改革的目标与任务。

二 加强产权保护应首先加强体制机制建设

（一）产权保护的体制机制基础

1. 社会主义市场经济的确立与发展为产权的形成、利用提供了体制机制基础

我国确立了社会主义市场经济体制，产权制度成为其中重要的结构性因素和功能性措施。十八届四中全会通过的《中共中央关于全面推进依法治国若干重大问题的决定》指出，"社会主义市场经济本质上是法治经济"。这既是对社会主义市场经济及其与社会主义法治之间关系的认识不断深化所得出的结论，也是社会主义市场经济不断发展与社会主义法治不断完善的实践经验所证明的结论。在计划经济体制下，生产经营活动的目的性和秩序性主要是靠计划来维系的，其中并无产权存在与发挥作用的必要。在社会主义市场经济体制下，市场主体独立、法律地位平等、经营消费自主、交易以产权为媒介，因此产权制度是社会主义市场经济体制的必要结构与重要内容。例如，产权关系明晰，企业拥有全部法人财产权，出资者按投入企业的资本额享有所有者权益，成为建立现代企业制度的要点。实行技术成果有偿转让，实现技术产品和信息商品化、产业化，前提条件之一就是建立与完善保护知识产权的法律制度。坚持鼓励一部分地区、一部分人通过诚实劳动和合法经营先富起来的政策，既提出了先富起来的合法性要求，也意味着合法地先富起来的结果要受到法律尤其是产权制度的保护，即在社会主义市场经济体制下，国家依法保护法人和居民的一切合法收入和财产。

2. 已经形成的社会主义法律体系为产权保护提供了系统的制度环境

我国社会主义法律体系已经基本建成，产权保护有了系统有效的制度环境和法治机制。物权法、著作权法、专利法、商标法等法律，对产权种类、内容、拥有与公示方式、基本利用方式以及保护措施等做了系统规定；合同法、证券法等法律，对产权交易方式以及交易中各种产权的保护等做了系统规定；公司法、合伙企业法、外商投资方面的法律等，对投资者产权的运用与保护做了系统规定；侵权责任法、刑法等法律，对侵害国家、集体和个人产权所应承担的法律责任做了系统规定；民事诉讼法、刑事诉讼法、行政诉讼法、仲裁法等法律，为保护产权、解决产权纠纷的法律程序做了系统规定。

在社会主义法律体系中，产权保护是由各种相关法律的制定与实施而系统规范、协调实现的。现行的社会主义法律体系是产权保护得以实现的制度环境，要建立现实而有效的产权保护制度，既要与现行的制度环境相适应，也要通过制度环境的不断完善而完善。

3. 全面深化改革的总政策为产权保护提出了新的要求与可能

十八届三中全会通过的《中共中央关于全面深化改革若干重大问题的决定》对产权保护意义、产权保护理念和产权保护方式，提出了更新、更高、更系统的要求。提出"产权是所有制的核心"的科学判断，明确"完善产权保护制度"的政策目标，要求建立"归属清晰、权责明确、保护严格、流转顺畅的现代产权制度"，确立"公有制经济财产权不可侵犯，非公有制经济财产权同样不可侵犯"的产权一体保护理念，实现"让一切创造社会财富的源泉充分涌流，让发展成果更多更公平惠及全体人民"的产权保护目标效果。十八届三中全会提出的产权保护理念、目标、原则与基本方式，为加强与完善我国产权保护的法律体系与法治机制，提供了科学合理的指导思想与政策先导。

为了实现十八届三中全会提出的"使市场在资源配置中起决定性作用和更好发挥政府作用"的改革目标，十八届四中全会提出，"必须以保护产权、维护契约、统一市场、平等交换、公平竞争、有效监管为基本导向，完善社会主义市场经济法律制度"。其中，把保护产权作为完善社会主义市场经济法律制度的基本导向。

（二）加强产权保护的基本要求

十六届三中全会通过的《中共中央关于完善社会主义市场经济体制若干问题的决定》，提出要"建立归属清晰、权责明确、保护严格、流转顺畅的现代产权制度"。十八届三中全会通过的《中共中央关于全面深化改革若干重大问题的决定》，继续提出要"健全归属清晰、权责明确、保护严格、流转顺畅的现代产权制度"。可见，"归属清晰、权责明确、保护严格、流转顺畅"是现代产权制度的基本要求，十六届三中全会提出的是要"建立"，十八届三中全会提出的是要"健全"，表明对产权保护的基本要求有了进一步的提高。

1. 归属清晰

归属清晰是对产权保护机制的要求。归属清晰是产权保护的首要条件，只有具体产权的归属明确，才有产权保护目的与效果的正当性。实现产权保护的归属清晰，一是产权种类要明确，将社会生活中的各种产权合理地类型化；二是产权归属规则要科学可行，各类产权的公示方式要有效实行；三是市场主体的法律形式要规范，可以作为产权的拥有者和利用者。

2. 权责明确

权责明确是对产权保护内容的要求。产权既包括权利的内容，如合法产权不可侵犯；也包括义务的内容，如行使权利不得侵害社会利益和他人的合法权益。完善产权保护制度，必须合理建构与之相关的权利义务体系，促使产权的拥有与利用产生充分的积极效果。在产权保护制度建构中，强化法律责任制度至关重要。一是完善产权保护的法律责任体系，对于侵害产权行为的民事责任、行政责任和刑事责任，应当合理配置、适度衔接，使体系完整。二是强化产权保护的民事责任制度，对于市场领域大规模侵权行为的民事责任，在因果关系认定上要进行特殊规定，在处罚程度上要予以提高，以维护产权人的合法权益。三是完善保护产权的程序保障，使产权人在其权利受侵害而追究行为人的民事责任时，能够有足够的程序资源可供选择。

3. 保护严格

保护严格是对产权保护水准的要求。只有实行充分严格的产权保护，产权作为确认资源和利益归属与利用的法律方式才有实际意义。十八届四中全会特别强调，"国家保护企业以法人财产权依法自主经营、自负盈亏，企业有权拒绝任何组织和个人无法

律依据的要求"，把严格保护产权提高到前所未有的程度。加强
企业社会责任立法，要达到产权保护严格的制度建设目标，一是
要建立严格的法律责任制度，对任何主体的任何侵犯他人产权的
行为，都予以严格禁止并使之承担相应的法律责任；二是要树立
执法必严的执法理念，对侵害他人产权的违法行为一概依法处
理，不做选择性执法和通融性执法；三是要提高司法机关的审判
能力与公正水平，让人民群众从公正的司法审判程序和判决结果
中，体会到产权保护上的公平正义。

4. 流转顺畅

流转顺畅是对产权保护效益的要求。产权是市场主体拥有特
定资源的法律确认。在市场法制环境中，市场主体处置其拥有的
资源，须通过处理产权、转移产权而实现。归属于市场主体的产
权流转顺畅，意味着市场机制配置资源的效能彰显。实现产权流
转顺畅，一是要最大幅度减少和取消产权流转的制度障碍，特别
是减少和取消不必要的限制产权进入市场的准入条件和审批权
限；二是要及时建立符合市场运行机制和发展趋势的产权交易方
式；三是要大力建设各种有助于提高产权流转效率的产权交易场
所和交易机制。

（三）全面深化改革要求产权保护观念深刻转变

1. 由区别保护到平等保护

按照产权的所有制系属的不同而施以不同的保护方式与保护
程度，是不符合社会主义市场经济法律精神的保护理念与保护方
式的。在现行的政策体系和法律体系中，依然存在对产权实行区
别保护的观念与做法。例如，"相对于公民个人的财产所有权，

现行宪法对公共财产的宪法评价更为积极，就保障的程度而言，两种保障制度之间存在明显的倾斜状态"。[①] 再如，在农村集体建设用地使用权与国有建设用地使用权之间，仍然没有实现"同等入市、同权同价"。又如，民间资本进入金融领域的市场准入障碍尚未有效清除，民营企业在一些行业领域的发展仍受到基于所有制差别的限制。

"在市场经济条件下，财产权是民事主体进入市场的基础，对财产权进行平等保护正是市场经济的内在要求在法律上的体现。"[②] 随着经济体制改革的不断深入，在改革政策上越来越把产权的平等保护作为重要的改革目标。例如，十四届三中全会提出，"国家依法保护法人和居民的一切合法收入和财产，鼓励城乡居民储蓄和投资，允许属于个人的资本等生产要素参与收益分配"。十六届三中全会提出，"要依法保护各类产权，健全产权交易规则和监管制度，推动产权有序流转，保障所有市场主体的平等法律地位和发展权利"。这种重视产权平等保护的趋势，也体现在有关产权保护的法律制度建设中。例如，2004 年宪法修正案规定，"公民的合法的私有财产不受侵犯"。2007 年物权法确立了物权平等保护原则，其第三条第三款规定，"国家实行社会主义市场经济，保障一切市场主体的平等法律地位和发展权利"。第四条规定，"国家、集体、私人的物权和其他权利人的物权受法律保护，任何单位和个人不得侵犯"。我国物权法规定物权一体保护的原则，"这在社会主义国家也是第一次，这一点

---

① 林来梵：《论私人财产权的宪法保障》，《法学》1999 年第 3 期。
② 王利明：《宪法与私有财产的保护》，《法学杂志》2004 年第 2 期。

具有划时代的意义"，"既是中国法制文明的重大发展，也是改革开放精神的具体体现"。①

在十八届三中、四中全会的决定中，产权的平等保护得到了前所未有的强调与部署。十八届三中全会提出，"国家保护各种所有制经济产权和合法利益，保证各种所有制经济依法平等使用生产要素、公开公平公正参与市场竞争、同等受到法律保护，依法监管各种所有制经济"，强调要"坚持权利平等、机会平等、规则平等"，特别是强调"公有制经济财产权不可侵犯，非公有制经济财产权同样不可侵犯"。十八届三中全会的这些科学论断，处处彰显平等、公平的制度伦理色彩，牢固树立了产权平等保护的理念、方法与机制。十八届四中全会在法治建设层面，进一步提出要"健全以公平为核心原则的产权保护制度，加强对各种所有制经济组织和自然人财产权的保护，清理有违公平的法律法规条款"，为产权的平等保护确立了以公平为核心的制度建构原则，并规定了实现这一公平原则的基本路径。

从上述这些政策表述与制度规定中，还可以看到另外一个趋势，就是在继续保持公有制经济产权法律保护程度的前提下，非公有制经济产权的法律保护程度在逐步提高，已在政策表述上达到与公有制经济等量齐观的程度。这种趋势既符合社会主义市场经济的内在要求，也符合社会主义法律制度的本质属性。市场经济要求主体地位平等、契约自由、公平竞争。如果没有产权平等保护，就不可能存在真正的主体地位平等和契约自由，也不可能开展真正公平的市场竞争。可以说，没有产权的平等保护，市场

① 孙宪忠：《中国物权法总论》，法律出版社，2014，第18～20页。

就不可能在资源配置中起到决定性作用。在我国,产权是根据社会主义法律而确定和获得的,无论产权的归属主体系属哪个所有制,其取得产权的法律根据是同一的,其产权获得确认的法律效力是同样的。由社会主义法律的神圣性所得出的必然结论,就是凡属合法财产都是不可侵犯的。任何所有制主体拥有的产权具有同等的法律效力,必然要求法律对产权实行平等的一体保护。强调非公有制经济的财产权同样不可侵犯,并不会降低对公有制经济财产权的保护程度。相反,非公有制经济的财产权同样不可侵犯,意味着产权保护制度切实贯彻了公平这一核心原则,产权保护的制度理念、法律措施和实施机制具有公平性。在此制度机制中,公有制经济的财产权也能得到更广泛的尊重和更有效的利用。

2. 由消极保护到积极保护

产权的消极保护,是指保护既有产权不受非法侵犯。产权的积极保护,是指充分保障既有产权得到充分利用。对产权实行消极保护是必要的,这样才能实现社会财产安全,维护产权归属秩序,维持人民群众对社会现状的信任与信心。但是,仅对产权实行消极保护是远远不够的,还要对产权实行积极保护,因为产权的制度价值不仅在于保障拥有,更重要的是保障利用,如此才能创造更多财富,"让一切创造社会财富的源泉充分涌流,让发展成果更多更公平惠及全体人民"。

要进一步加强产权保护的相关法律建设,包括违约责任制度和侵权责任制度。在此方面,要针对市场经济中出现的新型侵害产权的行为,如各种操纵市场行为、利用职务侵占企业财产行为、侵害投资者权益的行为、侵害委托人或客户的背信行为等,建立健全相应的法律责任制度。

按照十八届四中全会的要求，要"完善激励创新的产权制度、知识产权保护制度和促进科技成果转化的体制机制"，"创新适应公有制多种实现形式的产权保护制度，加强对国有、集体资产所有权、经营权和各类企业法人财产权的保护"。这些要求体现了在产权保护制度建设中，要进一步加强产权积极保护的法治建设精神。例如，拓宽产权在投资领域的利用渠道，保障各类主体投资受益的权利；保障交易创新、经营创新和技术创新的产权安排模式和利用结果；及时依法确认在市场创新活动中产生的新的产权类型，并制定相应的产权保护规则。对于混合所有制的形成与扩张，以及产权流动在其形成机制上的作用，早在1993年十四届三中全会通过的《中共中央关于建立社会主义市场经济体制若干问题的决定》中已经有明确认识，指出"随着产权的流动和重组，财产混合所有的经济单位越来越多，将会形成新的财产所有结构"。当前在混合所有制的形成、组合、调整与扩张中，更应当发挥产权流动的配置作用。在积极发展混合所有制经济的过程中，充分发挥通过股权持有、上市、流转等方式实现的资本流通、控制与分配功能，有利于国有资本保值增值、提高竞争力，有利于各种所有制资本取长补短、相互促进、共同发展。例如，为提高企业凝聚力和鼓励员工的积极性，可以实行企业员工持股制度，以形成资本所有者和劳动者利益共同体。

3. 由产权控制到用途管制

产权控制是指在政府干预或管理市场时，将产权的性质或归属作为干预或管理的标准，将产权的转换作为项目管理或用途控制的手段。在当前一些市场领域，还存在较多的以产权控制作为政府干预方式的现象。例如，农村土地要转化为城市建设土地，必须实行产权转换，即由农村集体土地所有权转换为国家土地所有权。又如，在海域使用权管理、无居民海岛管理中，政府部门往往以所有者身份进行管理。再如，在市场准入制度体系中，以投资主体的所有制性质来决定其投资产权是否可以进入特定行业、特定领域。产权控制模式存在以下弊端：①政府在市场干预和管理中的角色不清，其国有资产所有者和市场管理者的身份易于混淆。资产所有者与市场管理者的价值追求与行为方式是不同的，以产权控制模式干预或管理市场，易于导致干预或管理目标及手段上的混乱。②以市场主体的产权性质或归属作为市场干预或管理的标准，导致市场规则与法律规范不公平。③以产权控制模式干预或管理市场，易于导致利益分配机制不合理、利益分配结果不公平。当前在土地征收、市场准入领域出现的利益冲突或效率低下，其根源在于产权控制模式的固有缺陷。

用途管制则是指政府以社会公共管理者的身份干预或管理市场，在干预或管理时，只是控制资产或资金的使用方式和使用效果，使其符合市场运行与发展及公共利益的需要，以及符合相关的法律规定，而不管其产权归属如何。用途管制模式较好地区分了政府作为国有资产所有者和作为社会公共事务管理者的身份角色，并且能够超越产权的所有制性质实行公平干预与管理。虽然在土地建设管理和投资市场管理上，我国也实行用途管制措施，但是从总体上看，用途管制措施居于产权控制措施的从属地位，这在土地市场管理上表现得尤为明显。而且"小产权房"的大量存在和处理乏力，同时表明我国的产权控制模式和用途管制模式等都处于低制度效能阶段。

在"使市场在资源配置中起决定作用和更好发挥政府作用"的改革理念与体制建构中，政府干预策略和手段的产权控制模式应当让渡给用途管制模式。在产权利用和管制范畴，"使市场在资源配置中起决定作用"，就是由市场主体决定产权的使用方向、使用方式、转移对象和交易条件；"更好发挥政府作用"就是政府不再通过改变产权归属来实现管制目标，不再通过产权的所有制类别来决定市场干预结果，而是对市场主体利用产权的市场效果和社会效果进行规制，促使市场主体的产权利用方向、利用方式有助于市场运行并符合社会利益。

三　当前加强产权保护的基本任务

（一）进一步完善保护产权安全的法律机制

加强产权保护，首要目标是确保产权安全。保护产权安全是一个机制性目标，一是强化产权安全保护的观念，如满足人民群众对产权安全的要求与期待，提高政府对人民群众拥有产权的尊重程度；二是建立健全产权安全保护的制度，如产权公示制度、产权归属规则、维持产权安全的权利体系、保护产权安全的法律责任体系等；三是设立产权安全的保护组织，如有产权安全保护权限的执法机构、司法机构、产权公示机构等；四是健全维护产权安全的程序，如维护产权安全、解决产权纠纷的司法程序、执法程序等。

首先，切实确立合法产权不可侵犯的法治理念，在宪法中进一步明确规定合法财产不可侵犯，任何侵害他人财产的行为都必须承担相应的法律责任。从而提高社会成员的财产安全感，提升社会成员对其产权不受侵犯、不受剥夺的制度预期，使社会成员愿意在我国社会中通过诚实劳动和其他合法方式集聚财富、安居乐业。

其次，切实树立政府带头尊重和保护产权的理念。政府在组织社会经济建设中，如涉及农村集体土地征收、城市房屋拆迁时，首先要确立合法财产不可侵犯的观念前提，尊重被征收人、被拆迁人的合法权益和合理要求。政府在采取市场干预措施时，也要以尊重和保护市场主体的合法产权为前提。例如前一时期实行商品房限购政策时，商品房本身是开发商合法拥有产权的商品，但政府却限制其交易。这种做法既欠缺法律根据，也没有良好的市场效果，今后遇到类似问题应当审慎处理。

最后，进一步完善保护产权安全的程序措施，如提高解决产权纠纷的程序效率，及时有效地保障财产归属与交易秩序；提高司法机关处理产权纠纷案件的审判水平和公正能力，让全体社会成员从每一个产权纠纷案件的处理过程和结果上，增强其财产安全感和对法律制度的信任；完善对贪官转移到境外的财产的追索措施，尽量减少贪官对国有产权和其他主体产权的损害。

（二）建立不同所有制产权平等保护的制度与机制

在产权保护的法治建设中，尽量减少产权规制措施的所有制区别，赋予不同主体平等拥有、利用产权的机会。在经济政策制定、行政审批事项设定等涉及产权利用的制度安排时，除非必要，不应再以产权系属的所有制作为考量因素。实行统一的市场准入制度，减少市场准入的所有制壁垒。鼓励混合所有制形式的适用范围，实行没有所有制区别的负面清单管理制度。在制定负面清单的基础上，各类市场主体可依法平等进入清单之外的领域。

在涉及非公经济的法治建设或政策制定中，对于现行限制非公有制主体产权利用方式的法律或政策，应当及时清理，该修改的修改，该废除的废除。特别是要废除对非公有制经济各种形式的不合理规定，制定非公有制企业进入特许经营领域的具体办法。

在外资管理领域，对三资企业法应当及时、全面修改，对于其中一般性的设立审批、股权转让审批、企业组织形式变更审批等条款，应当予以废除。在法律体系上，应当以一部统一的《外资管理法》取代现行的《中外合资经营企业法》、《中外合作经营企业法》和《外资企业法》；其企业组织形式和公司治理方面的一般事项，可与内资企业统一适用《公司法》；其外资管理方面的特殊事项，则可适用将来制定的《外资管理法》。

（三）建构系统完善的产权公示体系与保障措施

产权公示制度是产权保护的必要法律技术手段，可以保障产权归属明晰，实现产权交易结果确定。加强产权保护的法律制度建设，应以鼓励交易、降低成本、减少干预为原则，修改各种产权登记、交易登记和企业登记法律制度。

首先，及早制定并实施统一的《不动产登记法》，切实改变当前不动产登记权限不清、机构分散、成本较高的现状。目前，

《不动产登记暂行条例》已经公布并即将施行，这是产权公示制度建设的一个成就。对于《不动产登记暂行条例》应当严格实施，分析研究其实施过程中发现的问题，为制定《不动产登记法》积累立法经验。

其次，拓展产权登记范围，充实产权公示内容。产权登记制度并不限于不动产登记，如在工商登记中的股份登记，也是产权登记的重要制度内容。2013年《公司法》修订后，以认缴资本制取代实缴资本制，但是相应的股份登记制度却未能相应健全。例如，对于继续采取实缴资本制进行实收资本登记的公司，也一概取消了验资报告制度，这种做法降低了实收资本登记的公信力。对此应采取的相应措施是，对于采取认缴资本制的股份登记，不需要提交验资报告；对于采取实缴资本制的股份登记，仍需要提交验资报告，以维持实收资本登记的公信力。拓展产权登记范围的一个重要方面，就是加强对市场经济中出现的新产权类型的登记。如扩展公开发行或交易的证券登记种类，促进证券资产交易；完善信托财产登记，保障信托投资或信托交易的安全与秩序；健全金融产品创新备案制度，促进金融产品创新和交易风险控制。

最后，通过立法进一步完善产权登记的信息公开，实现具体产权与特定主体之间信息关联的充分性，提高市场透明度，确保产权归属明晰和流转顺畅，保障产权保护措施的有效实施，提高产权利用的交易效率。

（四）及时完善依法强制处置产权的法律制度

在经济社会生活中，对既有产权安全的侵犯来自两方面：一是公权力以外的一般主体对他人产权的侵害，如侵害他人既有产权的侵权行为（如侵占、盗窃、抢劫等），损害他人交易安全的违约行为等；二是来自公权力机关对他人产权的侵害，如不合法的强制土地征收、房屋拆迁行为，处置犯罪人财产时的越权或不规范行为。在这两类侵犯产权安全的行为中，来自公权力机关的侵害他人产权的行为的危害性更大。因为来自公权力机关的侵害他人产权行为，不仅直接侵害了产权人的利益，受损害的产权人难以采取措施对抗，而且会破坏社会公众对政府等公权力机关的信任、对法律的信任以及对社会公正性的信心，容易引起严重影响社会秩序的群体性事件。

但是，为了公共利益而征收征用，为了执行法律而强制处置他人产权，是维持社会秩序与发展的必不可少的措施。目前虽然也有一些关于征收征用和强制执行方面的法律，例如在征收方面，《物权法》《土地管理法》关于农村集体土地征收的标准与程序的规定，《城市房屋拆迁管理条例》有关房屋拆迁管理和补充的规定等；再如在强制执行方面，《民事诉讼法》中有关民事执行程序的规定，《行政强制执行法》有关强制处置当事人产权的规定等。但是，目前的有关规定内容不够充分，措施不够合理，体系不够健全。特别是在法院民事判决的执行上，一方面存在执行难的问题，另一方面又存在执行中易于侵害第三人产权或不当处置被执行人产权的问题。因此，必须制定或完善相关法律，划清公权力机关强制处置他人产权时的合法与非法的界限，实现公权力机关合法强制处置他人产权时的法律目的与社会效果的统一。

在农村土地征收和城市房屋拆迁方面，应当尽快制定

《征收征用法》，在被征收征用人利益与社会公共利益之间建立公平合理的平衡机制。应当规定征收征用得以实施的法定情形，明确实施征收征用的公权力主体及其权限分配，制定征收征用的实施程序、征收征用的补偿标准与方式，以及不当征收征用的法律救济措施等。例如，在农村集体土地征收时，缩小征地范围，规范征地程序，完善对被征地农民的合理、规范、多元的保障机制。有观点认为，"按照宪法原则，只有土地用于公益性用途，才能进行征收。但是，由于公益性用途难以界定，导致公益性用地目录出不来。……不如跟其他改革措施如列负面清单一样，制定征地的否定性目录，即只要是营利性的用途，就不得征地"①。这一观点有可取之处，可以有效缩小土地征收的适用范围，更有效地保护土地产权人的利益。

在民事强制执行方面，应当尽快制定强制执行法，提高公权力机关强制执行活动的法治水平。应当规定得以强制执行法人或自然人产权的公权力机关及其权限，扣押、冻结、查封和处分法人或自然人产权的方式与程序，强制执行中涉及第三人利益的保护，强制执行错误的补救措施和法律责任，针对强制执行不当的法律救济措施等。

（五）积极促进产权的充分利用和有效利用

首先，法治建设应当及时反映社会发展的需求，保护产权的

---

① 刘守英：《中共十八届三中全会后的土地制度改革及其实施》，《法商研究》2014 年第 2 期。

法律应及时反映经济发展的成果与要求，不断丰富产权的种类与内容。对于经济社会生活中出现的新的产权或产权利用方式，在立法上应当及时总结经验，提炼其中的法律关系要素，及时予以法律肯定和规范。

其次，积极拓展产权利用的途径，使产权流转渠道顺畅。保护产权的法律应当起到鼓励投资、鼓励交易的效果。产权属于私权利，在产权保护上应适用私权利保护规则，以保障产权归属的安定和利用的顺畅。明确"非法经营"和"非法所得"的判断依据和适用程序，防止因"非法经营""非法所得"的滥用而打击市场创新。对于一般性的市场主体，对于公职人员以外的一般社会成员，在产权归属上应实行"合法性推定"，即对于没有充分证据证明是非法财产的产权，先应当视为合法产权予以保护；如果进而有证据证明属于非法财产的，则应及时依法予以处理。在产权利用上实行"法无禁止即合法"，鼓励利用既有产权参与投资和交易。对于市场经济活动中新出现的交易模式，只要没有违反现行法律，就应当给予法律肯定和保障。例如，扩大可以投资入股的产权种类，鼓励市场创造不侵害社会公益、不影响市场秩序的新的产权利用方式或交易模式。

最后，大力降低产权的规制成本，提高产权拥有、利用的效益。例如，降低企业设立门槛和市场准入门槛，鼓励市场主体利用其既有产权进行投资和交易。降低产权登记、产权交易的费用成本，提高产权流转效益。再如，降低解决产权纠纷的诉讼费用和仲裁费用，确立多元化的产权纠纷解决机制，以提高产权纠纷的解决效率。

四 当前加强产权保护的重点领域

（一）农村经济社会领域加强产权保护的重点措施

经济体制改革以来，农村集体所有权的实现方式（包括集体及其成员的产权拥有和利用方式）一直是改革的重点。在全面深化改革的目标下，有关农村产权保护的制度变革与法律完善仍是突出的重点。

1. 赋予农民更多财产权利需要加强产权保护

为赋予农民更多的财产权利，应当建构适合我国农村经济经济性质和经济社会发展需要的财产权利的性质、种类、主体形式和组织方式。在十七届三中全会通过的《中共中央关于推进农村改革发展若干重大问题的决定》中，就提出了多项有利于"三农"的产权制度建设措施。例如，"搞好农村土地确权、登记、颁证工作。完善土地承包经营权权能，依法保障农民对承包土地的占有、使用、收益等权利。加强土地承包经营权流转管理和服务，建立健全土地承包经营权流转市场，按照依法自愿有偿原则，允许农民以转包、出租、互换、转让、股份合作等形式流转土地承包经营权，发展多种形式的适度规模经营"。这些在农村经济社会领域的产权制度建设理念与措施，在十八届三中、四中全会的决定中又有进一步的体现。例如，十八届三中全会在《中共中央关于全面深化改革若干重大问题的决定》中，提出要"赋予农民更多财产权利"，并通过完善农民在集体经济组织中的成员权、建立农村产权交易市场等方面，建构农民拥有更多财产权利的机制。

农村集体及其农民成员的产权种类、归属形式与利用方式，既有普遍性又有特殊性。普遍性有两方面，一是除了国家所有权之外，凡是法律规定市场主体可以拥有的产权种类，农村集体及其成员都可以拥有；二是农村集体及其成员固有的产权制度，如归属于集体的土地所有权、归属于农民的土地承包经营权，在我国所有的农村地区都是作为同一的法律类型而存在。特殊性也有两方面，一是只属于农村集体及其农民成员的产权，其他市场主体不能拥有，如城市居民目前不能拥有农村宅基地的使用权，进而不能购买农村宅基地的房屋所有权；二是各地农村的经济社会文化情况差异巨大，在集体及其农民成员的产权保护（尤其是积极保护）上，各种改革措施和试行方案的内容有很人差别，如各地有关土地承包经营权流转的方案设计与实施，各有其特殊做法和效果。因此，加强农村经济社会领域的产权保护，应当根据这些特点，采取适当的思路与措施。

在农村集体及其农民成员的产权保护上，应坚持的主要思路是：坚持党中央确立的农村、农业领域的改革方向，以促进农村、农业发展为目标，确立和完善与之相应的产权保护制度；以农村与城市一体化发展、农民与市民平等化对待的理念，赋予农村集体产权和农村个人产权在归属、权责、保护和流转上的平等效力；建构完整的农村集体及其农民成员的产权保护机制，在产权种类上，要适应农村与农业的发展和农民个人的利益保障要求；在产权内容上，要适应农村、农业、农民的存在特点与发展需要；在产权主体上，要将计划经济体制下建构的农村集体经济组织形式，转化为适应市场经济运行和"三农"发展需要的经济组织形式，以更好、更有效地拥有产权和利用产权。

2. 提高农村集体经济产权的市场化程度

提高农村集体经济产权的市场化程度，提高农民获得财产性收入的能力，是农村经济社会领域产权制度建设的主要目标与重点措施。目前农村经济社会领域中产权保护方面的最大问题，就是农村集体及其农民成员所拥有的产权市场化程度太低。例如，农村集体土地所有权不能按照市场规则转让；农村集体建设用地使用权不能出让；除了试点地区外，农民土地承包经营权不能自愿入股、抵押、转包或转让；农民拥有的宅基地使用权不能自由转让、出租或抵押，导致农民拥有所有权的宅基地上的房屋也不能自由转让。由于农村集体及其农民成员的产权市场化程度低，提高农村集体及农民获得财产性收入能力的政策目标，就成为没有产权制度支持和保障的空置性政策。

提高农村集体及农民拥有产权的市场化程度，必须打破"限制农民产权是为了保护农民"的观念。以保护农村、农业和农民利益为政策目标，却以限制农村集体产权和农民产权为实现政策目标的措施，在政策目标与政策手段上存在严重的逻辑矛盾。要真正维持"三农"利益、促进"三农"发展，必须赋予农村集体及其农民成员充分的产权，农村集体及其农民成员在其拥有和利用产权的过程中，会具有理性经济人的能力，也会逐渐拥有足够的市场交易能力和抗风险能力。

在提高农村集体及其农民成员的产权市场化程度方面，应当采取的法律措施包括：①修改《物权法》和建设用地使用权出让、转让制度，允许集体建设用地使用权同等入市，实现同权同价，形成有助于农村集体土地利用中利益平衡的产权制度。在土地管理方面，强化政府的土地用途管制能力。②修改《物权法》《农业法》等有关农村土地承包经营权的法律，以及修改《公司法》《合伙企业法》《农民专业合作社法》等法律，取消对农村集体及其农民成员产权投资入股的不当限制，扩大农村集体及其农民成员产权的投资入股途径。③修改《物权法》《担保法》《农业法》《合同法》等法律，完善土地租赁、转让、抵押二级市场，允许农村土地承包经营权的出租、抵押、转包、转让。在坚持和完善最严格的耕地保护制度的前提下，赋予农民对承包地占有、使用、收益、流转的权利及承包经营权抵押、担保权能，慎重稳妥地推进农民住房财产权的抵押、担保、转让，探索农民增加财产性收入的渠道。在法制条件成熟时，扩大农村宅基地使用权的转让范围，允许城市居民购买农民拥有所有权的房屋。与此同时，进一步完善农村宅基地使用权的分配与管理制度，强化农村土地的用途管制措施。④加强农村产权市场的组织建设和制度建设，建立农村产权流转交易市场，推动农村产权流转交易公开、公正、规范运行。

3. 改革农村集体经济组织形式

改革农村集体经济组织形式，使之成为适应市场经济运行和社会发展的产权主体。当前的农村集体经济组织是计划经济体制下人民公社制度的组织遗存，普遍处于"抽象上确定，而具体上不确定"的状态，其名义与权限往往由村民委员会代为行使，造成农村社会与农业领域"政企不分"。因此，当前的农村集体经济组织形式，不能有效地成为拥有农村集体产权的市场主体，更不能成为有效利用集体产权的市场主体。

加强农村社会和农业领域的产权保护，必须先行改造农村集体经济组织，使之成为可以有效拥有产权、有效利用产权的市场主体。只有具备这种产权处置能力的农村集体经济组织，才能适应农业现代化和经营体制现代化的需要，才能作为适格的市场主体参与市场竞争，并且在市场竞争中有效维护农村集体经济组织及其农民成员的产权利益。对于农村集体经济组织的市场化改造，要实现如下双层组织结构的制度建设。

首先，在第一个组织层面，即在农村集体经济组织层面，将其改造为真正具有权利能力、行为能力和责任能力的市场主体。在实质内容上，一是符合市场经济法律对企业组织形式的通常规范；二是符合农村集体现实的利益格局，易为农村社会所接受；三是符合农民成员参与利益分配的机制，有助于农民成员权的实现；四是便于其他市场主体与之合作或交易。在组织形式上，可以因地制宜、因事制宜地做出适当选择，社区型或专业型合作社的形式应当成为首选；在市场经济发达、城市化程度较高的地区，股份合作制企业甚至公司形式也可选择。

其次，在第二个组织层面，即在农村集体经济组织内部层面，处理好集体经济组织与农民成员之间的产权利益关系。其中的关键性措施，就是确定和保障农民集体经济组织的成员权利，明晰和确保农民在集体经济组织中应有的产权份额，赋予农民对集体资产占有、收益、有偿退出及抵押、担保、继承的权利。

（二）知识产权领域加强产权保护的重点措施

自 2012 年党的十八大提出创新驱动发展战略以来，作为激励创新的一项基本而有效的法律制度，知识产权保护的作用得到进一步强调，"实施知识产权战略、加强知识产权保护"成为激励和保护创新以驱动可持续发展的国家决策思路。近两年，党和国家在全面深化改革和全面推进依法治国的重大决定中更是做出了"加强知识产权运用和保护，健全技术创新激励机制，探索建立知识产权法院……加强版权保护"和"完善激励创新的产权制度、知识产权保护制度和促进科技成果转化的体制机制"的具体部署。

1. 深化实施国家知识产权战略，大力建设创新型国家

经过改革开放以来几十年的建设，我国逐渐认识到资源耗费型和劳动力密集型的经济发展模式不可持续，迫切需要提高社会各界对"科学技术是第一生产力"的认识，加大对科技创新的投入，有效保护知识产权以促进和实现产业的升级换代，建设创新型国家，走可持续发展的道路。2008 年国务院颁布的《国家知识产权战略纲要》正是实施这一重大决策的第一步，其目标是到 2020 年把我国建设成为知识产权创造、运用、保护和管理水平较高的国家，迈入世界创新型国家之列。2014 年 12 月，国务院办公厅发布《关于转发知识产权局等单位深入实施国家知识产权战略行动计划（2014～2020 年）的通知》，进一步明确了国家知识产权战略的目标，即到 2020 年使我国的知识产权法治环境更加完善，创造、运用、保护和管理知识产权的能力显著增强，知识产权意识深入人心，知识产权制度对经济发展、文化繁荣和社会建设的促进作用充分显现。

党的十八大以来，我国更进一步认识到高新科技产业是今后新的经济增长点，党和国家领导人明确指出，实施创新驱动发展战略决定中华民族的前途命运。① 实施创新驱动发展战略的核心

---

① 中共中国科学院党组：《决定中华民族前途命运的重大战略——学习习近平总书记关于创新驱动发展战略的重要论述》，《求是》2014 年第 3 期。

任务，就是促进科技成果的全面产出并将其转化为能够带动社会经济发展的生产力。

实施创新驱动发展战略，首先需要从机制上激发创新主体的积极性，保障其享有创新成果的市场化运用所获得的利益回报。依法保护知识产权，是市场经济、法治经济的内在要求，有效的知识产权保护可以营造良好的市场环境，为实施创新驱动发展战略提供法律制度保障。为此，我们必须重视知识产权领域的顶层制度设计，全面提升全民和各行各业的知识产权法律意识，加强对创新性智力成果的法律保护，完善知识产权执法体制，真正将知识产权的保护落到实处。建立健全产权明晰、规则明确、执法程序公正透明、相关行为法律后果可预期的知识产权法律制度，可以充分保障创新活动相关投入者的权益，有助于鼓励和保障创新活动，实现新兴产业市场资源的优化配置。我国加强知识产权保护的最终目标，是激发中华民族的创新力，提升企业核心竞争力，为国家的长远发展奠定制度基础。

2. 修改完善相关法律法规，加大知识产权的保护力度

（1）准确理解和适用《商标法》

2014 年第三次修订的《商标法》，强调了商标注册和使用必须遵循诚实信用的基本原则，并增设了相应的条文加以规范，这在很大程度上纠正了长期以来商业标识领域假、冒、仿、靠的"搭便车"和"抢注"行为，规范了与商标注册和使用相关的市场竞争秩序。修订后的《商标法》具有知识产权法律制度建设的引领作用，比如，缩短注册等相关程序的时间、增加罚款和赔偿数额等可操作性标准，以强化执法效果。其中最值得期许的是加大了对侵权行为的惩处力度，即提高法定赔偿额、增设惩罚性赔偿制度、在赔偿额判定中实行举证妨碍规则，减轻权利人的举证责任。

要落实《商标法》的新规定，需要通过配套法规、司法解释、操作指南等细化相关判定标准和具体措施，对抢注、囤积、买卖注册商标等不当利用商标程序的行为予以禁止和惩罚；同时，进一步强调商标使用在商标权形成和保护中的重要作用，逐渐改变我国长期以来对注册商标专用权采取强保护而对未注册但已使用且形成较高市场商誉的其他商业性标识保护较弱的做法。其具体措施包括：一是提高商标审查的质量；二是明确新商标法的法律适用规则；三是建立商标注册与使用诚信体系。

（2）进一步完善《专利法》

《专利法》正在进行第四次修订，其主要目的是加大执法力度、降低维权成本、提高侵权代价、有效遏制侵权行为。对此，应当考虑到专利侵权纠纷往往涉及复杂的技术因素，行政执法人员难以快速有效地做出判断和惩处，专利权的保护应当逐渐过渡到以司法保护为主，即按照严格公正的程序根据事实和法律做出裁决。另外，我国目前正在进行综合行政执法改革，专利行政执法的加强在一定程度上可以通过整合过的、具有一致职权和职责的执法队伍来实现。具体来说，通过完善侵权救济措施、合理分配举证责任、加重损害赔偿责任等方式，来达到加大执法力度的目的，比如大幅提高法定赔偿额、增加惩罚性赔偿制度、实行权利人赔偿额举证妨碍制度等。将来条件成熟时，可以结合国家综合行政执法体制和司法保护体制的改革，进一步完善执法体制与措施，建立专门的上诉法院以简化专利确权程序。此外，还要注重适时修改《专利审查指南》，严格把握对各个审查标准和细则的理解和执行，提高专利审查的质量；可以制定专门的《职务发明奖励条例》，也可通过在《专利法实施细则》中增设专门条款，建立切实可行的发明人奖励制度，协调创新者、投资者和智力贡献者之间的利益关系。另外，还要在促进《科技成果转化法》的修订中，进一步明确知识产权的归属及其利用与收益等内容，以鼓励核心技术尤其是能影响和带动我国相关产业升级换代的自主关键技术的研发和转化。

（3）进一步完善《著作权法》

应当认识到，有市场竞争力的文艺和科学作品是当今文化和科技产业发展的动力源泉，加强著作权的保护是事关国家文化建设事业长远发展的重大决策。《著作权法》正在进行第三次修订，其中应注重保护整个版权产业链赖以运行和发展的源泉，即作品创作者及著作权人的利益；对涉及著作权人切身利益的制度设计，应当进行谨慎全面的考虑，合理调和相关产业的利益诉求。除了产业界自发形成的相应对策和行为规则外，《著作权法》律制度，无论是立法还是执法、司法的具体规则，也需要做出回应和调整。考察历史上新技术发展从未降低版权保护的经验和我国版权产业刚起步的国情，在修改《著作权法》时，不应当简单地减损著作权人的利益，而应建立便利著作权人与作品使用者交易的机制，保障著作权人的精神和经济权利。为此，完善著作权集体管理制度比增加强制性的法定许可制度，更有利于平衡著作权人与商业性作品使用者之间的利益关系。

（4）其他需要尽快完善的与知识产权保护相关的法律制度

一是完善地理标志保护机制。为了促进农业产业化进程，需要树立农产品经营者的商标品牌意识，鼓励在农业产品的生产、加工、销售各个环节养成商标使用和注册的习惯，尤其需要梳理、整合和细化现有的地理标志法律保护机制，结合综合执法体制改革，对现在分散在工商、农林、质检部门的地理标志执法职能加以协调。

二是加快《反不正当竞争法》的修订工作。与知识产权保护相关的不正当竞争，表现在对他人已有经营活动形成的无形财产权益进行侵占，应当增强对商号、商业外观等未注册为商标但具有广泛识别性的其他商业性标识进行保护，制止仿、靠、假冒等不正当竞争行为。

三是完善商业秘密保护法律制度。为了加强对商业秘密的保护，可以制定专门的《商业秘密保护条例》，将《反不正当竞争法》的相关条款整合、细化，加大对泄露、窃取商业秘密行为的惩处力度，同时还要妥善处理保护商业秘密与自由择业、涉密者竞业限制与人才合理流动的关系。

四是完善与知识产权相关的垄断行为的认定标准和程序。近年来，我国政府开始重视反垄断执法对规范市场竞争秩序的作用。由于信息时代的商业竞争与知识产权的运用密不可分，知识产权事实上是一种法定范围内的合法垄断，为此，需要建立相关规则或明确具体标准，来明确知识产权滥用与知识产权正当行使的区别。

五是推进传统资源利用惠益分享机制方面的立法工作。我国悠久的历史和多样性的地理环境造就了丰富的传统文化和自然资源，民间文学艺术、传统中医药知识、遗传资源等在新时期成为科技文化创新之源，为了保持传统资源可持续发展，应当规范、有序地开发利用，建立惠益分享机制，以回馈传统资源的保存者和持有者。

3. 完善知识产权司法保护体制，提高知识产权案件的审判质量与效率

实施国家创新驱动发展战略，加强知识产权保护，应当发挥司法保护的主导作用。我国目前已经形成比较完备的知识产权审判体系，尤其是在经济发达地区，知识产权审判专业化程度较高，为设立专门的知识产权法院积累了丰富的经验。十八届三中全会明确提出"探索建立知识产权法院"，第十二届全国人大常委会第十次会议通过了《关于在北京、上海、广州设立知识产权法院的决定》，启动了我国知识产权法院设置试点方案。到2014年底，这3个知识产权法院先后挂牌运行。

知识产权法院体系的建立和运行，是加强我国知识产权保护的制度性建设。除了通过体制改革减少循环诉讼的诉累外，在司法理念上，我国知识产权法院体系要真正发挥促进创新的作用，关键仍在于严格执法、公正司法，贯彻降低维权成本、提高侵权代价、有效遏制侵权行为的制度建设思路，消除长期以来权利人"赢了官司输了钱"、侵权人则轻易另起炉灶、反复恶意侵权难以消除等极不利于保护创新的现象。

根据我国的经济发展现状，知识产权行政执法在一定时期内仍有必要。但目前我国的知识产权领域多头行政执法、执法力度不均、相互配合协调缺乏等现象仍存在。因此，应逐步合并知识产权事务的各主管行政机关，强调其作为政府机构的公共服务职能，将其下属的承担知识产权确权等专业性事务的机构转化为准司法机构，将现在分散于各知识产权主管机关的行政执法职能整合到综合市场执法体系中，提高行政执法的效率和水平。

4. 及时反映科技创新和信息社会的法律需求，强化互联网时代的知识产权保护

21世纪以来，互联网信息技术的发展日新月异，网络在给人们的工作、生活带来极大便利的同时，也不可避免地带来了前所未有的问题。迅捷的数字传播技术、网上信息发布和流转的隐蔽性特别是网上信息共享的思潮，给传统的知识产权尤其是版权保护制度带来了巨大的冲击。互联网产业本身建立在可以获得知识产权保护的信息技术创新成果的基础上，而提供精神产品内容服务的版权产业更是长期依赖于有市场价值的受版权保护的作品，因此，必须运用法律手段平衡这两种创新之间的利益冲突。在互联网时代之初，版权制度为应对数字传播技术做出了一定调整，即在"技术中立"原则上为网络技术服务者提供"避风港"以豁免其侵权责任。但是，对于大数据时代网络技术实力雄厚的互联网产业，若继续以"避风港"为由轻易摄取传统版权产业的利益，则必然严重损害后者利益而引起剧烈冲突。至于以公众利益为名弱化知识产权保护的思潮，则是对知识产权制度的误读，弱化知识产权保护并不符合市场经济的法治要求。

恰当的互联网知识产权保护政策，可以有效配置市场资源、化冲突为双赢，比如促使知识产权相关产业更积极地进行技术创新或寻求合作，或者推动互联网产业直接进入知识产权创造、运用和管理的产业链，带动整个知识产权相关产业的创新。总之，对于创新能力远远不足的我国来说，不加限制地强调信息自由和共享，可能本末倒置，带来整体创造力的衰退。只有在网络环境下强化知识产权保护，才可以有效促进研发和创作，从而有利于国家经济、社会的长远发展和振兴大计。

（三） 电子商务领域加强产权保护的重点措施

当今，基于数字网络技术的电子商务正在改变着传统的交易方式，给现代经济生活带来深刻变革。在电子商务领域，交易行为在看似虚拟的世界里进行，但对其性质和结果的判断实实在在地影响着现实中相关各方的利益。因此，我国迫切需要明确相关法律规则以规范网上经济活动，保护各方的合法利益。电子商务带来的法律问题诸多，如关税和税收、合同的产生和效力、知识产权保护、信息和交易安全、网上竞争秩序、监管制度等。其中，从调查数据看，70％以上的企业对电子商务中的不正当竞争和垄断以及知识产权问题高度敏感。[①] 为了电子商务的健康发展，我国迫切需要重视电子商务平台上产权交易的规范化问题，完善电子商务相关领域的立法和执法。

1. 及时依法确认电子商务领域产权流转与利用的新形式

电子商务与传统商务的目的是一样的，都是实现信息或商品（以产权形式）从一端到另一端的流转。在数字和网络技术飞速发展的态势下，传统商务中几乎所有的交易环节都可以通过信息流的形式迅捷地完成。电子商务的广泛运用，以及网上交易逐步淘汰各领域实体店的现货交易，已经成为不难预测的趋势。但是，电子商务在提高效率、减少成本、为交易各方带来极大便利的同时，也带来了一定风险。因此，必须明确电子商务整个交易流程中各方的相关行为，以便交易各方对自己的相关行为及法律

---

① 中国电子商务研究中心：《2011～2012 年度中国电子商务法律报告》，2013 年 1 月15 日。

后果有比较准确的预期，减少可能出现的争议，并在发生纠纷时及时达成解决方案。

产权的流转是通过合同实现的。在电子商务平台上，传统的合同订立和履行方式都发生了改变，需要明确电子合同与产权流转相关各个环节中具体行为的法律效力。这些新的产权流转行为方式及其法律效力，既与电子签名和电子认证法律有关，又与现行的《合同法》《证据法》产生交叉，除了在《合同法》等相应法律法规中明确网上交易行为及相关数据文件的法律效力外，其中涉及的诸多具体问题需要在实践操作层面做出规定。比如，在司法实践中，需要明确网上交易合同的成立、签署和生效及履行等各类行为的法律效力判定，以及交易双方要约与承诺电子化记录的证据效力认定等规则。

目前，电子商务基本上是通过简单的网上点击来完成从签约到履行的整个交易过程的，每个环节的点击行为都会产生相应的法律后果，交易双方尤其是被动实施交易流程的买方必须清楚了解自己行为的性质，这就涉及网上格式合同的解释及消费者的法律救济问题。由于网上电子数据传播迅捷，且接受方的计算机一般由人工实时操作或者具有自动审单回复功能，几乎没有按《合同法》要求撤回要约或承诺的可能性。因此，在实践中应当允许一定时段的撤回期或犹豫期，以保证交易双方的合同成立在真实有效的意思表示之上，避免偶尔的冲动甚至操作失误所造成的一方财产损失。

在电子商务中，除了以有形物产权流转为目的的交易外，还涉及虚拟财产产权的认定、归属和保护问题。在实践中，各界对网络虚拟货币、虚拟游戏角色或装备、网游或社交媒体账号、网络店铺信誉等虚拟财产的财产性争议不大，但对其产权归属及保护规则却不甚明了。当这些虚拟财产的流转或处置成为常态并发生纠纷时，我们就需要在法律上对其行为效力做出明确的规定或阐释。

2. 采取有效措施，保障电子商务中的财产安全与交易秩序

在电子商务环境下，交易的运作方法和流程基本无纸化，几乎完全依赖数字信息，这就需要明确规则以保障财产安全与交易秩序，保证网络信息传递的准确性和可靠性。

（1）保证交易双方的身份资质信息的真实性

这是为了防止通过钓鱼网站盗取他人财产、销售假冒伪劣产品等网络欺诈。关于身份资质信息的真实性，可以通过数字证书和网络实名制解决。虽然我国 2005 年即实施《电子签名法》，但直到 2013 年的《刑事诉讼法》和《民事诉讼法》，才首次将电子证据纳入法定证据种类之一，明确了数字签名的证据效力。由于电子商务模式日趋复杂，产生了数字签名之外的大量各种形式的电子证据，对其如何认证、鉴定仍是尚待解决的问题。确认身份的目的是保障交易安全，在产生纠纷和追究法律责任时，可以落实到现实中的主体。在通常情况下，买卖双方直接通过网络进行交易时，为了确保自己的权益，都会要求对方提供真实身份信息，即使因某种原因不提出此要求，也属于合同双方的自决权，各自承担相应风险和后果。但是，在买卖双方通过第三方建立的电子商务平台进行交易时，除非第三方承诺采用无理由退换等服务，否则为了确保交易安全，第三方应当承担无条件向买卖双方提供对方真实信息的义务。因此，负责电子商务监管的机构应当制定强制性规范，要求提供电子商务第三方交易平台的运营商实施网上交易实名制，不履行此义务的电子商务平台应当承担法律责任，比如受到行政处罚或者承担帮助侵权的责任。实行电子商务平台的网络实名制，还有助于司法机关推定电子合同的效力。

（2）保证产品或服务信息的真实性

这是为了防止卖方欺骗或误导买方，主要措施是加强电子商务中的知识产权保护。在涉及知识产权的产权交易中，有一部分完全可以数字化的交易对象，如所有的图书、音乐等作品，尤其是市场价值较大的软件或影视、电子书等多媒体产品，可以通过网络直接进行许可交易下载；而在网上交易的其他大量的有形物中，不乏侵犯他人著作权、商标权、专利权等各种知识产权的假冒伪劣产品。无论是哪种交易，由于所涉知识产权的无形特征，仅靠技术创新本身很难建立一种机制来事先确保产品服务的正宗来源，因为互联网技术总是处在快速发展更新中。因此，要加大对电子商务中侵犯知识产权行为的打击力度，必须建立知识产权保护的长效法律机制，通过更严厉的法律措施形成威慑力量。此外，电子商务中可能出现的网上不正当竞争行为，不可避免地与知识产权问题有关，比如域名抢注、购买商标关键词排名、虚假宣传或比较广告、网上商誉贬损或诋毁、窃取商业秘密等，也需要在法律适用或解释中做出比较明确的定性，以维护网上竞争秩序。

（3）保障资金支付安全

因电子商务中的交易通常采用信用卡、电子支票、电子现金和电子钱包等形式以网上支付的方式进行，电子商务健康有序的发展还涉及国家的互联网金融监管。随着电子商务的发展，传统的金融业纷纷建立了网上银行系统，而从事电子商务平台的运营者借着已经积累的庞大客户及其已经形成的支付习惯，毫不犹豫地介入了金融领域。由于网络平台积累了巨额的资金，而其流转仅通过网络或移动平台上简单的点击、扫描即能完成，网上资金的安全事关亿万用户的切身财产利益。为此，无论是传统金融业进入网络支付领域，还是纳入国家金融管理秩序中的第三方支付平台，都应设立确保网上支付安全的技术和法律机制。

首先，应由中国人民银行作为第三方支付的主要监管者，并对其业务准入、交易行为、经营行为等实施监督管理，以规避第三方支付在运营过程中的各种风险。其次，对于网上金融的具体业务运作，应像传统金融业一样由银监会严格依法进行监管。比如，制定规章或办法禁止将用户沉淀资金进行放贷、投资或挪作他用，建立健全异常交易监测机制等。事实上，国家对互联网金融的监管并不比对传统金融的监管更具特殊性，只是互联网金融的兴起使监管任务更加艰巨。因此，我国迫切需要在制定和完善金融法律制度的过程中，重点关注网上支付法律风险的防范和救济措施。比如，在互联网金融监管办法中，要求从业者建立身份认证和日志审计机制，提高网上交易数据的真实完备性、可追溯性和安全性。

3. 建立和完善适应电子商务发展与创新的监管体制机制

电子商务的发展与创新离不开有效的监管与保障，应当创造保障电子商务健康发展的制度环境和法律环境。一方面，政府应当在政策上支持、鼓励符合产业发展方向的电子商务企业，比如指定或成立专门的监管机构；形成相关部门的联动协调机制；认真处理有关侵犯知识产权和假冒商品的投诉举报，排查可疑商品；确立电子商务交易的规范标准，提高电子商务交易的安全性。另一方面，对电子商务的有效监管更需要通过立法和执法来进行，包括通过相应的立法修改或司法解释等。

随着电子商务的发展，以往诸多破坏社会主义市场经济的违法犯罪行为也跟进到了网络环境。为此，必须严厉打击破坏网上金融秩序、危害交易安全、网上欺诈等犯罪行为，加强对个人信息的保护。比如，以制造传播计算机病毒、黑客袭击、钓鱼欺诈等方式盗取个人金融信息的犯罪行为，可能造成十分严重的经济损失。即使是那些通过购买等途径获得他人信息的人，若利用网络进行敲诈勒索、非法集资或者冒用他人名义进行违法犯罪活动的，也应当承担相应的法律责任。对互联网金融犯罪行为，可以制定专门的法律适用规则，不单纯以所涉的财产金额作为损害后果的判定要素，其造成的对整个互联网金融秩序的损害，对人民有关财产、身份信息安全的信心破坏等，也是应当考虑的因素。

另外，电子商务监管部门应当建立第三方交易诚信体系，考虑将用户网上交易行为的优劣记录与个人信用系统相关联，通过现实社会与虚拟社会的无缝对接来约束网上交易行为，净化电子商务的社会环境。

图书在版编目（CIP）数据

引领新常态：若干重点领域改革探索/李扬主编.
—北京：社会科学文献出版社，2015.2（2015.4 重印）
ISBN 978 - 7 - 5097 - 7111 - 2

Ⅰ.①引… Ⅱ.①李… Ⅲ.①体制改革 - 研究 - 中国
Ⅳ.①D61

中国版本图书馆 CIP 数据核字（2015）第 027854 号

引领新常态：若干重点领域改革探索

主　　编 / 李　扬

出 版 人 / 谢寿光
项目统筹 / 恽　薇　高　雁
责任编辑 / 恽　薇　颜林柯

出　　　版 / 社会科学文献出版社·经济与管理出版分社（010）59367226
　　　　　　地址：北京市北三环中路甲 29 号院华龙大厦　邮编：100029
　　　　　　网址：www.ssap.com.cn
发　　　行 / 市场营销中心（010）59367081　59367090
　　　　　　读者服务中心（010）59367028
印　　　装 / 北京季蜂印刷有限公司

规　　　格 / 开　本：787mm × 1092mm　1/16
　　　　　　印　张：18.5　字　数：214 千字
版　　　次 / 2015 年 2 月第 1 版　2015 年 4 月第 4 次印刷
书　　　号 / ISBN 978 - 7 - 5097 - 7111 - 2
定　　　价 / 88.00 元